太鼓の文化誌

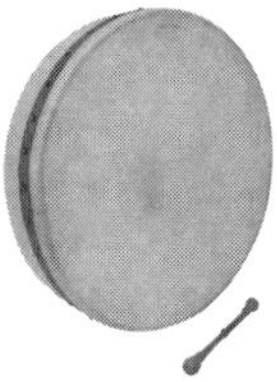

山本宏子
Hiroko Yamamoto

青弓社

太鼓の文化誌　目次

装丁――神田昇和

まえがき

ウィリアム・バトラー・イェーツ（一八六五―一九三九）はアイルランドの詩人で、劇作家である。一九二三年にノーベル文学賞を受賞したことでも世界的に知られている。彼は一八八八年に、アイルランド民話を編纂して『Fairy and Folk Tales of the Irish Peasantry.（アイルランドの地方の妖精と民話）』を出版した。その序文で、イングランドの聖職者であり詩人でもあるリチャード・コーベット（一五八二―一六三五）の詩に特別な注目を向けている。以下は、コーベットの詩「Fairies' Farewell（妖精たちのいとまごい）」の一節である[1]（山本訳）。

When Tom came home from labor,
Or Cis to milking rose,
Then merrily went their tabor,
And merrily went their toes.

トムが仕事を終えて家に帰ってしまい
シスも乳搾りから引き揚げたら
彼らの楽しいテイバーが始まる
彼らの楽しいダンスが始まる

人間がいなくなると、妖精たちの出番になる。テイバーの陽気なリズムに乗って華やかなダンスが始まるのだ。テイバー（tabor）は小型の締め太鼓だ。イギリスではルネサンスのころから、フォークダンスの伴奏に縦笛パイプ（pipe）と一緒に使われてきた。一人の楽師がテイバーとパイプを同時に演奏する。テイバーを体の左側に下げて、右手に持ったバチでリズムを打ち、左手でパイプを支えて旋律を奏でる。器用な楽師だ。

コーベットは詩のなかで、「クイーン・メアリーの時代には、あちらこちらの草原で妖精たちが踊っていた」という。メアリー一世（一五一六―五八）は、イングランドとアイルランドの女王（在位一五五三―五八年）だ。

しかしながら、「エリザベス、その後のジェームズの時代になると、妖精たちはどこのヒースの荒れ地でも決して踊らなくなった」と続く。メアリー一世の死去によって、エリザベス一世（一五三三―一六〇三）がイングランドとアイルランドの女王（在位一五五八―一六〇三年）となった。周知のように、エリザベス一世はメアリー一世の異母妹だ。そのエリザベス一世を継いだのが、ジェームズ一世（一五六六―一六二五、在位一六〇三―二五年）である。つまり、五十年ほどの間に太鼓を叩く妖精が消え去ってしまったというのが、エリザベス一世からジェームズ一世の時代に生きたコーベットの言い分だ。にぎやかなテイバーのリズムは、妖精とともに消え去ったのだろうか。

この本には、アイルランドの古物研究家トーマス・クロフトン・クローカー（一七九八―一八五四）が採集した「The Priest's Supper.（司祭の晩餐）」という話が収録されている。そこにも、以下のような妖精と太鼓が出てくる歌がある[(2)]（山本訳）。

"Cease, cease, with your drumming,
Here's an end to our mumming;
　By my smell
　I can tell
A priest this way is coming!"

やめろ、やめろ、太鼓をやめろ
浮かれ騒ぎもここらで終わり
　臭い匂いで
　私にわかる
司祭がこっちにやってくる

どうやら妖精たちは神父が苦手のようである。太鼓好きな妖精が神父を苦手としているのと、まるで呼応するかのように、ヨーロッパのキリスト教会では、太鼓をあまり重要な楽器として用いてこなかった。

ヨーロッパでは太鼓は、古くはもっぱら民俗音楽と軍隊で使われてきたといっても過言ではないだろう。スネアドラムもテナードラムもバスドラムも、もともとは軍隊でシグナル（合図）として使われていた。そのためこれらの太鼓は、初期のオーケストラでは軍隊やエキゾチックな様子を表現するのに使われていた。片面太鼓のタンバリンは、オーケストラのなかではオスマンやロマを描写するのに使われた。ティンパニも最初は軍隊で使われていた。

ヨハン・ゼバスティアン・バッハは、一七二四年九月二十九日の聖ミカエルの祝日に初演した『カンタータ百三十番「主なる神よ、われらこぞりて汝をたたえん（Herr Gott, dich loben alle wir)」』で、ティンパニを使っている。

このカンタータは六曲からなるが、神を褒めたたえて感謝する一曲目の合唱と六曲目の合唱では、ティンパニは「♩ ♩ ♩ 𝄽」「♩ ♩ ♩ ♩」と単純なリズムを繰り返しているだけである。天使について述べている二曲目のアルトのレチタティーヴォ、四曲目のソプラノとテノールの二重唱のレチタティーヴォ、五曲目のテノールのアリアでは、ティンパニは使っていない。

しかし、大天使ミカエルと竜の戦いの場面である第三曲のバスのアリア「年老いた竜は妬みに燃え（Der alte Drache brennt vor Neid)」では、トランペットとともにティンパニが華々しいリズムを展開する。天使と悪魔の戦いを表すのに、バッハはティンパニを使ったのだ。この曲は、現実の軍楽隊でトランペットとティンパニが、常に一緒に使われていたことを思い起こさせるだろう。

ティンパニは、その後改良が加えられ調律が可能になると、オーケストラではリズム楽器というより、むしろ主音と属音を強調するなど和声の一部を補強するために使われることが多くなった。

このようにヨーロッパの太鼓は、オーケストラで使われるようになった初期のころには、もともとの軍楽という出自やシグナルという機能を消し去ることなく、その表現に内在させていたといえるのではないだろうか。

それに対して、日本では太鼓は陣太鼓や時太鼓など合図としても使われていたが、宗教行事の場でも多用されてきた。仏教でも神道でも太鼓を使う。しかも僧侶や神職などの宗教者自身が太鼓を打つことさえある。祭りや芸能でも太鼓が活躍する。日本だけではなく、インドやチベット、中国をはじめとするアジアの国々でも、宗教や芸能で太鼓が活躍する。

オアシスのシルクロードと海のシルクロードの国々でフィールドワークを重ねるにつれ、ヨーロッパとアジアでは、太鼓の存在の仕方が異なるのではないかと考えるようになった。アジアの私たちにとって、太鼓がどのような意味と機能をもつのかを知るためには、太鼓の形やその音楽構造だけでなく、伝承者や伝承方法、社会での役割なども探る必要があるだろう。

そこで、アジアとの比較のために、二〇一二年はパリ、一四年はウィーン、一五年はドイツ各地とザルツブルク（オーストリア）、一六年にはドイツ各地とスイス各地、プラハ（チェコ）でフィールドワークをおこなった。本書には、その成果の一部が含まれている。

太鼓文化は民族や地域に根差していて奥が深い。太鼓文化を比較して知ることとは、とりもなおさず、私たち自身の歴史や思想を深く知ることにつながるだろう。

日本の民族音楽研究のパイオニア・小泉文夫は、『エスキモーの歌』の「まえがき」で「民族音楽のための現地訪問というものが、いつも真面目な研究ばかりに集中しているのではなく、むしろ逆に音楽から離れ、もろもろの生活経験や恋愛の中から、かえってその民族の文化の必然性を感得していく」[3]と書いている。筆者のフィールドワークは、勤務先の都合もあって半月から一カ月という短い期間で、毎年繰り返し訪れるというやり方をしている。だから、残念ながら、生活といえるまでの体験はない。恋愛にも縁がなく、その代わりが料理だった。食べることが好きで、調理することも好きな筆者は、どこの国にいっても市場やスーパーマーケットに出かける。食材と調理方法には、民族の歴史がよく表れていると思うからだ。音楽によりいっそう近づくために、書物や音源からだけではなく、それを伝承している人々の文化をまるごと知りたいと思う。そこで本書では、太鼓の構造や演奏方法だけでなく、フィールドワークで気づいた太鼓を取り巻く文化についても触れている。

ところで、太鼓に関する基本的な用語と、本文中の記号の使い方も説明しておく。

まずは楽器分類用語だが、筆者の『日本の太鼓、アジアの太鼓』（青弓社、二〇〇二年）でさまざまな楽器分類法やその歴史についてはすでに詳細に述べているので、そちらをごらんいただけるとありがたい。本書では、「体鳴楽器、膜鳴楽器、弦鳴楽器、気鳴楽器、電鳴楽器」という分類法と「打楽器、弦楽器、管楽器」という分類法をそのときどきで使い分けている。前者は、楽器のどの部分が振動して音を出すかという基準で分類したもので、楽器博物館などで使われる分類法だ。後者は、「打つ」は動作を表すのに対して「弦」「管」は形体を表すというように、一貫した分類基準をもっていないが、伝統的に使われてきたもので、私たちにはなじみが深い分類だ。

太鼓は、ご存じのように打楽器であり膜鳴楽器である。

太鼓を皮の張り方で分類すると、締め太鼓と鋲留め太鼓に大きく分けられる。締め太鼓は皮を紐で締めて胴に付けるもので、鋲留め太鼓は皮を鋲で胴に打ち付けるものだ。鋲で留めるかわりに、接着材で張り付けることもある。鋲留め太鼓は、鋲打ち太鼓ともいっていたが、太鼓を「打つ」のと紛らわしいので、最近は「留める」というようになった。また、ケトルドラムという下位分類名は、釜太鼓・釜型太鼓・鍋形太鼓・鍋型太鼓などさまざまに訳されてきた。現在では、「鍋形や器形などの胴を持つ太鼓」という意味で、鍋型太鼓という分類名が一般的になっている。

唱歌《しょうが》もしばしば出てくる重要な用語である。日本では古くから、楽器演奏を学ぶのに唱歌（口唱歌とも）を使ってきた。太鼓の場合は口太鼓《くちだいこ》ともいう。唱歌は楽器音をオノマトペで表したものだ。太鼓の音を「ドンドン」とか「テンツク」とか表現するのを聞いたことがあるだろう。

ところで、本書には聞きなれない芸能名や登場人物名がたくさん出てくる。なかなか覚えきれるものではない。そこで番号を付して、より簡単に照合できるように配慮した。また、比較分析のためにあげた多くの事例にも通し番号を付して、照合しやすくした。分析から導き出した結論にはⓐⓑⓒを付し、事例とたやすく識別できるようにした。

楽曲名や演目名には「　」か『　』を付した。本書で取り上げた楽曲名と行事名、あるいは楽曲名と書籍名が同じ場合があり、どちらを指すかわかるようにするためである。

注

（1）William Butler Yeats ed., Fairy and Folk Tales of the Irish Peasantrry. Walter Scott Publishing, 1888, P.IV.
（2）*Ibid.*, P.10.
（3）小泉文夫『エスキモーの歌――民族音楽紀行』青土社、一九七八年、八ページ

参考文献

【日本語】
ウィリアム・バトラー・イエイツ編『ケルト妖精物語』井村君江編訳（ちくま文庫）、筑摩書房、一九八六年

第1章　アイルランドの枠太鼓バウロン

1　アイルランドでのフィールドワーク

アイルランドに魅せられて

「もう一度行きたい国はどこですか?」と聞かれたら、迷わず「アイルランド、なんといってもアイルランド」と答えるだろう。

二〇〇三年の日本で、『リバーダンス』というアイルランドの伝統ダンスをもとにしたショーを見て衝撃を受けた。まずは、その音楽。長年民族音楽を研究していた筆者にとって、新たな民族音楽との出合いというのは、ほとんどなくなっていた。ところが『リバーダンス』は、いままで知っていたアイルランド音楽とまったく違うではないか。耳に入った一瞬で魅せられた。さらに、そのダンス。一糸乱れず高く跳びはね、複雑なリズムで踏み鳴らすステップは、初めて見たものだった。

『リバーダンス』では、各国の民族楽器が活躍していた。どれも魅力的な音だが、なかでもアイルランドの枠太鼓バウロンのリズムにひときわ引き付けられた。そして、居ても立ってもいられずにアイルランド行きを決めた。

アイルランドへ

二〇〇三年夏、ロンドンのヒースロー空港でアイルランド行きに乗り換える。搭乗ゲートが遠くて、長い廊下をとんでもなく歩かされた。アイルランドの人々は慣れているかもしれないが、旅行者にとっては優しくない空港で、迷子になったり乗り遅れたりしかねない。

アイルランドでのフィールドワークは、前半と後半とで違うプログラムを組んだ。前半は首都ダブリンで過ごし、後半は伝統色が濃い地方で過ごすことにした。

ダブリンで初日に泊まったのはタウンハウス・オブ・ダブリンだ。オーナーによると、かの有名な小泉八雲(ラフカディオ・ハーン)がこの家で幼少期を過ごしたという。なんという縁なのだろう。つい数週間前に所用で島根県松江市を訪れたとき、八雲の家を見学してきたばかりだったので、とても驚いた。翌日からは、アイルランドの名門大学トリニティー・カレッジの学生寮へ移る。卒業式が終わって秋に新学期が始まるまでの間、空いた部屋を格安で借りることができるのだ。寮には、ホテルのようにフロント・デスクがあり、小さなレストランで朝食をとることができる。部屋は、二重構造になっていて、鍵を開けて入ると、まずそこには小さなキッチンが付いたリビング・ルームがあり、それを取り囲むように個室が三つある。さらに個室の鍵を開けると、シングルベッドルームが現れる。大きな机と本棚がいかにも大学生の生活空間だ。ダブリンで最もおしゃれなグラフトン通りまで徒歩三分と便利だ。トリニティー・カレッジのキャンパスまでは五百メートルほどで、博物館や美術館も近い。この界隈を散策するのは楽しかった。

ダブリンでは午前中は英語学校に通った。久しぶりに英語圏でフィールドワークをするので、自分のさびついた英語をブラシュアップしたかった。中国・韓国・日本などアジアの国々からも、夏休みの短期留学で多くの学生が来ていた。簡単な口頭試験を受けてアジア・クラスに配分されたが、その日の授業が終わったところで、イタリア人とスペイン人が学ぶラテン・クラスへの異動を言い渡された。そういえば、アメリカに住んでいたときも、なぜかイタリア人とスペイン人の留学生クラスに入れられた。ラテン系の彼らはとてもよくしゃべる。答えに自信がなくても、ダメもとで答える。ガンガン質問もする。ときどき、先生から「それは英語ではなくイタリア語」などと注意されている。英単語がわからなければ、イタリア語を挟んでしゃべっているのだ。イタリア人の学生によると、イタリア語と英語では似ている単語も多いので、方言を聞くように英会話がなんとなくわかってしまうのだという。そんなわけで、ラテン・クラスは授業にとても活気がある。そして、彼らはみるみる上手になっていく。

午後はウォルトン音楽院（Woltons New School of Music）で、枠太鼓バウロンとアイリッシュ・ハープの個人レッスンを受けたいと思った。しかし、音楽院から、一日に二つの楽器のレッスンを、しかも連日で受けるのはむちゃだと言われた。諦めきれない筆者は、子どものころから音楽をやっていて五線譜が読めること、限られた日数しかダブリンにいられないことなどを説明して、ようやく承諾してもらった。

バウロンは、一週間ほどレッスンを受けると、ティンホイッスル（縦笛）やフィドル（バイオリン）などとセッションできるぐらい上達し、先生からは筋がいいと褒められた。セッションとは、アイルランドで一般的な演奏スタイルのことだ。音楽好きの人々が自分の楽器を持ち寄ってパブで演奏を楽しんだり、また友人同士が互いの家で演奏を楽しんだりすることをいう。セッションでは中心になる人が曲を始めると、その曲を知っている人々がそれにつけて演奏を始める。同じ曲でも、そのときに集まった顔ぶれによって楽器や演奏技量がさまざまなので、鳴り響く音楽が異なるという特徴がある。だからといって、まったく即興で自由に演奏するわけではなく、音楽上の一定のルールに従って演奏する。初心者はセッションを聞きながら旋律や演奏方法などを覚え、さらに演奏のマナーなどを身に付けていく。上級者のセッションは大変すばらしい。筆者のような初心者は上級者がそろったセッションにはとても参加できないが、初心者向けのセッションでそれなりにバウロンを演奏して楽しむことができた。

それに比べるとアイリッシュ・ハープはさんざんだった。ハープの練習用の楽曲はどれも簡単なものばかりで、知っている曲も多い。ピアノでなら初見で弾けてしまう。ところがハープではそうはいかなかった。原因は指のポジションの違いだ。ピアノでは左手の小指が低音で、親指が高音を弾く。ハープでも同じである。問題は右手だ。ピアノは左手と右手を並べるが、ハープは弦を挟んで向かい合わせに構える。そのため、ピアノの右手は親指で低音、小指で高音を弾くのに対し、ハープだと親指で高音、小指で低音を弾くことになる。つまり、右手だけ動きが真逆になる。頭ではわかっているのだが、指が反射的に逆に動いてしまい、レッスンはさんざんだった。半世紀も慣れ親しんだ五線譜と指との関係を変えるのがこんなに難しいとは思わなかった。

アイリッシュ・ハープはコンサート・ハープよりもずっと小型で、容易に持ち運びできる。ダブリンのトリニティーカレッジの図書館に展示されている「ブライアン・ボルのハープ」が、現存する最古のアイリッシュ・ハープといわれている。十四世紀のもの、あるいは十五世紀、十六世紀のものと諸説ある。中世には、ハープは吟遊詩人の楽器だった。そのころの絵画には、ひげをたくわえた男性が演奏している姿がある。吟遊詩人は裕福な領主の間を渡り歩いて、生活の面倒をみてもらいながら演奏していた。現在、アイリッシュ・ハープを作る職人が減っているので、本格的なハープを手に入れようと思ったら、注文してから何年も待たなくてはならないという。

セッションでは、ときどきイリアン・パイプ（uillean pipes）が使われる。バグパイプの一種だ。英語の語尾にSが付いているのは、「バグパイプが複数」という意味ではなく、「パイプ（管）が複数」という意味だ。そのため、日本語でもイリアン・パイプスと呼ぶことを勧める人もいるが、慣例ではバグパイプと同様にイリアン・パイプと呼んでいる。基本的に、メロディーを演奏する「チャンター・パイプ」が一本、ドローンを出す「ドローン・パイプ」が一本、和音を出す「レギュレーター・パイプ」が三本の、合計五本の管をもっている。レギュレーター管のなかで、いちばん短くて高い音域が出せるのがテナー、中間の長さで中ぐらいの音域がバリトン、いちばん長くて低い音域がバスだ。チャンター管には表に七つ、裏には一つの指孔がある。その名は歌うという意味のチャントからきている。ドローン管は特定のピッチにチューニングされていて、演奏中はずっと鳴り響く。

演奏中にチャンター管の下端を右足の太腿に当てて閉管状態にする。閉管にするとくぐもったような小さな音になり、音程も多少低くなる。演奏を観察していると、フレーズの終わりで太腿から離して、開管にする傾向が見られる。ただし、フレーズの終わりといっても、楽器の性能上ブレスをする必要がないので、音の切れ目がない。同じ旋律を繰り返すことで、ひとまとまりのフレーズ感、つまりアーティキュレーションを生み出している。

ヨーロッパ各地で独自のバグパイプが伝承されているが、それらと見比べると、イリアン・パイプはすごく変わっている。息を吹き込む管がないのだ。そのかわり、ベロー（ふいご）が付いている。そもそもイリアンというのは、アイルランド語で肘のことだ。右腕にベローを紐で結び付け、右肘で体に押し付けたり離したりして空気を送り出し、左腕に挟んだ空気袋にためる。それと同時に左肘で空気袋を押しながら、旋律と和音とドローンを奏でる。右肘、左肘、両手で三つの異なる動作を同時にするのだから忙しい楽器だ。その哀愁を帯びた音色は人の心を引き付けるものがあり、まさに「アイルランド」を象徴するものである。イリアン・パイプはとても高価で手を出せなかったのが残念だった。

ダブリンの夜は、パブでセッションを聞くか、コンサートやダンス・ショーに出かけた。もちろんコンサートやショーがはねてからもパブに行った。観光客が来ない工場地帯のとあるパブでは、地元の音楽好きが集まっていて、すばらしいセッションが聞けた。パブではアイルランドの国民飲料といわれる黒いギネス・ビールを頼んだ。どこのパブでもビールさえ飲んでいれば、入場料も席料もなしでセッションが聞ける。毎日、浴びるように音楽が聞けるのは、このうえない幸せだ。

グレンコルムキル村で

フィールドワークの後半は、アイルランド西北のアルスター州ドニゴール県にあるグレンコルムキル（Gleann Cholm Cill）村で過ごした。この村では、オアイディアス・ゲール（Oideas Gael）という組織がアイルランド・カルチャーを学ぶプログラムを開催していた。筆者は、そこで伝統的なアイリッシュ・ダンスの講習を受けるこ

写真1-1　グレンコルムキル村の墓地

とにした。

ダブリンからバスでグレンコルムキル村に向かう。朝九時半にダブリンを出発し、十三時十五分にドニゴールに着き、そこで昼食をとってからバスを乗り換える。十四時三十分にドニゴールを出発し、十五時四十五分にグレンコルムキルに着いた。途中の乗り換え時間も含めて六時間ほどかかった。グレンコルムキル村では民宿に泊まる。民宿はビー・アンド・ビー（Ｂ＆Ｂ）と呼ばれる。ベッド・アンド・ブレックファーストの略称で、朝食だけが付いている。

筆者が泊まったＢ＆Ｂコーナーハウスは、その名のとおり本当に道の曲り角にあった。イージーな名前の付け方だけど、わかりやすい。ゲスト用のベッドルームは玄関から入りダイニングを通り過ぎたところにある。バス・トイレ付きで、鍵がかかるからプライバシーが保てる。ダイニング以外は家族の生活スペースで、ゲストは出入りできない構造になっていた。日本の民宿よりも独立性が高く、でもその分、気楽である。コーナーハウスのオーナーは、年輩の小柄なミセスＢだ。彼女は、いまでは数少なくなったアイルランド語が話せるアイルランド人である。アイルランドやスコットランド、そしてアイルランド島とグレートブリテン島の間のマン島で使われていたケルト語派に属するゲーリック語（ゲール語、ケルト語とも）は、英語に押されて日常的に使う人は非常に少なくなっている。ミセスＢはアイルランド語だけでなく、他のアイルランド人同様に英語も話せる。筆者とのコミュニケーションは英語だ。ミセスＢに生のアイルランド語を聞かせてもらった。歌うような優しい言葉だった。ミセスＢは、朝食のときに「きょうはどうするのですか？」と声をかけてくれる。そして、どこに行くと何があるとか、村の様子をいろいろ教えてもらった。

丘には牧草地が広がる。頭と足だけ毛が短くて黒く、他は全身白いモコモコの毛に覆われた羊たちが群れをなしている。丘を下ると、美しい入り江がある。誰もいない砂浜を歩いてみた。夏なのに、海流の関係か水は冷たく、とても泳げない。村の小さなショップで、フィッシャーマンセーターと呼ばれる縄編みの柄が入ったとても暖かい白いセーターを買った。いくらなんでも、この真冬用のセーターは現地では着なかったけれど。

村はずれの墓地には、十字架と円を組み合わせた墓標や、シンメトリーな線画が彫り込まれたものなど、不思議な形の墓標が並んでいる。そして、パブには夜になると村人たちが集まってきた。

ドニゴールのダンス

講習会では、ドニゴール地方の伝統的なダンスを習った。二十人ほどの参加者はイギリスやアメリカから来ていて、先祖がアイルランド人だという人が多かった。先祖の地で先祖の文化を学びたいということだ。年配の人が多く、男女半々ぐらいだ。みんなこれまでにもアイルランドの伝統的ダンスを踊ったことがあって、まったくの初心者は筆者だけだった。先生は年輩の女性で、アシスタントの年輩女性を連れている。

アイルランドのダンスとヨーロッパ大陸のダンスとの違いの一つに、跳ぶ動作「ホップ」があるという。前述のショー『リバーダンス』では、ダンサーたちが一糸乱れず跳び上がる。でもあれはショーアップしたダンスで、伝統的ダンスはあのように高く跳ぶことはない。ホップといっても、ちょっとだけ跳んだり、爪先は地面に着けたまま、かかとを鳴らすだけである。しかし、それでもホップを踏むためには、スニーカーではやりにくく、かかとのある革靴が必要だ。レッスンが始まる前に経験者のおじさんに「ダンス用のシューズを持っていないのだけど」と聞くと、「裸足じゃまずいが、靴さえはいていれば問題ない」と言われた。

ステップは八拍または四拍が一塊のパターンになっている。それを二回、四回と繰り返し、次のパターンへと移る。全体は八拍のフレーズが八回分からなることが多い。ダンス音楽も十六小節や三十二小節からなるものが多い。

先生は、つま先「トウ（toe）」とかかと「ヒール（heel）」という言葉を入れて、「トウ　エンド　ヒール　エンド　ワン　ツー　スリー　●」「ホップ　ワン　ツー　スリー」などというように、ステップを歌詞にしたものをメロディーに乗せて歌いながら教えてくれた。口太鼓ならぬ口ダンスである。先生がインテンポで歌ってくれるので、音楽とステップの関係が非常にわかりやすかった。ちなみに、インテンポ（in tempo）とは、音楽用語で「正確な速度で」という意味だ。

夜には、先生やレッスン仲間とにぎやかな街まで繰り出してパブで踊りまくったのが楽しかった。

2　枠太鼓バウロン

アイルランドの太鼓のなかで特徴的なのは、なんといっても枠太鼓バウロンだ。ヨーロッパでバチで打つ枠太鼓はバウロンだけではないだろうか。

バウロンの構造

バウロン（bodhran. 日本語ではボーラン、ボウロンとも）は、木の板を曲げて作った環状の枠に、片面だけ皮を張ってある。英語のフレームドラム、日本語の枠型太鼓に分類される。かつては、柳の枝などを曲げて作ったものもあったという。確かに昔の写真には、でこぼこした枠のバウロンが写っている。アイルランドでは民俗行事などではバウロンを立って打つこともあるが、パブでのセッションの場合はもっぱら椅子に座って打つ。民俗行事の古い写真を見ると複数で使っていることもあるが、現在のセッションでは筆者が知るかぎり一台だけである。実は、バウロンは意外と音が大きいので、セッションでは一台しか使っていないのに、他の楽器奏者から控えめに叩くよう求められることもある。

バウロンの大きさには決まりはなく、枠の直径はさまざまである。枠の深さも、深いものもあれば、浅いものもある。枠が小さいと共鳴が少なくなり、音が硬くなる。現在使われているバウロンは、枠の直径が三十五センチから五十センチ、枠の深さは七センチから十五センチぐらいである。かつては金属製の小さな薄い円盤を二枚組み合わせたジングル数組を枠に付けたものもあったというが、最近は見かけない。

バウロンは、もともと特定の音程に調律する機能をもっていなかった。枠の直径と皮の張り方で、音高・音量・音色が変わるので、演奏者は自分の好みの音が出るバウロンを探すことになる。現在では、セッションで旋律楽器と一緒に演奏することが増えたせいか、調律できるバウロンも生まれた。調律といっても、オーケストラのティンパニのように音階音にぴったり合わせるというものではない。調律方法は、①ネジで締めるもの、②カムを横にスライドして締めるもの、③枠を環状二段に分割してその間を広げて締めるもの、④皮をワイヤーに張ってそのワイヤーを引っ張って締めるものなどさまざまある。いずれにしても、これらの方法は、気候の変化で伸び縮みする皮にすぐに対応できるので便利だ。

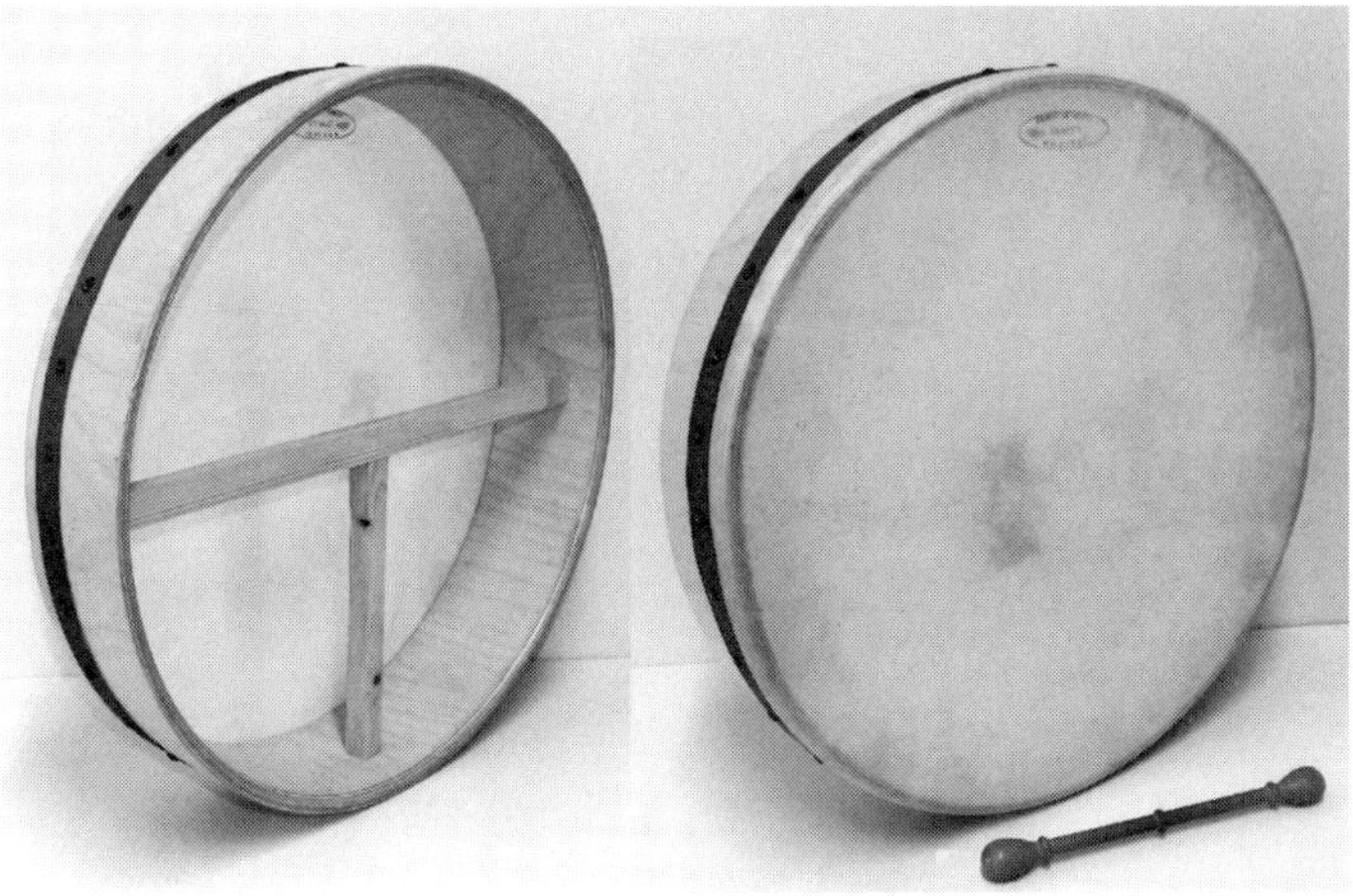
写真1-2　バウロンの表と裏

バウロンの枠には、さまざまな木が使われる。オーク（oak. ナラ、カシ）、アッシュ（ash. トネリコ）、ビーチ（beech. ブナ）、バーチ（birch. カバノキ）など、なかが詰まった堅い木を使用する。

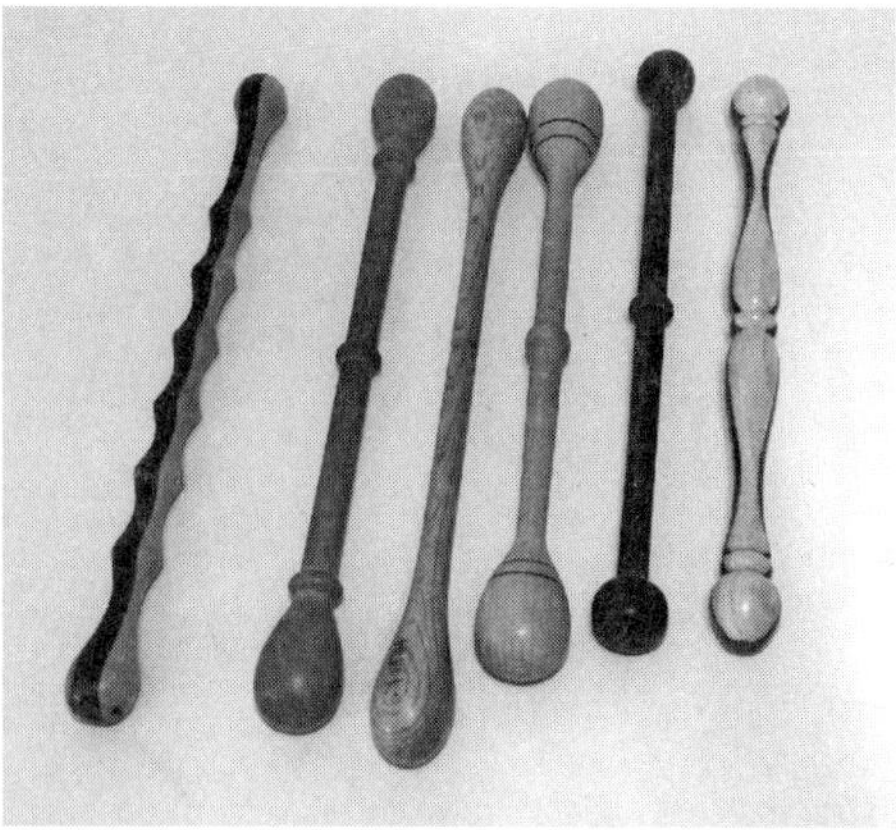

写真1-3　バウロンのさまざまなバチ

木を薄い板にして、蒸気を当てながら時間をかけて曲げる。最近は手軽に曲げられる合板も使うようになった。筆者のバウロンは合板だ。環の形に曲げた板を接着材で付け枠にする。板の両端は薄く削って、ぴったり重なるようにする。筆者のバウロンは、なんと円周の三分の一も重ねて接着してあった。板が弾けるのを防ぐためには、これぐらい広い面積でしっかりと接着しなければならないのだ。皮を張る側の胴を削ってエッジを薄くし、皮が振動しやすくする工夫をしたものもある。しかし、エッジを削りすぎてはいけない。鋭いと皮を傷めるからである。

皮は、伝統的に山羊を使う。他にも鹿、羊、子牛、馬、グレイハウンド、ロバなどの皮が使われた。子牛の皮カーフは大きな音で、長く響く暖かい音がするという。皮は塩漬けにしてなめす。なめし終わった皮はかなり薄い。皮を水に浸して枠に取り付け、皮紐で巻いたり、鋲で仮留めしたりして乾かす。仕上げに、皮を家具用の釘で枠に付けたり、接着剤で付けたりする。その上から飾りテープを巻き付け、さらに鋲で留める。

バウロンは長く使うほどいい音になるという。皮のためにバウロンは涼しいところで保管するほうがいい。皮が乾燥しすぎたら、少し水で湿らせる。「ギネスで湿らせてはいけない」という人がいる。パブでギネスを飲みながらセッションするアイルランド独特のジョークだろう。筆者のバウロンは日本の気候に耐え、十年以上破れもせず無事である。

皮面にさまざまな紋様を描いたバウロンもある。デザインはアイルランドのケルト文化に由来するものが多い。土産店にたくさん並んでいるバウロンはどれもデザインが凝っていて、見ているだけでも楽しい。しかし実際に演奏するには、音の響きの点で絵柄がないバウロンのほうがいいという。

枠の裏に一文字型やT字型、または十字型の棒を取り付けることがある。これには特別な名称はないらしく、単に「クロスピース（cross-piece：横木、桟）」「バー（bar：横棒）」と呼んでいる。かつてはワイヤーを十文字に取り付けることもあった。棒は、バウロンを構えたときに棒と皮との間に左手を差し入れて安定をよくするための役割をする。この棒があると、左手を動かして音高を変えたり、音色を変えたりしやすくなる。棒を握り締めて演奏する人もいる。また、棒は初心者のためのものという人もいる。棒がないバウロンを使う人もいる。

バウロンのバチはごく普通にスティック（stick）と呼んでいる。バチは堅い木から作る。アッシュやホリー（holly. セイヨウヒイラギ）などが使われる。バチの長さは二十センチから二十五センチぐらいである。棒状のバチは中央部分がふくらんでいて、さらに両端が球になっている。右手で中央部分をペンのように持ち、手首をひねるように回転させて皮を打つ。バチを振ってみると、両端の球が重りになって勢いがつくのがよくわかる。中央のふくらみは、バチを激しく振っても手からすっぽ抜けて飛んでいかないように、滑り止めの役を果たしている。バチの持ち方は厳格に決まっているわけではない。個性的な持ち方をしている人もいる。それどころか素手で打つ人も、数は非常に少ないがいることはいる。バチは基本の構造を守りながらも、デザインはそれぞれにちょっとした趣が加味されている（写真1―3）。最近では、細長いバチや片端がブラシになっているものなども使う。バチのことをティッパー（tipper）と呼ぶ人もいる。[1] ティップ（tip）には軽く鋭く打つという意味がある。英語では、一般的に太鼓のバチをビーター（beater）と呼ぶが、ビート（beat）では強く叩くイメージがある。それに対して、アイルランド人は、皮面を滑らせるように打つバウロンの音色をはっきり認識して、わざわざティッパーという言葉を選んで使うようになったのだろう。

ダブリンの音楽院でバウロンの手ほどきを受けていた筆者は、自分のバウロンがほしくなり、先生に楽器工房に連れていってもらった。大きさには決まりがないので、演奏者は自分の体格や音の好みに合わせて選ぶ。工房の主人と先生に、T字型の棒が付いたバウロンが初心者向きだと勧められた。何の絵柄もない、大きなバウロン

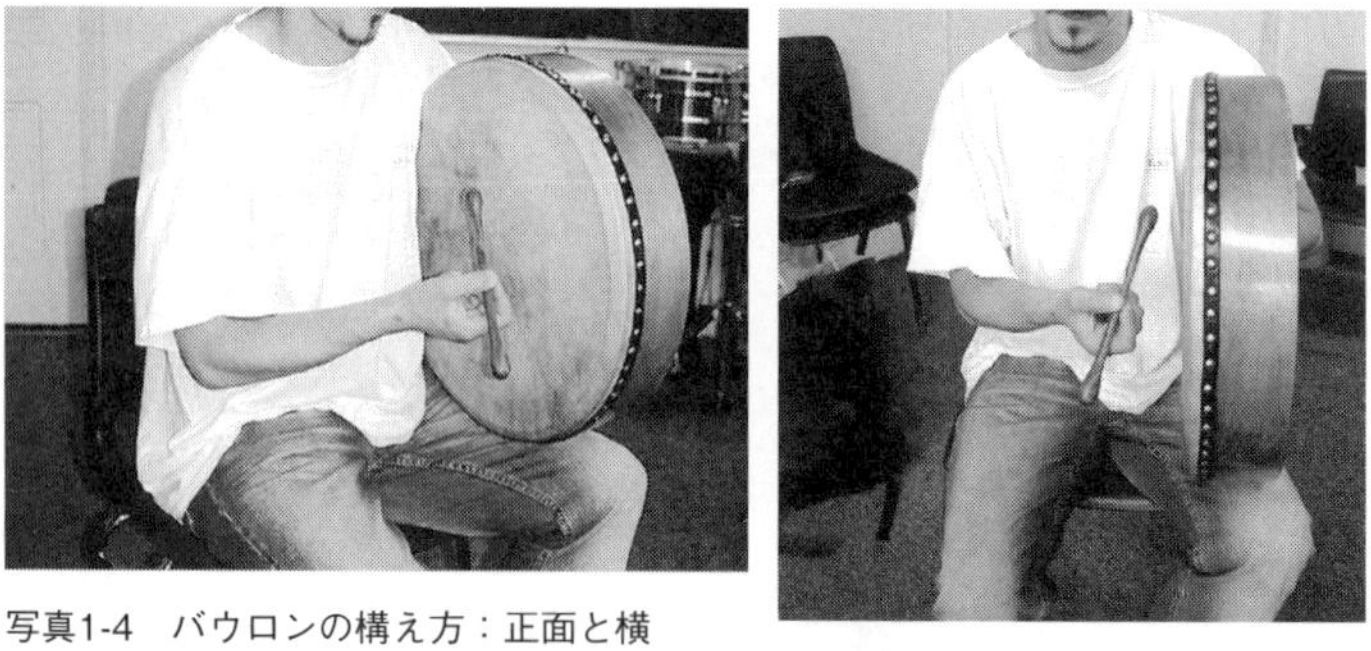

写真1-4　バウロンの構え方：正面と横

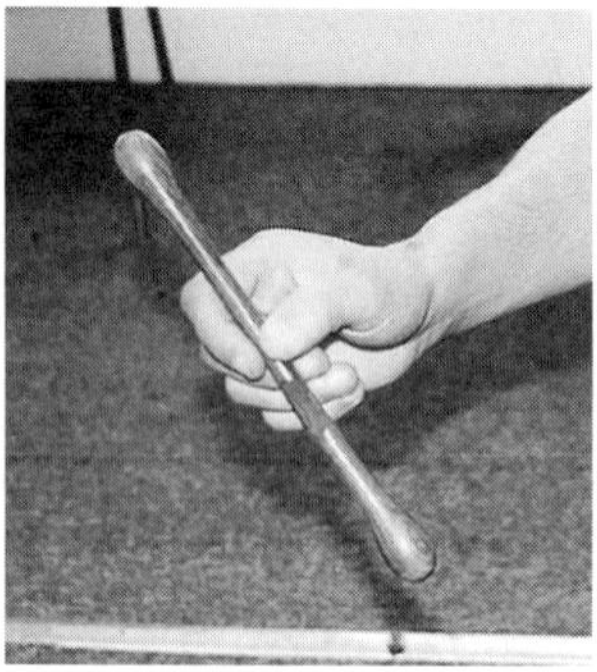

写真1-5　バチの持ち方

を二台選んだ。ソフトカバーを付けてもらい、機内持ち込みで日本まで運んで、いまは、授業中に学生と叩いて楽しんでいる。

バウロンの演奏技法と楽譜

　バウロンは、立ったまま打つこともあるが、セッションでは椅子に座って演奏する。奏者は座って、左の太腿にバウロンの枠を載せて、垂直に立てる。枠を左胸に当てて支える。左脇あたりに当てる人もいる。バウロンの先生に「グラマーな女性は胸がつかえて演奏しにくいのでは？」と質問すると、先生はちらっと筆者を見て「太っていても問題ない」と答えた。なお、筆者の経験では、フレアスカートや化繊ズボンでは、バウロンが滑って構えにくかったことを付け加えておこう。日本では、三味線を弾くときに、ひざと三味線の間に置いて三味線が滑らないようにする「ひざゴム」という便利なものがあるが、バウロンにはそのようなものは見かけなかった。

　バウロンの演奏方法は、ある意味では技巧的である。椀状にした左手を、皮の裏から当てて右手に持ったバチで打つ場合と、皮に当てないで打つ場合がある。当てて打つとミュートがかかって、くぐもった音色になる。しかし、左手を開いたまま皮にべったり当てると音が出なくなるので、それはしない。左手を椀状にするというのが、微妙なポイントなのだ。左手を当てずに打つと、驚くほど深い大きな音が出る。左手を皮面に当てて移動させながら打つと、高音から低音へ、低音から高音へと、連続的に滑るようなグリッサンドが出せる。このような音色と強弱を組み合わせることによって、歌うようなリズムパターンを生み出している。枠を打つこともあるが、それは伝統的な奏法ではなく、現在はショーアップのためにやるようになったという。

右手は、前述のようにバチをペンのように持ち、手首をひねるようにして、ペン先にあたる端で打つ。筆者は先生から「ドアノブを回すように」と言われた。皮面に対して、いわゆる逆手状態になる。順手でバチを持つよりも、手首を高速で回転できる逆手のほうが速く打つことができる。このバチと皮と手首との関係が、バウロンの演奏技法の最大の特徴だろう。バチの片端だけで打つことも、両端で打つこともある。両端で打つと、倍速になる。両端打ちはなかなか難しく、初心者では均等なトレモロにならない。

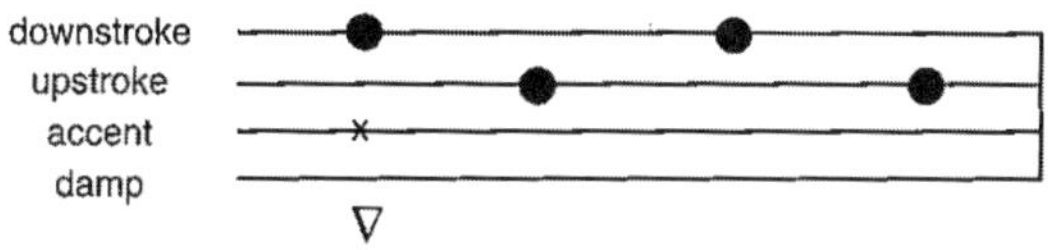

譜例1-1　バウロンの記譜1
（出典：Conor Long, *Bodhran Tutor: Absolute Beginner's,* Waltons, 2000 p.16.）

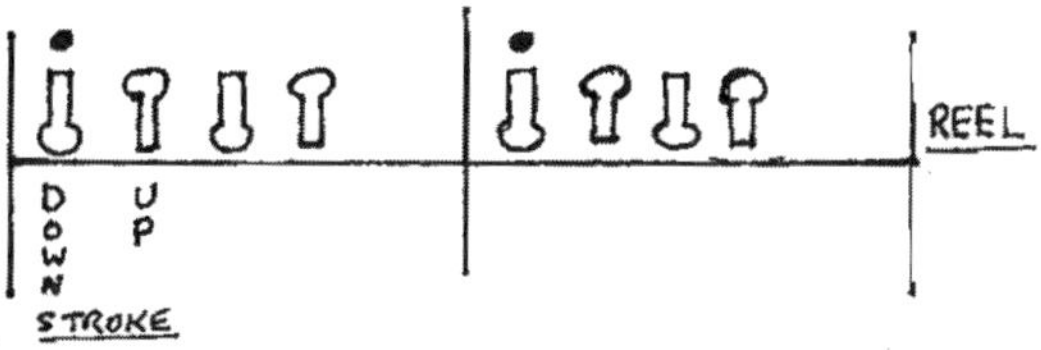

譜例1-2　バウロンの記譜2
（出典：Malachy Kearns, *Secrets of the Bodhran ― and how to play it,* Roundstone Musical Instruments n.d. p.9.）

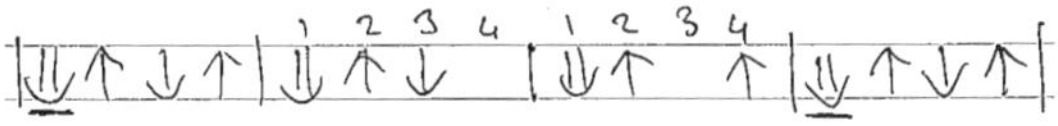

譜例1-3　バウロンの記譜3（筆者の先生の手書きメモから）

バウロンの打ち方で最も重要なことは、右手は常に同じ速度で振り回していることだ。シンコペーションで音がない空間は、「止まる」のではなく「空振り」をするのだ。実は、このような空振りをする打ち方は、西アフリカの太鼓ジェンベ（djembe. ジャンベとも）にも見られる。

バウロンには基本のリズムパターンがあるが、楽曲によって固定したものではない。セッションの旋律楽器が奏でるメロディーのリズムを模倣することが多い。演奏者によっては、旋律のなかの高い音をわざと低い音で打ったりすることもある。シンコペーションを使って「リズムを動かす」と「よくなる」という。また、基本のリズムパターンを細分化することもある。最近では、他の民族音楽、例えばインドやアフリカ、ラテンアメリカなどの太鼓のリズムを取り入れたり、枠を打ったりするようになった。その結果、ヴィルトゥオーソ（達人）の域に達する奏者も出てきた。

バウロンには、伝統的な楽譜というものがない。現在、バウロン教室や解説本のために、楽譜が必要になっても、定番の記譜法がなくて、それぞれの演奏者が工夫を凝らした楽譜を使っている。

ところで、人間の声や自然界の音を、言語音で表した語をオノマトペという。日本では楽器のオノマトペを唱《しょう》歌《か》（口唱歌とも）と呼ぶ。太鼓の唱歌は、一般的には口太鼓ともいう。

バウロンには、体系的な口太鼓はないようである。筆者の先生は、口太鼓を使ったことがないという。筆者に教えるときにも、口太鼓を使うことはなかった。先生は「アップテンポのバウロンをオノマトペで歌ったら舌をかんでしまう」という。なるほど。リズムパターンはそのまま音で記憶するという。

3　バウロンの機能とハンティング・レン

バウロンの機能の変化

枠太鼓バウロンは、もともとアイルランドの民俗的な祭りや行事、儀礼で使われていた。その一つにハロウィーンがあげられる。リナ・シラーの『The Lambeg and the Bodhran.（ランベグとバウロン）』に、二〇〇〇年のハロウィーンの写真が二枚掲載されている。(2)これは北アイルランドのアルスター州ベルファストにあるアルスター民俗・交通博物館（Ulster Folk & Transport Museum）でおこなったときの写真だ。仮装をした三人が写っている。一人目は紐で肩からバウロンを下げる。二人目もバウロンを下げ、両手で小型アコーディオンのコンサルティーナを演奏している。三人目はギターを演奏している。三人ともワラまたはツタで編んだかぶり物を着けている。一人はワラで編んだ馬の頭のかぶり物だが、あとの二人は籠のようなものをかぶっている。ぼろで作ったコートとズボンを身に着けている。残念ながらバウロンを打っている写真はない。ちなみに、この本のタイトルにあるランベグ（Lambeg）は大型の両面太鼓のことである。

バウロンは、十二月二十六日の聖ステファノの祝日の〈ハンティング・レン（The Hunting of the Wren）〉という行事でも使われる。聖ステファノについては後述する。この行事では少年たちが、捕まえた小鳥レンを持って家から家へと練り歩くことから、ハンティング・レンと呼ばれる。イギリスのウェールズ地方にもハンティング・レンが伝承されていた。このようにアイルランドやウェールズなどケルト系の人々が住んでいた地域で伝承されてきたことから、ハンティング・レンはキリスト教が入る前の古い習俗だと考えられている。ちなみに、ハロウィーンの日に、たき火をする風習が残るが、これもケルト文化に由来するといわれている。

アイルランドでは、二月一日の聖ブリギットの祝日にもバウロンを使うことがあったという。この祝日は、冬から春への季節の移り変わりを表し、「春の最初の日」ともいわれる。もともとブリギト（Brigit）はキリスト教が伝わる以前のアイルランドの女神である。火・収穫・詩・知恵などをつかさどった。それがキリスト教化とともに、聖ブリギッド（?―五二四。ブリジットとも）にその性格が受け継がれた。アイルランド東部、レンスター地方キルデアのケルトの女神を祭る聖地だった場所に、五世紀か六世紀ごろに聖ブリギッドが修道院を建てた。十三世紀になると、ノルマン人が聖ブリジッド大聖堂に変えたと伝えられている。

このような聖地から教会への作り替えはしばしば見られたようである。イギリスの人類学者であり民族学者でもあり、古典文献学にも精通していたジェームズ・ジョージ・フレーザー（一八五四―一九四一）は『The Golden Bouch; The Magic Art and the Evolution of King.（金枝篇――呪術と王の成り立ち）II巻』の第二十章で、以下のように述べている。

アイルランドでキリスト教がドルイド教に取って代わったころ、教会や修道院はしばしばオークの木立のなかや、一本立ちのオークの下に建てられた。このような場所が選ばれたのは、おそらく太古からオークが神聖視されていたためだろう。こうすることで、改宗者たちの心が抵抗感を減らして、新しい信仰の教えを受け入れるようにさせたのだろう(3)。

そんなに単純なものだろうか。むしろ、二度とドルイド教を信仰しないように、教会や修道院で重しをして、ドルイド教を封印したように見えるのは筆者だけだろうか。

聖ブリギッドの父親は異教徒、つまりケルトの神を信じていたという言い伝えがある。ケルトの聖地からキリスト教の大聖堂へ、異教徒の父からキリスト教の娘へ。この伝説は、歴史的真偽のほどは定かではないが、ケルトの土着宗教を排したうえに、キリスト教が広まったことを表していることは確かだろう。

さらに、収穫祭でもバウロンを使った。興味深いことに、農作業に使った皮張りの大きなトレーを叩いたのが、現在のバウロンという楽器の始まりだという説がある。

日常生活で使うものを打楽器に使うことは、それほど珍しいことではない。例えば、日本では鹿児島県姶良郡に大きな箕を二つ向かい合わせに結び合わせて太鼓の形にして叩く芸能がある。オーストラリアの先住民アボリジニはブーメランを打ち合わせる。ベトナムでは小さな器を二つ重ねて、カスタネットのように打ち鳴らす楽器がある。アイルランドでも、大きめのスプーンを二つ合わせて、柄の間に指を入れて浮かし、カスタネットのように打ち鳴らす。

アイルランド国立博物館に二つのバウロンが収蔵されているが、その枠と皮の隙間に麦わらが挟まっていたために、このようなトレー説が生まれた(4)。写真で見ると、これらのバウロンはがっちりした、しかし歪みのある枠をもつ。大きさはわからない。裏に棒もワイヤーも付いていない。農作業用トレーがバウロンの祖型だった可能性はあるが、本当のところは明らかになっていない。

ちなみに、同博物館には一八二〇年ごろと想定されるバウロンが収蔵されている。

一九五〇年代になると、バウロンのコンテクスト（脈絡）に変化が起こる。「地方から都市へ、アマチュアからプロへ、男性演奏者だけから男女両方の演奏者へ、野外での演奏から屋内へ[5]と使われる場が広がっていった。さらに「セント・ステファンズ・デイ（十二月二十六日）の「ハンティング・レン」のような民俗儀礼との結び付きから、いつでも使える楽器に[6]」変化したという。これは、アイルランド社会の近代化に伴って起こった変容と考えられる。民俗行事で使っていた素朴な太鼓が、卓越した演奏技法をもつヴィルトゥオーソたちによって、華やかなリズムパターンを繰り出すステージ用太鼓へと変身を遂げたのだ。

4　バウロンの分布とアイデンティティ

バウロンは、アイルランドの主にカトリックの地域で使われてきた。それに対して、プロテスタント地域では、両面太鼓のレンベグが使われる傾向があった。特に、北アイルランドの首都ベルファストでは、カトリックとプロテスタントのそれぞれのアイデンティティを示すものとして、バウロンとレンベクが機能していた。

ミュージカル『オペラ座の怪人』（一九八六年初演）や『キャッツ』（一九八〇年初演）で世界的に有名なイギリスの作曲家アンドリュー・ロイド＝ウェバー（一九四九―）は、二〇〇〇年に初演したミュージカル『ザ・ビューティフル・ゲーム（The Beautiful Game）』のなかで、ベルファストの街を描いている。アイルランドに統合されることを望むカトリックのコミュニティーとイギリスに留まることを望むプロテスタントのコミュニティーの対立を表現するのに、バウロンとレンベグの音を効果的に使っている。二つの太鼓の分布の違いやそれが意味することを、観客が知っていてはじめて成立する演出効果である。

一九九七年の映画『タイタニック』でも、バウロンのリズムに乗って踊る人々が描かれている。新天地を求めるアイルランド移民を表しているのだろう。タイタニックの時代には、まだバウロンはこのような使われ方をしていなかったと声高に言う人がいるが、どうか思い出してほしい。『タイタニック』は、「歴史学習用教材」や

「ドキュメンタリー」ではなく、「映画作品」というフィクションの世界だということを。バウロンとイリアン・パイプが鳴り響き、黒いギネスビールが出てくれば、そこにアイルランド人がいるのだと気づかせてくれる、「作品」としての演出なのだ。

　現在では、バウロンはアイルランドの音楽シーンで使われるだけでなく、アイルランド系が多いアメリカにも持ち込まれた。さらに、世界中に広まって、ポップスなどでも使われている。

注

（1）Malachy Kearns n.d., *Secrets of the Bodhrán: And How to Play it*, Roundstone Musical Instruments, n.d., p.5.

（2）Rina Schiller, *The Lambeg and the Bodhran*, The Institute of Irish Studies, Queen's University Belfast, 2001, pp.54-55.

（3）James George Frazer, *The Golden Bough; A Study in Magic and Religion. The Magic Art and the Evolution of Kings.* Vol.2, 1991. p.363.）訳書には、J・G・フレーザー『金枝篇2——呪術と王の起源（下）』（神成利男訳、石塚正英監修、国書刊行会、二〇〇四年）がある。

（4）Micheal O Suilleabhain, *The Bodhran; An Easy to Learn Method for the Complete Beginner Showingui the Different Regional Styles and Tehniques.* Waltons Musical Instrument Galleries, 1984, p.2.

（5）*Ibid.*, ページなし

（6）*Ibid.*, ページなし

参考文献

【日本語】

ECG編集室編『アイルランド——パブとギネスと音楽と』（「ヨーロッパ・カルチャーガイド」第十巻）、トラベルジャ

ーナル、一九九八年
海老島均／山下理恵子編著『アイルランドを知るための六十章』（エリア・スタディーズ）、明石書店、二〇〇四年
栩木伸明『アイルランドのパブから――声の文化の現在』（ＮＨＫブックス）、日本放送出版協会、一九九八年
ダイアナ・ブリアー『アイルランド音楽入門――音楽・ダンス・楽器・ひと』守安功訳、音楽之友社、二〇〇一年
松島まり乃『アイルランド旅と音楽――ケルトの国に魅せられて』晶文社、一九九九年
守安功『アイルランド人・酒・音――愛蘭土音楽紀行』東京書籍、一九九七年
守安功『アイルランド大地からのメッセージ――Hear the heartbeat of the mother earth』（「愛蘭土音楽紀行」第二巻）、東京書籍、一九九八年
山下理恵子／守安功『アイリッシュ・ダンスへの招待』音楽之友社、二〇〇二年

【英語】
Flynn, Arthur, *Irish Dance*, The Appletree Press, 1998.

本章は、「全日本郷土芸能協会会報」（全日本郷土芸能協会）に掲載した次のエッセーを含んでいる。
「アイルランドの太鼓バウロン」「全日本郷土芸能協会会報」第三十三号、二〇〇三年、一三ページ
「アイルランドのイーリアンパイプ」「全日本郷土芸能協会会報」第三十四号、二〇〇四年、一四ページ
再録のご許可をいただいた全日本郷土芸能協会にお礼を申し上げる。

第2章　バウロンの謎

1　バウロンとハンティング・レン

バウロンは、アイルランドの伝統的な行事ハンティング・レン（レン狩り）で使われていた。むしろ、コンサートで使うよりも以前からこの行事のなかで使われていた。にわかには信じ難いことだが、バウロンがステージで使われるようなったのは最近のことだ。ステージや録音にバウロンが現れるのは一九六〇年代になってからである。

作曲家、演奏家そして研究者でもあるショーン・オリアダ（一九三一―七一）が、一九六二年に『Our Musical Heritage（私たちの音楽遺産）』と題した番組をラジオで放送した。そのことが契機となって、伝統音楽が再評価されるようになる。また、六三年にザ・チーフタンズというグループがコンサートで使って、バウロンが有名になった。(1)いまでは、パブでアイルランド音楽のセッションが盛んにおこなわれているが、パブでの楽器演奏禁止が解かれたのは六〇年代なので、セッションでバウロンを使うようになったのは当然それ以降である。それ以前に、村の民家や広場でダンスをするときには、ダンス研究家のヘレン・ブレナンによると「イリアン・パイプ奏者やフィドル奏者、ときどきハープ奏者や「ジューズ・ハープ」奏者が音楽を提供していた(2)」という。アイルランドのジューズ・ハープは、金属製の枠に弁を取り付け、その弁を弾いて鳴らし、奏者の口腔に共鳴させるタイプのものである。口腔の大きさを変えることで、リズムだけでなく、メロディーも演奏できる。バウロンは、これらの旋律楽器よりも後に、ダンス音楽で使われるようになったと考えられる。

2　ハンティング・レンの王型歌詞

バウロンを使っていたハンティング・レンとはどのような行事なのか。かつてハンティング・レンという行事は盛んにおこなわれていたという。その次第についてのアカデミックな記録は、残念ながらいまだに探し出せないでいる。しかし、その行事で歌ったとされる歌は、ウェブサイト上で多数飛び交っている。その起源についても、諸説が展開されている。ということは、アカデミックな調査記録はないのに、しかも行事そのものは変容して昔の面影が残っていないのに、歌だけが伝承され続けていることになる。まずは、その歌詞を見てみよう。

王型A——ザ・チーフタンズ版

ザ・チーフタンズのアルバム『Bells of Dublin（ダブリンの鐘）』に「The Wren in the Furze（ハリエニシダのなかのレン）」という曲がある。これはハンティング・レンの行事のときに歌われた歌だという。ところで、民謡や民俗音楽の常として、タイトルが伝承者や採録者によってまちまちだという問題がある。この歌も「The Wren Song」「Wren King Song」「The Hunting of the Wren」などさまざまに呼ばれている。なお、レンを歌った歌は、他にも非常に多くある。そのなかで、レンを「狩る・捕らえる」ことをテーマにした歌詞を取り上げたことを示すために、「ハンティング・レン」を総称として使うことにする。

この歌詞には、ハンティング・レン行事の様子が歌い込まれている。まずは、ザ・チーフタンズの「ハリエニシダのなかのレン」の歌詞A(3)を手がかりに、この行事を眺めてみよう。

以下、歌詞の訳は筆者がおこなった。メロディーに当てはめているわけではないので、そのまま歌うには無理があることを付け加えておく。歌詞の先頭に付けた記号「⑥B1」の最初の数「⑥」は通し番号を表す。次の「B1」はBという文献またはウェブサイトに掲載された歌詞の一節目であることを示す。これらの四行詩を訳すことはとても難しかった。それで、［　］内のように、想像をたくましくした部分や、意味不明のまま残した部分もあることをお断りしておく。韻を踏んでいる語には下線や二重下線を付した。

①A1　The wren, oh the wren, he's the king of all birds,
　レン　おおレン　彼はすべての鳥の王
On St. Stevens day he got caught in the furze,
　聖ステファノの祝日に　彼はハリエニシダのなかで捕まった
So it's up with the kettle and it's down with the pan,
　［そしてケトルと一緒に昇り　パンと一緒に降りる］
Won't you give us a penny for to bury the wren?
　レンを葬るために　私たちに一ペニーください
(Chorus: Illited)
　（リフレイン、爽快に。以下、略）

聖ステファノの祝日の歌だというのに、いきなりレンの埋葬が出てくる。レンとはいったい何者・何物なのか。謎の歌詞を読み解くために、まず、歌詞のなかのいくつかの言葉の説明から始めよう。

レン（wren）はミソサザイ科ミソサザイ属の鳥の総称で、ヨーロッパではおなじみの茶色い小鳥だ。小さい丸々とした体つきで、大きな美しい声で一年中さえずる。冬場でも、よほどの寒さでないかぎり、元気にさえずる。そのさえずりは長く、まるでトリルの技法を駆使して歌っているかのようだ。

日本ではレンはミソサザイと訳されるが、実は、ヨーロッパのレンは日本のミソサザイとまったく同じではない。日本のミソサザイは山地の渓流沿いや里山に生息するが、ヨーロッパのレンは民家の近くに生息する。レンは、筆者たち日本人にとってのスズメのように、もっと人の生活に近い鳥だ。

聖ステファノ（?—三五?。聖ステファン、聖スティーヴン、聖ステパノとも）は、キリスト教の最初の殉教者だ。エルサレム教会の七人の執事の一人で、エルサレムの民衆や長老、律法学者たちとその先祖を批判したために激しい反感を買い、石打ちの刑を受けて殉教した。聖ステファノの祝日は十二月二十六日、つまり十二月二十五日のクリスマスの翌日にあたる。

ハリエニシダは、漢字では針金雀児、針金雀枝などと書く。とげがあるエニシダという意味だ。ハリエニシダは南西ヨーロッパ原産で、乾燥した荒地ヒースによく生える。幹には多数のとげがあり、春から初夏にかけて小さな蝶形の黄色い花をたくさんつける。

実は、エニシダとハリエニシダは別物だ。エニシダはマメ科の落葉低木なのに、ハリエニシダはマメ科の常緑低木だ。真冬の聖ステファノの祝日でも常緑のハリエニシダだからこそ、葉に隠れたレンが「ハリエニシダのなかで捕まる」ことになったのだ。

図2-1　レン
（出典：Rob Hume, *Complete Birds of Britain and Europe,* Dorling Kindersley 2013, p.364.）

三行目の「So it's up with the kettle and it's down with the pan」は、どのような意味だろう。そのまま訳せば、「そしてヤカン（ケトル）と一緒に昇り、平鍋（パン）と一緒に降りる」ということだが、ヤカンを持って空を飛ぶ小鳥なんて意味不明である。謎の「ケトルとパン」については、とりあえず「ケルトとパン」と表記しておいて、後で詳しく考えることにしよう。

一行目と二行目、三行目と四行目で韻を踏んでいる。レンを、一行目、二行目ではheで受けていたのに、三行目ではitになっている。別の歌から歌詞を引用したために不統一になってしまったのだろうか。

この歌い手たちは、聖ステファノの祝日、ハリエニシダのなかで捕まえたレンを葬るために、金銭を求める。一ペニーはどれぐらいの価値があるのだろうか。十八世紀のイギリスでは、一ペニーで牛乳が一リットル強、卵だと三、四個、ビールだと二リットル強、キャベツだと二個買えたという。だとすると、一ペニーは、それほどたいした金額ではないのがわかる。

それにしても、なぜ、金銭を請うのだろうか。なぜ、レンを葬るのだろうか。

②A2　Well it's Christmas time, that's why we're here,
　クリスマスの時期なので　私たちはここにいます
Please be good enough to give us an ear
　どうぞ私たちをよく聞いてください
For we sing and we dance if you give us a chance
　チャンスをくださるなら　私たちは歌って踊りましょう
And we won't be coming back for another whole year.
　そして一年たったら戻ってきましょう
(Chorus)
　（リフレイン）

earは耳だが、ここでは注意して聞くという意味にとった。①と違って、一行目、二行目、四行目で韻を踏んでいる。

この歌詞は、イングランドのクリスマス・キャロルの慣習を思い起こさせる。クリスマスシーズンに家々を回って歌を歌い寄付を募ることは、一六四〇年代のイングランドのピューリタン革命以前には盛んで、ヨーロッパ各地で見られる行事だった。

ヨーロッパではキャロル以外にも、クリスマスに家々を回るさまざまな行事があった。その諸相をジェリー・ボウラーの『The World Encyclopedia of Christmas』(4)とその訳本『図説クリスマス百科事典』(5)をもとに紹介しよう。「　」に参照した見出し語を書いた。

①ウクライナでは、山羊の扮装をした者が、お供や楽隊を連れて家々を回り、歌ったり寸劇を演じたりする。そのお返しに金銭をもらったりごちそうになったりする「ウクライナ」(6)「Ukraine」(7)。

②クリスマス・ブル（Christmas Bull）は、イングランドの習慣である。シーツや毛皮をかぶって雄牛ブルに扮した人が、牛飼いやお供と一緒に家々に入り込んで跳ね回り、ごちそうにあずかる。クリスマス・ブルの慣習は、ヨーロッパにキリスト教が伝わる以前の冬至祭に由来するという「クリスマスブル」(8)「Christmas Bull」(9)。

③ホーデニング・ホース（Hodening Horse）は、牛ではなく馬である。イングランド南東部ケント州では、頭巾をかぶった男が棒に付けた木製の馬の頭を持ち、御者や女装のモリー、音楽家を従え、クリスマスイブに家々を巡って金銭を請うた「ホーデニング・ホース」(10)「Hodening Horse」(11)。

④オールド・ホブ（Old Hob）もイングランドの慣習である。シーツで包んだ馬の頭を男性が持ち歩く。十一月二日の万霊節から十二月二十六日のボクシングデー（Boxing Day）までおこなわれる「馬」(12)「Horse」(13)「オールド・ホブ」(14)「Old Hob」(15)。

⑤マリ・ルイード（Mari Lwyd）は、ウェールズ地方の慣習である。本物の馬の頭蓋骨、あるいは木製の頭蓋骨を棒上に付け、白いシーツをかぶった男性が持ち運ぶ。頭蓋骨は、口がパクパク開け閉めできる。マリ・ルイードは、手綱引きや女装の寸劇役者、楽隊の一団を従えて、家々を回り、歌を歌ってどんちゃん騒ぎを繰り返した。

聖家族つまり母マリアと父ヨゼフ、そして生まれてくる幼子イエスのために場所を譲ろうと、馬小屋の外に出た動物を表しているという。それ以来、風雨をよける場所を探し続けている「馬」(16)「Horse」(17)「マリ・ルイード」(18)「Mari Lwyd」(19)。

ボクシングデーといっても、グローブをはめて打ち合う日ではない。クリスマスの喜捨を集めた箱ボックスを開ける日で、寄付金は貧しい人々に分け与えられていた。のちに使用人や郵便配達人など日頃世話になっている人にクリスマスの心付けを与えて、感謝する日となった。

イエス・キリストが馬小屋で生まれたのは周知のことだが、マリ・ルイードは、その馬小屋と関係があったのだ。「さまよえる馬」である。ところで、リヒャルト・ワーグナーの楽劇(Musikdrama)に『さまよえるオランダ人』がある。神との約束を破ったために、永遠に船でさまようオランダ人船長の伝説に基づいている。それに対して、マリ・ルイードはいいことをしたのにさまよわなくてはならないなんて理不尽な気がするのは筆者だけだろうか。マリ・ルイードのパクパク動く口に捕らえられた者は、自由になるために罰金を払わなくてはならないという。マリ・ルイードに渡される金銭は、本当に悪いイメージの罰金なのだろうか。それともいいイメージのご祝儀とは考えられないのだろうか。

イングランドでは、このようにクリスマスに家々を回り、金銭や食事を請うことをマンピング(Mumping)と呼んだ。ボウラーの原書には「begging」、訳本には「物乞い」という言葉がしばしば出てくる。しかし、マンピングを「begging」「物乞い」と呼ぶべきではないだろう。なぜなら、物乞いには、家も生業もなく生活が困窮している人が他人から金銭や食べ物をもらって生きているという意味がある。日本の民俗芸能のなかには、家々を回りご祝儀を受け取るものが多数あるが、彼らは生業をもち、祭りのときだけ人々を寿ぐ芸をおこなう。彼らを「物乞い」と言うと語弊がある。同じように、ヨーロッパのクリスマス時期の家回りも、「いわゆる物乞い」とは別の機能をもつと考えるべきだろう。

これまで、私たちが目にするヨーロッパの祭りの情報は、ほとんどがキリスト教に関わる祭りのものだった。キリスト教以前の名残を留める祭りでも、キリスト教のフィルターを通した解釈や翻訳がなされてきた。ヨーロッパの祭りや行事や芸能を、キリスト教のフィルターを外して別の視点で再考する必要があるのではないだろうか。

ホーデニング・ホースやマリ・ルイードをインターネットで検索してみてほしい、もちろん英単語で。見たこともない世界が展開していて、きっと驚くにちがいない。

③A3　We'll play Kerry polkas, they're real hot stuff,
　私たちはケリー・ポルカを踊ろう　本当にすごいやつを
We'll play The Mason's Apron and The Pinch of Snuff,
　私たちは「メイソンのエプロン」と「ひとつまみの嗅ぎタバコ」を踊る
John Maroney's Jig and the Donegal Reel,
　ジョン・マロニーのジグとドニゴールのリール
Music made to put a spring in your heel.
　音楽はあなたたちのかかとにスプリングを付ける
(Chorus)
　(リフレイン)

リズミカルな音楽を聞いて、体が自然に動きだすという経験は誰でもあるだろう。この歌詞の「かかとにスプリングを付ける」という表現は、言い得て妙である。アイルランドのダンスの一ジャンルであるケリー・ダンスでは、ホップをしながら足を蹴り上げる。また、モダンスタイル・ステップ・ダンスでは、足を高く蹴り上げるハイキックや高く跳び上がるハイジャンプが特徴的である。『リバーダンス』のダンサーたちに至っては、本当にかかとにスプリングが付いているようだ。この歌詞には、ポルカ、ジグ、リールなどダンスのジャンル名や、「メイソンのエプロン」「ひとつまみの嗅ぎタバコ」などという具体的な楽曲名があがっている。ちなみにメイソンとは石工のことである。中世にフリーメーソン（freemason）という熟練石工組合があった。のちに発展して一七一七年にロンドンで設立された国際的親善団体フリーメーソンとなった。石工が作業をするときに身に着けていたエプロンが、フリーメーソンのシンボルだという。

　ポルカは二拍子の速いリズムが特徴である。もともとはチェコ西部のボヘミア地方を起源とするダンス音楽で、アイルランドには一八〇〇年代後半に伝わった。

　ジグには四種類ある。「ダブルジグ」「シングルジグ」「スリップジグ」「スライド」である。といっても、この分類は絶対的なものではなく、「ダブルジグ」「スリップまたはホップジグ」「シングルジグまたはスライド」の三種類に分けることもある。[20]

　ダブルジグは八分の六拍子で、一般的にジグというとダブルジグを指す。シングルジグも八分の六拍子だ。八分の十二拍子にカウントする人もいる。スリップジグは八分の九拍子、スライドは八分の十二拍子である。

　ダブルジグとシングルジグには、さまざまなリズムパターンが出現する。ダブルジグとシングルジグの楽曲を取り上げ、そのリズムパターンを比較してみた。譜例1のシングルジグでは、a ♩♪♩♪ が多用されている。十六小節中、七小節がaだ。さらに、前半を変えたバリエーションb ♫♩♪ が二回、後半を変えたバリエーションc ♩♪♫ が五回も出てくる。譜例2のダブルジグでは十六小節中にe ♫♫ が七小節出てくる。注目すべきは、シングルジグのbが、ダブルジグでも七小節出てくることである。シングルジグとダブルジグで、いくつかのリズムパターンを共有しているのである。このように差異が少ない両者を識別するには、シングルジグの♩♪♩♪|♩♪♩♪というパターンと、ダブルジグの♫♫|♫♫が、一つの目印になるだろう。とはいえ、両者の境界線はかなり曖昧だ。

譜例2-1　シングルジグの旋律のリズム構造の一例「The Brosna Slide」(21) より作成

譜例2-2　ダブルジグの旋律のリズム構造の一例「The Boys of Our Town」(22) より作成

譜例2-3　リールの旋律のリズム構造の一例「The Boyne Hunt」(23) より作成その1

譜例2-4　リールの旋律のリズム構造の一例「The Boyne Hunt」(24) より作成その2

リールは、二拍子系で四分の四拍子である。二分の二拍子で表記することもある。譜例2―3と譜例2―4はどちらも「The Boyne Hunt」という曲の楽譜である。ともに等拍のリズムが連なるのが特徴である。両者はところどころリズムが異なるが、それだけでなく旋律も多少異なる。同じ曲でも、楽譜集によって細部が異なるのはごく普通のことである。実際に演奏するときには、曲の骨格ともいえる旋律に、演奏者が独自の装飾をつけたり変奏したりしてバリエーションになるからだ。

④A 4　If there's a drink in the house, would it make itself known
　家に酒があるなら　すぐにわかる
Before I'll sing a song called The Banks of the Laune;
　私が「ラウン川の土手」という歌を歌う前に
A drink with glubrimication in it
　ごくごく飲む
For me poor dry throat, and I'll sing like a linnet.
　私の哀れな乾いた喉を潤して　リンネットのように歌うために
(Chorus)
　(リフレイン)

リンネットは、日本ではムネアカヒワと呼ばれる小鳥だ。「a drink」は飲み物だが、ここでは水ではなく、やはり酒だろう。三行目は「And I'll drink with you with occasion in it」と記されている場合もある。直前の②③の歌詞と続きものだとしたら、クリスマスに家々を回り歩いて歌って喉が渇いたので、歌う前に一杯飲ませてください、ということになる。

⑤A5　Oh please give us something for the little bird's wake,
　小鳥たちの通夜のために　何かください
A big lump of puddin, or some Christmas cake,
　大きな塊のプディングか　かなりの量のクリスマスケーキを
A fistfull of goose and a hot cup of tae,
　ひとつかみのガチョウと一杯のあたたかい紅茶を
And then we'll all be going on our way.
　そうしたら　私たちはすぐに回り歩くのを続けましょう
(Chorus)
　(リフレイン)

「小鳥たちの通夜のために」の小鳥はレンのことだろう。三行目の tae あるいは tay はアイルランド方言で tea、つまり紅茶のことだ。①の「レンを葬る」という表現が、ここでは「通夜」になっている。プディングとケーキとガチョウは、クリスマスのごちそうの定番だ。プディングといっても牛乳と卵のカスタードプリンではない。プラムプディングといって、干しブドウ、プラムなどの果物の砂糖漬け、小麦粉、黒砂糖、卵、香辛料、ブランデーなどを型に入れて蒸した菓子だ。コインなどが入っていて、それに当たった人は幸運とされる。歌詞に歌い込まれている事柄から、クリスマスシーズンの出来事とわかる。

さて、これまで見てきたザ・チーフタンズの「ハリエニシダのなかのレン」の①から⑤の歌詞は、各行の終わりで韻を踏んでいる。ヨーロッパの四行詩は、どこで韻を踏むかで「aabb」「abab」「abba」「abcb」の基本形式に分けられる。①③④⑤は「aabb」で、②だけは基本形式には当てはまらない「aaba」となっている。実は、これらの歌詞には、意味がよくわからないところがある。それは、一行目と二行目、三行目と四行目で、韻を踏むことを優先したため、無理が生じて意味がとりにくくなった可能性もある。

これらの歌詞に表れた世界を書き出してみよう。

ⓐ鳥の王レンが捕まって、葬られる。
ⓑ家々を訪ね、レンの通夜のために、金銭やごちそうを請う。
ⓒクリスマスの特別なごちそうと関わる。
ⓓ聖ステファノの祝日と関わる。
ⓔクリスマスの時期に、この歌を歌う。
ⓕアイルランドの伝統的ダンスをする。
ⓖ歌って乾いた喉を潤すために酒を請う。

クリスマスに家々を回って歌い、ごちそうにあずかるというのは、前述のようにヨーロッパ各地でおこなわれていた習俗である。しかしながら、イエス・キリストの誕生を祝うクリスマスと「レンの通夜」とは不可解な取り合わせである。どうしてレンを狩るのだろうか。しかも、レンは死んで葬られてしまうのである。ザ・チーフタンズの「ハリエニシダのなかのレン」の歌詞だけでは、ハンティング・レンの行事の全体のイメージが読み取れない。

実は、ザ・チーフタンズの歌詞が定番というわけではなく、本やインターネットで、実にさまざまな歌詞が紹介されている。それらの歌詞からハンティング・レンの行事の様相を探ってみよう。まずは、ハンティング・レンの行事を歌い込んだザ・チーフタンズの「レン　おおレン　彼はすべての鳥の王」で始まる歌詞を、「王型」

と名付けよう。以下、英文四行詩のうち、ザ・チーフタンズの歌詞①—⑤と同じ文言はイタリックにした。

王型B——ハリウェル版

イギリスのシェークスピア学者ジェームズ・オーチャード・ハリウェル・フィリップス（一八二〇—八九）は、児童文学の研究者としても有名である。彼の『The Nursery Rhymes of England.（イギリスの伝承童謡）』（一八四二—四六年）や、『Popular Rhymes and nursery tales.（俗謡とおとぎ話）』（一八四九年）は、児童文学史上とても重要とされている。ハリウェルは、ハンティング・レンの歌詞Bを収録している。[21]

⑥B1　*The wren, the wren, the king of all birds,*
　レン　レン　すべての鳥の王（①とほぼ同じ）
Was caught St. Stephen's Day in the furze,
　私たちは聖ステファノの祝日にハリエニシダのなかで捕まえた（①とほぼ同じ）
Although he's little, his family's great.
　彼は小さいけれど　彼の家族は大家族
Then pray, gentlefolks, give him a treat.
　お願いだから　良家の人々　彼にごちそうをください

一行目と二行目はザ・チーフタンズ①の一行目と二行目と単語が微妙に異なるが、内容は同じである。伝承過程で言い回しが多少変化したのだろう。三行目から独自の歌詞になる。レンは小さな鳥で、群れをなして生きていることがわかる。四行目では金銭ではなく、ごちそうを要求している。ここには「レンを葬る」という話はない。

王型C——アイリッシュ・フェスティバル・ネット版

現在では、ウェブサイトにも王型の歌詞が掲載されている。多くの場合、いつ、どこで、誰から聞き取ったか、あるいはどこから引用したか、その出自は不明である。ウェブサイトはさながら現代の民間伝承のようなもので、少なくともこの歌に興味をもっている人々がいることは確かだ。ウェブサイト「Irish Festival.Net」に掲載された歌詞Cは以下のとおりである。

⑦C1　*The wren, the wren, the king of all birds,*
　レン　レン　すべての鳥の王（①とほぼ同じ）
On St. Stephen's Day was caught in the furze,
　聖ステファノの祝日にハリエニシダのなかで捕まえた（①とほぼ同じ）
Although he is little, his family is great,
　彼は小さいけれど　彼の家族は大家族
I pray you, good landlady, give us a treat.
　お願いだから　地主夫人　私たちにごちそうしてください

呼びかける相手が⑥では「良家の人々」だったのが、ここでは「地主夫人」に変わった。家から家へと訪れながら歌うので、家ごとに呼びかける相手が異なるから、それに合わせて変化させたのだろう。

⑧C2　My box would speak, if it had but a tongue,
［私の箱は話すでしょう　舌があったのなら］

And two or three shillings, would do it not wrong,
そして二シリングか三シリングで結構です
Sing holly, sing ivy--sing ivy, sing holly,
ホリーを歌う　アイヴィーを歌う　アイヴィーを歌う　ホリーを歌う
A drop just to drink, it would drown melancholy.
ちょっと一杯飲むお酒　憂鬱を紛らわすでしょう

さて、ここでも頭を抱えたくなるような一行がある。箱は、前述のようにボクシングデーのボックスだろう。しかし、なぜ箱が話すのか。わからないことは、後に回そう。二シリングか三シリングくださいと請う。一シリングは十二ペンスなので、ここでは①より三十六倍も要求金額が大きくなっている。ホリーはセイヨウヒイラギのことだ。赤い実がついた枝をクリスマスの装飾に使う。アイヴィーはつたのことで、これもクリスマスの飾りに使う。この歌詞はクリスマスとの関係がうかがわれる。

⑨C3　And if you draw it of the best,
そして　あなたが上手に［引き抜いたら］
I hope in heaven your soul will rest,
天国であなたの魂が休息することを願います
But if you draw it of the small,
でもあなたが少しだけしか［引き抜かなかったら］
It won't agree with these wren boys at all.
レン・ボーイズはまったく満足できません

レン・ボーイズとは、ハンティング・レンの行事に参加する少年たちのことだ。drawをどのように理解したらいいだろうか。drawには「描く」以外にも、「隠れ場を探す」「引き抜く」「鳥などのはらわたを抜く」などいろいろな意味があるが、どれがふさわしいか検討の余地がある。

王型D——ヒーリー版

ジェームス・ヒーリーは『Ballads from the Pubs of Ireland.（アイルランドのパブのバラード）』のなかで、「The wren boy's song（レン・ボーイの歌）」[22]を紹介している。その歌詞Dは、以下のように展開する。なお、ウェブサイト「Golden Hind Music」がヒーリーの本から歌詞を引用していると記しているが、一九九六年に出版された本と歌詞の第五節が異なり、第六節がないなど差異があることを付け加えておく。

⑩D1　*The wren, the wren, the king of all birds*
　　レン　レン　すべての鳥の王（①とほぼ同じ）
On St. Stephen's day was caught in the furze,
　　聖ステファノの祝日にハリエニシダのなかで捕まった（①とほぼ同じ）
We got him there as you may see
　　あなたも知っているように　私たちはそこで彼を捕まえた
And pasted him up on a holly tree
　　私たちは彼をホリーの上に掲げた
Hurrah me boys hurrah
　　フレー　私の少年たち　フレー

Hurrah me boys hurrah.
　フレー　私の少年たち　フレー

レンをホリー（セイヨウヒイラギ）に吊るしたことがわかる。ハンティング・レンの行事の次第を、そのまま歌い込んでいると思われる。最後に掛け声のようなリフレインが付いている。

⑪D2　Knock at the knocker and ring at the bell,
　ノッカーを鳴らし　ベルを鳴らす
Give us a copper for singin' so well
　上手に歌うので　私たちに銅貨をください
Singin' so well, singin' so well,
　とても上手に歌う　とても上手に歌う
Give us a copper for singin' so well.
　上手に歌うので　私たちに銅貨をください
(Chorus)
　（リフレーン）

玄関の戸のノッカーを鳴らし、歌って銅貨、つまりペニーをねだるという行事そのものを歌っている。

⑫D3　I have a little box under me ar-um,
　私は小さな箱を腕の下に持っている

Two or three pence would do it no <u>har-um</u>,
　一ペニーか二ペニーで歌うのをやめます
Up with the kettle and down with the pot,
　［ケトルと一緒に昇り　ポットと一緒に降りる］（①とほぼ同じ）
Give us our answer and let us be off.
　私たちの希望をかなえてください　そうしたら私たちは帰ります
(Chorus)
　（リフレーン）

ar-um は arum（サトイモ類）ではなく arm（腕）、har-um は harm（害する）ではなく hum（口ずさむ）ではないかと思う。口承伝承の歌詞をどのように聞き、どのように書き留めるか、記録者の思惑が入り込んでしまうのは避けられないことである。

ハンティング・レンでも、クリスマスの家回りと同様に、お金をためるためのボックスが重要な意味をもっている。ペニーをもらえば歌うのをやめると、まるで歌の押し売りのような歌詞になっている。かつてアジアのある都市の商店街で出会った光景を思い出した。性能が悪いスピーカーをカートに積んで移動しながら、店先で下手な歌を大音響で歌っていた。思わず「あんなに下手だと、ご祝儀もらえないでしょう」と地元の共同研究者に言うと、「いや、さっさと行ってもらいたいので、いくらか渡すのさ。下手でうるさいと商売のじゃまになるから」と言われてびっくりした。ハンティング・レンでも、「祝福に対する祝儀の金品」という図式だけでなく、「迷惑行為に対する追い払い料」を歌い手自身が自覚しているのだろうか。三行目に例の謎の「ケトルとポット」が出てくる。ここではパンではなくポットになっている。

⑬D4　On Christmas day I turned the spit,
　クリスマスの日に焼き串を回した
I burned my finger – I feel it yet!
　私は指をやけどして　私はまだそれを感じる
Between my finger and my thumb
　私の指と親指の間には
There lies a blister as big as a plum.
　［プラムぐらいの大きさの水ぶくれがある］
(Chorus)
　（リフレーン）

ハンティング・レンの前日のクリスマスのために、肉を串に刺して焼いたのだろう。それにしてもやけどの水ぶくれを歌い込むというのは、どういう感性なのだろうか。

⑭D5　God bless the mis'tus (mistress) of this house –
　神よ　この家の女主人に祝福を
A golden chain around her neck
　金の首飾りが彼女の首のまわりに
If she's sick or if she's sore
　もし彼女が病気なら　もし彼女が悲しんでいたら
The Lord have mercy on her soul.

主は彼女の魂に慈悲を与える

(Chorus)

（リフレーン）

家を巡り、女主人を祝福する。一連の行動がよくわかる歌詞である。「God（神）」「the Lord（主、キリスト）」が出てくるのが珍しい。キリスト教色が強く出ている。

⑮D6　Mrs... a worthy man

〇〇の奥様　尊敬すべき方

And to her house we bring the wren

彼女の家に　私たちはレンを持っていく

Although he's little his family's great

彼は小さいけれど　彼の家族は大家族

Come out Mrs... and give us a treat.

〇〇の奥様　出てきて　私たちにごちそうをください

(Chorus)

（リフレイン）

ここでも、女主人とレンとごちそうが歌われる。三行目だけが、⑥の三行目とまったく同じだ。ということはやはり、一節四行の歌詞を構成するパーツがさまざまに入れ替わり組み合わされながら伝承されていたということだろう。最も注目すべきは、レンを持って訪ねてきているということである。いったいなぜなのだろうか。

王型E――クランシー・ブラザーズ版

クランシー・ブラザーズというグループが歌ったおかげで、以下の歌詞Eが広まった。多くのウェブサイトがこの歌詞を掲載しているが、それぞれ少しずつ異なっている。ここでは、そのうちの一例 "Happy St. Stephen's Day"[23] のものをあげる。これ以外にも "The Wren Song Lyrics And Guitar Chords,"[24] "The Wild Geese"[25] などでも掲載されている。

⑯E1　*The wren, the wren, the king of all birds,*
　レン、レン、すべての鳥の王（①とほぼ同じ）
St. Stephen's day was caught in the furze,
　聖ステファノの祝日にハリエニシダのなかで捕まえた（①とほぼ同じ）
Although he was little his honour was great
　彼は小さいけれど、彼の名誉は偉大だ
Jump up, me lads, and give us treat.
　すぐに　少年たち　私たちにごちそうをください

ハンティング・レンに少年たちが参加しているのがわかる。ここでは、「彼は大家族」のかわりに「彼の名誉は偉大」と言っている。レンのイメージは決して悪いものではない。

なお、これに続く次の二行は、特に記載はなかったがリフレインと思われる。

Up with the kettle and down with the pan.

［ケトルと一緒に昇り、パンと一緒に降りる］（①とほぼ同じ）
And give us a penny to bury the wren.
そしてレンを葬るために一ペニーください

ここでも例の「ケトルとパン」が出てくる。また、どうしてレンを葬るのだろうか。

⑰E2　As I was gone to Killenaule
わたしがキレノールにいったとき
I met a wren upon the wall,
私は塀のレンに気づいた
Up with me wattle and knocked him down
枠組みに私を上げ　彼を叩いて落とした
And brought him in to Carrick town.
そして彼をカリックの町まで持っていった

キレノールはティペラリー州の町、カリックはリートナム州の町である。

⑱E3　Droolin, Droolin, where's your nest?
［Droolin, Droolin］あなたの巣はどこにある
Tis in the bush that I love best
それは私の最も好きな藪のなか

In the tree, the holly tree,
　木のなか　ホリーの木
Where all the boys do follow me.
　私を追いかけてきた少年たちのところ

Droolin とはゲール語でレンのことだという。一八九六年のA・W・ムーア（一八五三―一九〇九）の『Manx Ballads and Music.（マン島のバラッドと音楽）』では、レンのことをDreainとしている。[26] 前述のようにホリーはセイヨウヒイラギのことだ。残念ながら筆者には、「Droolin」も「Dreain」もどのように発音するかわかっていない。

⑲E4　We followed the wren three miles or more
　私はレンを三マイル　いやもっと追いかけた
Three miles or more, three miles or more,
　三マイルいやもっと　三マイルいやもっと
Followed the wren three miles or more
　私はレンを三マイル　いやもっと追いかけた
At six o'clock in the morning.
　朝の六時に

三マイルはおよそ五キロである。まだ日が昇っていない朝の六時にレンを追いかけるのでは、さぞ寒いだろう。

⑳E5　*We have a little box under me hand (arm,)*

私たちは小さな箱を私の手（腕）に持っている（⑫と同じ）

Under me hand, under me hand,

私の手に　私の手に

We have a little box under me hand,

私たちは小さな箱を私の手に持っている（⑫とほぼ同じ）

A penny a tuppence will do it no harm.

一ペニー　二ペンスで歌うのをやめます

この箱は、前述のようにボクシング・デーのボックスと同じ役割をしている。四行目と韻を踏むためには、hand ではなく arm とすべきだろう。現に、arm と歌う人もいる。

㉑E6　Missus Clancy's a very good woman

クランシー夫人はとてもいい女性

A very good woman, a very good woman

とてもいい女性　とてもいい女性

Missus Clancy's a very good woman

クランシー夫人はとてもいい女性

She give us a penny to bury the wren.

彼女はレンを葬るために私たちに一ペニーをくれる

歌手のクランシーは、自分の名字を入れて歌っている。本来は、訪れた家の名を歌い込んで、家褒めや主婦褒めをしたのだろう。

歌詞⑲⑳㉑の構造は、これまでのものと異なる。一行目をXとすると、二行目はXの後半を二度繰り返し、三行で再びX、四行目でYという「XxxXY」という構造になって、ザ・チーフタンズのAの詩形とはかけ離れている。別の歌の詩形が入り込んでしまったのだろう。

王型の歌詞の特徴

これまで見てきた歌詞①から㉑までを比較すると、ザ・チーフタンズの四行詩と単語が少しだけ違うものもあれば、一行だけ違うもの、前半の二行は同じだが後半二行が変わるものなど、さまざまなレベルのバリエーションがあった。さらに、ザ・チーフタンズの歌詞とまったく異なる歌詞もある。

これらのことから、歌詞は固定しているのではないことがわかる。ハンティング・レンの行事の情景を表す多くの言い回しのなかから、伝承者がそれぞれに選択して組み合わせて歌っていると考えられる。歌詞にバリエーションが多いことの理由に、以下のことが考えられるだろう。


ⓐアイルランド、スコットランド、マン島などで、本来ゲーリック語で歌われていた歌詞を、英語に置き換えたとき、バリエーションが生まれた。

ⓑハンティング・レンの行事が広域の村々と町々でおこなわれていたので、バリエーションが生まれた。

ⓒ口承伝承で、めったに文字化されなかったので歌詞が統一されなかった。

ⓓ伝言ゲームのように伝承過程で変化した。

ⓔ替え歌を作る慣習があり、またその能力に長けていた。

これまで見てきた王型AからEの五つの事例は、いずれも「レン　レン　すべての鳥の王」の歌詞を必ず歌うこと、さらに家の戸口でまずこれから歌い始めるという共通点がある。「鳥の王レン」というイメージがアイルランドの人々にとって重要な意味をもつと考えられる。

クリスマスと関わりがない内容の歌詞と、明らかにクリスマスに寄り添った歌詞が混在する。これは、キリスト教化以前の行事を、キリスト教のクリスマスに読み替えたことから、起こったのではないだろうか。

3　ハンティング・レンの森型歌詞

レンを狩る内容の歌には、もう一つ別の系統のものがある。森にレンを狩りにいくことを歌ったもので、その内容から「森型」と名付けた。

森型F――サム版

リーナ・エッケンシュタインは著書『Comparative Studies in Nursery Rhymes.（伝承童謡の比較研究）』のなかで、古い童謡を紹介している。(27)

一七四四年に出版された『Tommy Thumb's Pretty Song Book.（親指トムのかわいい歌の本）』に収録されたものだ。

この四行詩は、「一行目がa＋あ、二行目がa＋い、三行目がa＋う、四行目がa＋え」という構造になっている。「あいうえ」の部分は変化しないが、二節目ではaの部分がbに、三節目ではcにと変わっていく。ここでは、二節目以降は、b・c・d…と変化していく部分だけを記す。

㉒F1　We will go to the wood, says Robbin to Bobbin,

私たちは森に行く　ロビンがボビンに言った　a＋あ

We will go to the wood, says Richard to Robbin,

私たちは森に行く　リチャードがロビンに言った　a＋い

We will go to the wood, says John and alone,

私たちは森に行く　ジョンは一人で言った　a＋う

We will go to the wood, says everyone.

私たちは森に行く　みんなが言った　a＋え

㉓F2　We will shoot at a wren,

私たちはレンを射つ

㉔F3　She's down, she's down,

彼女は落ちた　彼女は落ちた

㉕F4　How shall we get her home,

私たちはどうやって彼女を家に持って帰る

㉖F5　We will hire a cart,

私たちは手押し車を借りる

㉗F6　Then hoist, hoist,

それから高く上げる　高く上げる

㉘F7　She’s up, she’s up,

彼女は上がる　彼女は上がる

一七八三年には、次の歌詞が収集され、追加されている。[28]

㉙F8　So they brought her away after each pluck’d a feather,

羽をむしった後　彼らは彼女を持って帰った

㉚F9　And when they got home shar’d the booty together.

そして彼らは家に着くと　一緒に獲物を分けた

この二行は、ジョセフ・リットソン（一七五二―一八〇三）が、一七八三年ごろに出版した『Gammer Gurton’s Garland.（ガートンおばさんの花輪）』に掲載されたものという。原書を見ることがかなわなかったので、一八六六年に再版した『Gammer Gurton’s Garland or the Nursery Parnassus.（ガートンおばさんの花輪、子どもの詩集）』で確認した。[29] 題名は「The Wren Shooting（レン射ち）」になっていた。

㉔㉗㉘の歌詞では、同じ言葉を二度繰り返す。王型の⑲⑳㉑の詩形はここから影響を受けた可能性がある。

森型Fの歌詞は、以下の特徴がある。

ⓐレンを狩って家に持ち帰り、分配するまでを歌っている。
ⓑ「鳥の王」は出てこない。
ⓒハリエニシダではなく森で捕まえる。
ⓓ聖ステファノが出てこない。
ⓔ家々を巡って金銭やごちそうを請うことがない。
ⓕ歌詞の構造が王型とまったく異なる。
ⓖレンを he ではなく she と呼んでいる。

王型の歌詞とは明らかに異なる。ハンティング・レンの行事とも関わりはないと考えられる。
森型は、王型に比べると内容がわかりやすい。しかし、それでも㉗「Then hoist, hoist, それから高く上げる」や、㉘「She's up, she's up, 彼女は上がる 彼女は上がる」は、何を表しているか不明である。どうしてレンを上げなければいけないのだろうか。

森型G——ムーア版

アーサー・ウィリアム・ムーア（一八五三—一九〇九）は、マン島の古物研究家、歴史家、言語学者、民俗学者として活躍した。一八九六年に『Manx Ballads & Music.（マン島のバラードと音楽）』に、歌詞Fとよく似た歌詞Gを収録している。これは四三年に行事に参加したレン・ボーイから聞き書きしたもので、マン島の言葉で書き取り、英語の対訳が併記されている。この歌詞Gも、レンを捕らえて、煮て、フォークとナイフで食べ、肉を分け与えるまでを歌い込んでいる。ここでは英訳だけを載せる。また、繰り返し部分は省略する。

㉛G1　'We'll away to the wood,' says Robin the Bobbin,

「私たちは森に行く」　ロビンがボビンに言った（㉒とほぼ同じ）
'We'll away to the wood,' says Richard the Robbin,
「私たちは森に行く」　リチャードがロビンに言った（㉒とほぼ同じ）
'We'll away to the wood,' says jack of the Land.
「私たちは森に行く」　［ジャック・オブ・ザ・ランド］が言った（㉒とほぼ同じ）
'We'll away to the wood,' says every one.
「私たちは森に行く」　みんなが言った（㉒とほぼ同じ）

㉜G2　What shall we do there?
私たちはそこで何をするか

㉝G3　We will hunt the wren,
私たちはレンを狩る（㉓とほぼ同じ）

㉞G4　Where is he? where is he?
彼はどこに　彼はどこに

㉟G5　In yonder green bush,
あそこの緑の藪に

㊱G6　I see him, I see him,

私は彼を見た　私は彼を見た

㊲G7　How shall we get him down?
どうやって私たちは彼を落とすのか

㊳G8　With sticks and stones,
棒と石で

㊴G9　He is dead, lie is dead,
彼は死んだ　彼は死んだ（㉔とほぼ同じ）
（注：マン島語の原詞では、同じ言葉を繰り返しているので、lie は he の誤植と思われる。）

㊵G10　How shall we get him home?
どうやって私たちは彼を家に持って帰るのか（㉕とほぼ同じ）

㊶G11　We'll hire a cart,
私たちは手押し車を借りる（㉖と同じ）

㊷G12　Whose cart shall we hire?
誰の手押し車を借りるのか

㊸ G13 Johnny Bill Fell's,
ジョニー・ビル・フェルのを

㊹ G14 Who will stand driver?
誰が動かすのか

㊺ G15 Filley the Tweet,
［フィリー・ザ・トゥイート］

㊻ G16 He's home, he's home,
彼は家にいる　彼は家にいる

㊼ G17 How shall we get him boiled?
どうやって私たちは彼をゆでるか

㊽ G18 In the brewery pan,
醸造所のパンで

㊾ G19 How shall we get him in?
どうやって私たちは彼を入れるのか

(50) G20 With iron bars and a rope,
鉄の棒とロープで

(51) G21 He is in, he is in,
彼は入った　彼は入った

(52) G22 He is boiled, he is boiled,
彼はゆだった　彼はゆだった

(53) G23 How shall we get him out?
どうやって私たちは彼を出すのか

(54) G24 With a long pitchfork,
長いピッチフォークで

(55) G25 He is out, he is out.
彼は出た　彼は出た

(56) G26 Who will be at the dinner
誰がディナーに来るのか

(57) G 27 The king and the queen,
王と女王

(58) G 28 How shall we get him eaten
どうやって私たちは彼を食べるのか

(59) G 29 With knives and forks
ナイフとフォークで

(60) G 30 He is eat, he is eat,
彼は食べられた　彼は食べられた

(61) G 31 The eyes for the blind,
二つの目は見えない人へ

(62) G 32 The legs for the lame,
二本の脚は足の不自由な人へ

(63) G 33 The pluck for the poor,
臓物は貧乏人へ

㊿4 G34　The bone for the dogs,

　　骨は犬へ

　この歌詞ではレンはheになっている。この歌詞Gは一八四三年に採集された。これと内容も構成も非常に似ている歌詞Fが、すでに一七四四年に収録されている。Fからまるごと引用したのではないのは、Fにはない歌詞がGに加わっていることから明らかだ。つまり七十年近く、この歌は生き続けていたのだ。Gは三十四節という長い歌詞で、しかもそれぞれの節に繰り返しが組み込まれている。このような構造の歌だと、上手な人、記憶力のいい人が一行目を歌いだしたら、みんなはそれにつけて繰り返せばいい。子どもでも新人でも歌についていくことができる。行事の場そのものが歌の伝承の場となって、世代を超えて継続できたのだろう。

　そして最後に以下のような歌詞が続く。これはマン島の言葉での表記も書いておく。[30] 残念ながら、どのように発音するのか筆者には皆目わからない。「Dreain」はレンのことだ。

㊺5 G35　Yn dreain, yn dre~in, ree eeanllee ooilley,
Ta shin er tayrtyn, Laa'l Steoaln, 'sy connee;
Ga t'eh beg, ta e cleinney ymmoddee,
Ta mee guee oo, ven vie, chur bine dooin dy lu.
The wren, the wren, the king of all birds,
　レン　レン　すべての鳥の王（王型①とほぼ同じ）
We have caught, Stephen's Feast-day, in the furze;

私たちは聖ステファノの祝日にハリエニシダのなかで捕まえた（王型①と同じ）
Although he is little, his family's great,
彼は小さいけれど　彼の家族は偉大
I pray you, good dame, do give us a drink.
お願いだから　よい女主人　飲み物を私たちにください

この歌詞は、まさにこれまで見てきた王型といっしょだ。森型の後へ王型が続くのだ。とはいっても、本当に続けて歌っていたかどうかは、この記録からはわからない。しかし少なくとも、一八九六年には王型と森型が併存していたことが明らかになった。

森型H――メーソン版

マリアン・ハリエット・メーソン（一八四五―一九三二）は、歌詞Hを、ウェールズの旧カーマーザンシア州で採収した[31]。この歌詞Hはメーソンの『Nursery Rhymes and Country Songs.（伝統童謡と民謡）[32]』に収録されている。

この歌詞では、「一行目がａ＋あ、二行目がｂ＋い、三行目がｃ＋う、四行目がｃ＋う」という構造になっている。二節目以降は、「あ・い・う」の部分は同じで、「ａ・ｂ・ｃ」の部分が変わっていく。ここでは、二節目以下は、「あ・い・う」の部分を省略する。

㊱H１　O, where are you going, says Milder to Malder,
おお　あなたはどこに行くのですか　ミルダーがマルダーに言った　ａ＋あ
O, I cannot tell, says Festel to Fose,

おお　私は言えない　フェステルがフォーズに言った　b＋い
We're going to the woods, says John the Red Nose,
私たちは森に行く　赤鼻ジョンが言った　c＋う
We're going to the woods, says John the Red Nose.
私たちは森に行く　赤鼻ジョンが言った　c＋う

(67) H2　O, what will you do there?
おお　あなたはそこで何をする　＋あ
O, I cannot tell,
おお　私は言えない　＋い
We'll shoot the Cutty Wren,
私たちはカティ・レンを射ちに　＋う
（三行目を繰り返す。以下、同）

(68) H3　O, how will you shoot her?
おお　あなたはどうやってレンを射つのか
O, I cannot tell,
おお　私は言えない
With cannons and guns,
大砲や鉄砲で

㊴ H4 O, that will not do...

おお　そうはしない

O, I cannot tell,

おお　私は言えない

With arrows and bows,

矢と弓で

⑳ H5 O, how will you bring her home....

おお　あなたはどうやってレンを家に持っていくのか

O, I cannot tell,

おお　私は言えない

On four strong men's shoulders,

四人の強い男の肩に乗せて

㉑ H6 O, that will not do...

おお　そうはしない

O, I cannot tell,

おお　私は言えない

In waggons and carts,

荷馬車と手押し車で

(72) H7

O, what will you cut her up with?...

　おお　あなたは何を使ってレンを切り分けるのか

O, I cannot tell,

　おお　私は言えない

With knives and forks,

　ナイフとフォークで

(73) H8

O, that will not do...

　おお　そうはしない

O, I cannot tell,

　おお　私は言えない

With hatchets and cleavers,

　鉈と肉切り包丁で

(74) H9

O, how will you boil her?...

　おお　あなたはどうやってレンを煮るのか

O, I cannot tell,

　おお　私は言えない

In kettles and pots,

　ケトルやポットで

(75) H10　O, that will not do...
　おお　そうはしない
O, I cannot tell,
　おお　私は言えない
In cauldrons and pans,
　コールドロンやパンで

(76) H11　O, who'll have the spare ribs,
　おお　誰が　骨付き胸肉を取るのか
O, I cannot tell,
　おお　私は言えない
We'll give them to the poor,
　私たちはそれらを貧しい人々に与える

この一連の歌詞は、以下のような特徴がある。

ⓐレンを狩って家に持ち帰り、料理をして貧しい人に与えるまでを歌っている。
ⓑ「鳥の王」は出てこない。
ⓒハリエニシダではなく森で捕まえる。
ⓓ聖ステファノが出てこない。
ⓔ家々を巡って金銭やごちそうを請うことがない。
ⓕ歌詞の構造が「王型」とはまったく異なる。

ⓖレンをheではなくsheと呼んでいる。

歌詞は各節のなかで「あなたは」で問いかけ、「私は」で答える問答形式になっている。さらに、それが二節一対になり、入れ子のような構造をとりながら、話が進んでいく。

⑯「どこに行くのか↓森に行く」⇓⑰「そこで何をする↓レンを射つ」
⑱「どうやってレンを射つのか↓大砲や鉄砲で」⇓⑲「そうはしない↓矢と弓で」
⑳「どうやってレンを家に持っていくのか↓四人の強い男の肩に乗せて」⇓㉑「そうはしない↓荷馬車と手押し車で」
㉒「何を使ってレンを切り分けるのか↓ナイフとフォークで」⇓㉓「そうはしない↓鉈と肉切り包丁で」
㉔「どうやってレンを煮るのか↓ケトルやポットで」⇓㉕「そうはしない↓コールドロンやパンで」

ここにも例の㉔「ケトル」と㉕「パン」が出てくる。しかし、レンを「ケトルで煮る」「パンで煮る」という道具本来の使い方なので、何の不思議もない。この「ケトルとパン」は王型での使い方とまったく異なるだろう。

この森型Hの歌詞が、森型F・森型Gと違う点は、奇妙な具体性を帯びていることである。レンは小鳥だから、大砲で撃つのは不合理だ。鉄砲ではなく矢と弓を使うほうが理にかなう。矢と弓という伝統的道具が活躍していたころから、レン狩りが続いていることを表している。森に狩りにいったマルダーとフェステルとフォーズと赤鼻ジョンの四人の男性が担ぐのでは間に合わず、荷馬車や手押し車が必要なほどたくさんのレンが獲れたという。ナイフとフォークのような上品な食器ではなく、レンを切るには大仰な鉈や肉切り包丁を使う。ちなみに、イギリスで食卓でフォークを使うことが一般化したのは十七世紀後半以降である。アイルランドで一般化したのはさらに遅いのは推して知るべしだろう。

森型Hは、このように具体的ではあるが、現実性のない表現であふれている。

森型の歌詞の特徴

王型と同様に森型にも、さまざまなバリエーションがある。森型F・森型Gがわかりにくいのは、長大な森型Hの「応答」だけをつないだともいえる構造をしているからではないか。

森型は確かにレン狩りの歌だが、ハンティング・レンの行事の内容には一切触れていない。行事で歌った可能性は低いだろう。しかしながら、森型Gの最後に王型の「レン　レン　彼はすべての鳥の王」で始まる第一節だけが収録されていたように、王型は森型から何らかの影響があったと考えられる。森型で狩りをしたレンを調理することを歌い込んだ歌詞があることから、王型の⑨で「レンのはらわたを抜いた」と解釈できるような歌詞が生まれたのではないかと考える。

森型ではレンを「狩る（hunt）」「射つ（shoot）」と歌っているのに対し、王型ではレンを「捕まえる（catch）」と歌う。森型ではレンは明らかに狩りの獲物で、最後は食べてしまう。しかし、王型ではレンを食べずに葬る。この違いはどこからくるのだろうか。王型が単純な狩りの歌ではないことを示唆しているのではないだろうか。

4　民話のレン

ハンティング・レンのなかで捕まって埋葬されるレンとは、どのような鳥なのだろうか。

レンはヨーロッパではおなじみの小鳥である。民話や伝説のなかではロビン（robin）という小鳥と一対で語られることが多い。『世界の鳥の民話[33]』を参考に、レンが登場するヨーロッパの民話や伝説を眺めてみたい。実は、ヨーロッパの民話や伝説を日本語に翻訳するときは、レンをミソサザイ、ロビンをコマドリと訳すのが一般的である。ところが、レンとミソサザイ、ロビンとコマドリは生物学上まったく同じものではない。しかし、引用文のなかではミソサザイのままにしておく。全文は長いので、要約して粗筋だけを記す。タイトルは筆者が便宜的に付けた。

①イギリス民話にみる火を運ぶレンとロビン

ミソサザイは人間のために地獄にいって、火を持ってきたという。そのときミソサザイは炎に包まれてしまった。それを見たロビンは、ミソサザイを自分の体で包んでやった。そのためにコマドリはやけどをして、胸が赤くなった。コマドリは、レッドブレスという別名をもつように胸が赤い。(34)

レンを気遣うロビンの勇気と優しさが描かれている。このようにレンとロビンは一対のものとして扱われることが多い。

②マザーグースにみるハトと競うレン

ハトが「子ども二人も養えない」というと、ミソサザイはそのハトをあざ笑って「うちは十人いるけれど、みんな紳士みたいに育てている」と答えた。(35)

レンは五個から八個の卵を産む。レンは子だくさんで、しかも子育て上手なのに対して、ハトは二羽育てるのも手いっぱいという話である。

ところで、我が家のベランダにハトのつがいが住み着いて、毎年子育てをする。卵は必ず二個ずつ産む。ある日、ベランダの隅に卵が転がっているのを見つける。今回は一個だけかと思うと、翌日には二個に増えている。時間をあけて卵を産むのに驚いた。ハトは孵化してからの成長がとても早い。黄色いかわいいヒナが、あっという間に灰色のボサボサしたかわいくない姿になる。さらにハトらしい模様が出てきて、太り始めて丸くなってきたなと思ったら、さっさと巣立つ。巣立つ瞬間を見たことがある。親バトにまとわりつき、背中におぶさるようにしてベランダから飛び立った。これまでに二羽ずつ六回、合計十二羽が巣立った。

たった二羽のヒナを育てている間、親バトは頻繁に出入りしている。ハトの子育ては変わっている。親バトはピジョンミルクと呼ばれる分泌物を出して、孵化後の数日間はこのミルクでヒナを育てる。マザーグースに「子ども二人も養えない」と書かれたように、たった二羽なのにとても「忙しそう」に見える。それに対してレンのほうは、たくさんのヒナを「紳士」のように育てていることを自慢している。

③アイルランド民話にみるノビタキと競うレン

ミソサザイのオヤジとノビタキが争って、ミソサザイに有罪の判決が下った。しかし、ミソサザイの一家はみんなそっくりで、どれがオヤジかわからない。一計を案じたノビタキは、オヤジが十二羽の息子と納屋で脱穀していたとき、大声で叫んだ。「オヤジは力が強いな」「まったくおまえの言うとおりさ」そう答えたため、オヤジはノビタキに見つかってしまった[36]。

してやったりと喜ぶノビタキが見えるようである。しかし、話はこれでは終わらない。

オヤジは息子たちに命令して、みんなで一斉に藁に頭からもぐり込んだ。彼らが再び藁から出てきたとき、ノビタキにはどれがオヤジだか見分けがつかなくなっていた[37]。

レンのほうが一枚上手だった。子だくさん、よく似ている、機知に富んでいる、家族の結束が強い、農家のそばに生息するなどというレンの属性を表現している。

④ドイツ民話にみるクマと戦うレン

巣のなかのミソサザイのヒナたちを、クマが侮辱したことで争いが起こる。クマは地上の動物を集めて軍隊をつくり、ミソサザイは空を飛ぶ動物を集めて軍隊をつくった。クマはキツネの大将に、ミソサザイはブヨの偵察兵とモンスズメのラッパ手に命令を下す。モンスズメはキツネの尻尾の下を刺した。そのとたん、キツネは尻尾を丸めて逃げ去った。それを見たクマ軍はチリジリに逃げ去った。(38)

レンは子だくさん、策略家、小さくても大きなものに勝てるということが描かれている。

これまで見てきたヨーロッパの①から④の民話に描かれたレンは、以下のような特徴を持っている。

ⓐ小さい
ⓑ子だくさん
ⓒ家族はそっくり
ⓓ策略家
ⓔ機知に富む

そのなかの、「小さい」「子だくさん」という特徴が、「ハンティング・レン」の歌詞に歌い込まれているレンと一致している。しかし、「策略家」「機知に富む」という特徴は歌詞にはない。また「鳥の王」という言葉は、これら①から④の民話には出てこない。

5 「鳥の王」の謎

これまで見てきたレンの民話とは、趣の異なる物語がある。

⑤マン島の鳥の王になったレン

ソフィア・モリソン（一八五九—一九一七）は、アイルランドとイングランドとの間にあるマン島の民間伝承の研究家である。モリソンの『Manx Fairy Tales（マン島の妖精物語）』に、「How the Wren Became King of the Birds（どうやってレンが鳥の王になったか）[39]」という物語が掲載されている。日本語訳[40]も出版されているが、原書から要約しよう。

鳥たちは、自分がどんなにすばらしいかを説いている。ツグミは歌を、ゴシキヒワは輝く羽根を、ツバメは飛ぶ速さを、シギは財産を披露した。そしてレンは、「私は小さく、足はやせている。でも、一度に十二羽のひなを卵からかえしてみせるわ」と自慢した。論争を決着するために、いちばん高く飛べる鳥が王になるという競争をすることになった。利口なレンは天高く飛ぶワシの翼の下に隠れて、最後に飛び出し、「私のほうが上よ」と叫んだ。こうしてレンは鳥の王になった。これが、少年たちが、聖ステファンの日にこの歌を歌いながら歩く理由だ。

The Wren, the Wren, the King of all Birds,
レン　レン　すべての鳥の王

We've caught St. Stephen's Day in the gorse,
私たちは　聖ステファノの祝日に　ハリエニシダのなかで捕まえた
Though he's small his family is many;
彼は小さいけれど　彼の家族は多い
We pray you, good woman, give us a drop to drink.
お願いだから　よいお方　私たちに飲み物をください

こうしていちばん高く飛んだレンは、「鳥の王」と呼ばれるようになる。小さくても知恵があれば大きな力に勝てるというストーリーが庶民に好まれ伝承されたのだろう。最後に、「王型」の歌詞で締めくくっている。なぜレンが鳥の王と呼ばれるのか、「ハンティング・レン」の歌詞だけではわからなかった。しかし、ワシと競って王になったという伝説がそのバックグラウンドにあったのだ。この民話が流布していたから、「ハンティング・レン」の歌詞が理解されていたのだ。

⑥鳥の王になったレン

民話をもとにしたジェーン・グドール（一九三四―）の絵本『ワシとミソサザイ』(41)にも、鳥の王になったレンが登場する。原題が『The Eagle and the Wren.』(42)というように、このミソサザイはレンのことである。訳本からの要約を紹介する。

むかし、鳥が集まって、誰がいちばん高く飛べるかを言い争い、競争をすることになった。いちばん高くまで飛んだワシが、自分がいちばんだと思った瞬間、ワシの羽毛のなかからはい出たミソサザイがワシよりも高く飛んだ。

「ワシを出し抜くレン」で終わりそうだが、子どものための絵本なので、著者のグドールは別の結論を付加している。ワシは強い翼と意思をもち、レンは小さいけれど大きな夢と知恵をもっている、と両方のいい点をあげて、フクロウに「力をあわせて、あたらしいきろくをつくった」「きみたちふたりは、どの鳥もいままでとんだことがない、高い高い空のはてまで、とぶことができたのだよ[43]」と言わせている。これには、グドールの動物行動学研究者としての生きざまが影響しているだろう。グドールは一九六〇年からアフリカのタンザニアで野生チンパンジーの研究をしている。七七年に「野生動物の研究と教育ならびに保護のためのジェーン・グドール研究所」を設立した。野生動物の保護に力を注ぐグドールだからこそ、鳥の王レンの物語に託して、争わずに力を合わせることの大切さを子どもたちに教える結論を書き加えたのだろう。

6　民間伝承のレン

フレーザーは、一九三〇年の著書『Myths of the Origin of Fire.（火の起源の神話[44]）』で、いくつかのレンの伝承を再録している。日本語訳『火の起源の神話[45]』も刊行されているが、ここでは原書から紹介しよう。なお、長いものは要約した。

⑦昔々、まだ人間がどのようにして火を手に入れたらいいか知らなかったころ、レン（rebette）は人々に頼まれ、神のもとに火を取りにいった。神はレンに火を渡して、速く飛ぶと火が羽根に燃え移るから、速く飛んではいけないといった。レンは地上で待つ人々が見えてくると、スピードをあげてしまった。そのため羽根に火がついて、地上に付いたときには一枚の羽根も残らなかった。鳥たちは自分の羽根を一本ずつ抜いてレンの着物を作った[46]。

⑧いまでもレンを殺したり、あるいは、巣を荒らしたりする悪い少年の家には、天の火がおりてくる。[47]

⑨ノルマンディーでは、レン（rebet）は、天から火を持ってきたと言われ、とても尊敬されている。人々は、その鳥を殺すときっと不幸になると信じている。[48]

⑩ブルターニュにも、同様な話が残っている。レンを狩ってはいけない、火を地上にもたらしたのは彼だから。[49]

⑪ドル（Dol）付近でも、もし誰かがレンの巣を荒らして、卵やひなを盗んだりすると、その手の指が不自由になると信じられている。[50]

⑫ブルターニュのセント・デナン（Saint Donan）では、もし幼児がレンのひなに触ると、聖ローレンスの火につかまり、その顔や足や身体の他の部分に、にきびや膿疱ができるという。[51]

⑦は、フランスの北西部のノルマンディーの伝承である。前述の①の「火を運ぶレンとロビン」と同じ系統の内容である。このように、自分を犠牲にして羽根を失ってまでも天から火を持ち帰ったレンに、人々は感謝と敬意を表して、実生活のなかでレンに害を加えてはいけないというタブーを自らに課したのだ。そのタブーを破れば災いに見舞われると考えた。ここで重要なのは、この伝承が単なるおとぎ話として伝わっているだけでなく、当時の人々の生活の規範になっていたことだ。

ケルト文化の影響を色濃く残すといわれているノルマンディー地方やブルターニュ地方では、このようなレンについての伝承が収録されている。同じくケルト文化を残すアイルランドでも、レンが特別な小鳥として扱われているのは偶然ではないだろう。

7 「ケトルとパン」の謎

ハンティング・レンの歌詞に「ケトル（kettle）と一緒に昇り、パン（pan）と一緒に降りる」というのがある。ケトルは周知のようにヤカンや釜のことだが、いくらなんでも「小鳥レンがヤカンを持って飛ぶ」というのは変だろう。また、主語がハンティング・レン行事の担い手の少年たちだったとしても、「少年がヤカンを持って飛ぶ」では意味不明だ。民謡の歌詞は、何かを比喩したり、何かを暗示したり、省略したりということがあるので、バックグラウンドを知らないと理解できないことがある。また、伝言ゲームのように人から人へと伝わるうちに変化を起こして意味不明になることもある。

「鳥の王になったレンの伝説」で、レンと競うのはワシだ。ワシはタカ目の鳥のうち、大型の猛禽類の総称である。ワシやタカの飛翔はどのようなものだろうか。

イギリスの博物学者で小説家のウィリアム・ヘンリー・ハドスン（一八四一—一九二二）は、『鳥たちをめぐる冒険』のなかで、イングランドの大型鳥オオタカやトビなどについて、「彼らは森林に生息した。そして何よりも、帆翔《はんしょう》した。高空を、悠然と、円を描いて上昇する、光が幅の広い翼と尾をさし貫き、羽根が透明にかがやく——それは本当に大きくみえた——」[52]と記している。

山形県酒田市の鳥海イヌワシみらい館の猛禽類保護センターはウェブサイトに、イヌワシの飛翔について、「地表の空気が暖められて上昇したり、斜面をのぼる気流を「上昇気流」といいます。その風にのって、ワシやタカは翼や尾羽を大きく広げて羽ばたかずに旋回し高度をあげていきます」[53]と記している。

このようにワシやタカは、上昇気流に乗って羽ばたかずにらせんを描きながら上昇し、上空に至ると輪を描きながら浮かぶという特徴的な飛翔をする。これを帆翔または停空飛翔と呼んでいる。

獣医師の赤木智香子はウェブサイト「猛禽の森」で、「鷹柱《たかばしら》」という用語を紹介している。「秋のタカの渡りの際などに、上昇気流に乗って複数のタカが竜巻状に旋回上昇をしている状態。柱のように見えるのでこう呼ばれる。英語では薬缶（やかん、ケトル）から湯気が立ち上るようすにたとえて、ケトル（kettle）と呼ばれる(54)」という。

ケトルとは、上昇気流に乗って空高く舞い上がる猛禽類の群れのことだったのだ。ようやくケトルにたどり着くことができた。

インターネットで「hawks」「kettle」の二つのキーワードを入力して検索すると、猛禽類のケトルの写真がたくさん出てくる。青空に黒ゴマをまいたようなケトルが掲載されている。このような大スケールのケトルを実際に見てみたいものだ。

王型の歌詞に現れた「ケトル（kettle）と一緒に昇り、パン（pan）と一緒に降りる」という謎めいた歌詞の意味は、「鳥の王になったレン」の伝説に出てくる「ワシ」を仲立ちにすると、理解できるようになる。ワシの背に隠れて上昇したレンの物語がバックグラウンドにあったから、レンが鷹柱つまりケトルとともに上昇する歌詞が生まれたのだ。

ではパンのほうはどうか。ワシ・タカ類の飛翔方法でパン（pan）と言い習わされているものは、残念ながら見当たらない。しかし、pan には「見渡す」という意味がある。

ハドスンは、ハイタカ（sparrow-hawk）が「ときどき十ないし十一メートルの上空に舞いあがり、数秒間チョウゲンポウがやるような停止飛行をすると、いまにも生垣のなかに突っ込み、枝にしがみついたスズメをもぎ取らんばかりの勢いで急降下する(55)」と描写している。上昇したワシやタカは獲物を探すために地上を見渡し、発見すると翼をたたんで急降下する。「パン（pan）と一緒に降りる」というのは、このような猛禽類の生態を表すものと考えてもいいのではないか。「ケトルとパン」は、一種の連想ゲームとなっている。さらに、三行目の「パン(pan)」と四行目の「レン(wren)」が韻を踏んで、言葉遊びになっている。

8 行事の様子

ハンティング・レンの行事の全貌をつかめるような記録は、残念ながら見当たらない。これまで部分的に書かれたものや、数少ない写真から、その様子を探ってみよう。

①エッケンシュタインは、十九世紀中頃までマン島で伝承されていたハンティング・レンの行事の様子について以下のように述べている。

「二つの金輪の中心に足で吊るされて、少年たちが戸口から戸口へと持って回った。二つの金輪は直角に交差していて、常緑樹とリボンで飾られている。少年たちは大声で歌い、レンの羽根と交換にコインをもらう。その日の終わり近くなると、鳥は羽根をすっかりむしり取られた状態で吊るされている(56)」

②ボウラーは『The World Encyclopedia of Christmass.』のなかで、「マン島では、クリスマスの早朝にレンを殺し、それを持ってあちこち行列し、教会境内で輪になって踊りながら埋葬した。——そのあとようやくクリスマスが始まる。レンを殺した者にはその年の間幸運が訪れるとされ、大変貴重なその羽根は、難破と溺死を逃れるためのお守りとして、乗り込む船に持ち込まれた(57)」という。

この話では、ハンティング・レンとクリスマスの順番が逆になっている。とすると、マン島では十二月二十六日ではなく二十四日にハンティング・レンをおこなっていたことになる。

③音楽辞典である『The Companion to Irish Traditional Music.（アイルランドの伝統音楽の手引）』の「レン」[58]の項目に、道で演奏する三人の少年たちの写真が掲載されている。両側の少年たちはバウロンを叩き、中央の少年は横笛を吹いている。少年たちはぼろで作ったと思われる帽子をかぶっている。このような少年が戸口から戸口へと歌って歩いたのだ。

④『The Lambeg and the Bodhran.（ランベルグとバウロン）』にも、レン・ボーイの写真がある。[59]そこに写っている七人は少年というよりも青年である。帽子に鳥の羽根とおぼしきものを付けている人もいる。布をたすき掛けにしている。二人がバウロンを持つ。かぶり物や仮面はない。

⑤ウェブサイト「Wren Day」に、南西部ケリー州のディングレ（Dingle）での聖ステファノの祝日のレン・ボーイの写真がアップされている。麦わらで作ったかぶり物を頭からすっぽりかぶり、麦わらの衣装を着けた人々が歩いている。[60]

他にも、インターネットに掲載されている写真では、鳥の作り物をかぶったり、鳥の仮面をつけたりしている。これは、最近の傾向と考えられる。

①から⑤までの内容は、ハンティング・レンの歌詞に読み込まれた世界とほぼ一致している。鳥の王であるレンを、ハリエノシダの藪のなかで狩って、木に吊るして、家から家へと練り歩き、歌を歌って金銭や食べ物や飲み物をもらう。歌詞ではレンの羽根については一切触れていないが、行事の様子から羽根が重要な意味をもっていることがわかる。

現在、本物のレンを持ち歩くことは動物保護の観点から禁止されて、かわりにわらで作ったレンやランタンになっているレンなどを持ち歩いている。

ハンティング・レンの家回りで集めた金銭は、『図説クリスマス百科事典』では「宴会を催すために使う」[61]という。しかし、これを単なる宴会費用と捉えると、ハンティング・レンの本質は見えなくなるのではないかと思う。崇拝対象に供えられた食物を、儀礼の終わりに参加者みんなで食べることを「共食」と呼ぶ。共食は、崇拝対象を中心とした共同体のメンバーシップの確認の場であり、その共同体の連帯を強化する機能がある。ハンティング・レンにも共食の機能があったと考えられる。

9 「レンを捕らえる」謎

レンは神のもとから火を持ち帰って尊敬されているはずなのに、ハンティング・レンの行事ではどうして捕まって殺されなければならなかったのだろうか。その理由について、いくつかの説がある。これらの説は、インターネット上で拡散し、さらにバリエーションが生まれて、現代版の民間伝承とでもいえるものが展開していることを付け加えておこう。

①聖ステファノとの関係

アイルランドの小説家ショーン・オフェイロン（一九〇〇―九一）の『ショーン・オフェイロン短編小説全集第二集』[62]のなかに「ミソサザイのキティ（Kitty the Wren）」という話がある。キティという女性と船乗りの物語で、鳥のレンは出てこないが、レンの詩を暗誦する場面が出てくる。

聖スティーブンスの日に
彼女はハリエニシダの藪に捕まった

彼女は小さかったが
家族は沢山いた…

前半は、ハンティング・レンの歌詞①の二行目、後半は⑥の二行目と⑦の三行目とほぼ同じだ。訳者の河口和子は、歌詞だけでは日本の読者に意味不明だと思ったのだろう。以下のような訳註を付けている。

伝説によると、聖スティーブンは、ユダヤ人の追手から逃げ、ハリエニシダの茂みに隠れていたが、ミソサザイが不安そうに出たり入ったりしているので、とうとう彼は見つかってしまった。こうして聖スティーブンは石打ちの刑を受け殉教者になった。したがって、ミソサザイは、聖スティーブンを発見させた罪に問われ、この聖人の日（十二月二五日）には、ミソサザイの死骸を持って若者たちが家々を訪れ、喜捨を求める習慣があった。(63)

日本にも「雉も鳴かずば撃たれまい」という例えがあるが、それと同様にレンの動きが不幸を招いてしまったというのだ。

もちろん『聖書』の聖ステファノの殉教物語には、レンなど出てこない。ケルト文化圏でキリスト教が布教される過程で、聖ステファノの殉教にレンが入り込んでしまったのだ。同じ説は「Irish Festival.Net」(64)や『The World Encuclopedia of Christmas』(65)にも掲載されている。

②イエスとの関係

イエスやゲッセマネと関連した物語もある。ゲッセマネとは、エルサレム近郊のオリーブ山麓の園のことである。イエスはユダの裏切りによって捕らえられることを予見し、ゲッセマネで苦悩して最後の祈りをささげ、その後捕縛された。アイルランドではこの伝承に、レンが居所を明かしたためにイエスは兵士に捕らえられたという話が付け加えられた。[66] ここでも、キリスト教に仇をなしたものとして、レンが描かれている。

③デーン人との関係

侵略者デーン人は、デンマーク地方のノルマン人の一派である。アイルランド人が、寝ている侵略者のデーン人に忍び寄ったとき、レンが騒いでデーン人が目を覚ましてしまった。[67] そのため、アイルランド人の戦略は失敗に終わったというのだ。

④バイキングとの関係

バイキングが襲撃してきた時代、アイルランド兵が真夜中にバイキングの野営に忍び寄ろうとした。そのときレンがドラムの上に載っていたパン粉をついばんだため、ラッタッタと音がしてバイキングの鼓手を起こしてしまった。鼓手は危険を知らせる合図で味方の野営を起こした。そのためアイルランド兵は敗北してしまった。[68] ③とほぼ同じ内容だが、デーン人がバイキングになっている。

⑤クロムウェル軍との関係

アイルランドを襲ったイギリスのオリバー・クロムウェル（一五九九―一六五八）の軍の野営地を、アイルランド人が奇襲しようとしていたときに、レンが騒いだためクロムウェルの兵に気づかれてしまった。[69]

⑥動物供犠の名残

ボウラーは「真冬に動物を供犠にした時代の名残だろう[70]」という。この説にはどういった根拠があるのだろうか。そもそも、ヨーロッパでは十一月・十二月になると、家畜をつぶしてハムやソーセージ、ベーコンなどの保存食を作る習慣があった。家畜の数を減らすことができれば、冬の間の餌の確保という負担も軽減する。春になれば子が生まれて、家畜の群れはもとに戻る。供犠というからには、このような通常の屠殺とは異なる呪術的な儀式のはずである。しかし、ボウラーはその点については何も言及していない。

⑦ドルイド教との関係

古代ケルトの宗教であるドルイド教はレンを崇拝していたが、後から布教したキリスト教がそれに反発して、クリスマスの時期にレンを殺したという説が、インターネット上に展開している。ただし、どれもその説の出所は示されていない。

ドルイド教は、古代ガリアやブリテン島のケルト民族の信仰で、霊魂の転生の概念を含んでいて、動植物や天空の自然神を崇拝していたといわれる。祭礼は樫の木の森でおこなわれ、人身供犠もあったとされる。レンを木から吊るすのはその名残だという説もある。なにやら、ハンティング・レンと関わりがあるような説である。しかしながら、ドルイド教についてはほとんど解明されていないので、この説をそのままうのみにするわけにはいかない。とはいえ、キリスト教では説明しきれない行事の由来を、それ以前の信仰に求めて再解釈する人々の心の動きは理解できる。

⑧妖精との関係

「昔、非常に美しい妖精が島の男性を魅了していた。妖精は甘い声で彼らを誘い、海のなかへと引き入れて死なせた。あるとき、武者修行者が現れ、妖精を退治しようとした。妖精は逃げて、とうとうレンに変身した。しかし、彼女にかけられた呪いによって、毎年新年の最初の日にレンの姿でよみがえり、人の手にかかって結局は非業の死を遂げなければならなかった」[71]。これはマン島の伝説である。美しい歌声で船人を惑わして難破させたギリシャ神話のセイレーンやライン川のローレライに似たストーリーだ。アイルランドにもメロウという人魚が伝わる。ハンティング・レンの行事は、まさにレンの姿でよみがえった妖精を、再び殺すことを毎年繰り返していることになる。

①と②はレンがキリスト教に害を及ぼしたから、③④⑤はレンがアイルランド軍に害を及ぼしたから、⑥は古代の慣習の名残、⑦はドルイド教という土着の宗教とキリスト教との確執から、⑧は人に害をなす妖精がレンに変身したから、とさまざまな理由が伝承されてきた。ハンティング・レンの起源や目的が伝わらなかったのに、それでも行事が続いていたために、さまざまに解釈されるようになったのだろう。

10　ドルイド教

ドルイド教とは、かつてのガリア地方やブリタニア地方に居住した古代ケルト人の宗教のことで、その司祭もドルイドと呼ぶ。ガリアは現在のフランス・ベルギー全土と、ドイツ・オーストリア・オランダ・スイス・イタリア各地の一部を含む地域を指し、ブリタニアは現在のイギリスのブリテン島を指す。つまり、ヨーロッパのほぼ中西部という広域にあたる。古代ローマ人はこれらの地方をガリヤ・ブリタニアと呼んだ。

ドルイドたちは、霊は不滅で、生死は繰り返すと信じていた。また、太陽や月、風、雷などの自然神や動植物の神を崇拝していた。祭礼は樫の木の森でおこなわれたという。この点、一神教のキリスト教よりも、やおよろずの神々を信じる日本人の信仰に近いだろう。キリスト教の布教に伴ってドルイド教は衰退したが、民間伝承にその名残がある。例えば、十月三十一日のハロウィーン（Halloween）だ。古くはケルト歴の大みそかにあたり、秋の収穫を祝って悪霊を追い出す古代ケルトの祭りがハロウィーンの起源とされる。

古代ローマ人にとって、ガリヤ・ブリタニアは異文化の世界だった。古代ローマ人は、ガリヤでは人身供犠をおこなっていると考えていた。古代ローマの政治家・将軍カエサル（紀元前一〇〇―四四。シーザーとも）がガリア征服戦（紀元前五八―五二年）の記録として著し、紀元前五一年に刊行した『Bellum Gallicum（ガリア戦記）』の第六巻十六節に、人身供犠についての記述がある。以下に訳本から紹介しよう。

ガリア人はどの部族もたいへん信心に篤い。そのため、重病に冒された人々や戦場で危険な任務に関わる人々は犠牲獣の代わりに人身御供を捧げたり、さもなくば、自身を犠牲に供すると祈願し、その犠牲式の祭司としてドルイデスを用いる。これは彼らが、人間の命の代償には人間の命を差し出さないかぎり不死なる神々の意志を鎮めることはできないと考えるためで、同種の犠牲式が部族の制度にも定められている。部族によってはとてつもなく大きな人形を造る。人形の手足は枝を組み合わせたもので、そこへ生きた人間をいっぱいに満たしてから火をつける。炎が回って人間は息絶える。このような刑罰は、盗みや山賊行為など罪悪を犯して捕まった者たちに対してなされれば不死なる神々もいっそう喜ぶと考えられているが、その種の人間がそろわない場合は、無実の人々にまで刑罰がおよぶ。[72]

一六七六年制作とされる『ガリア人の人身供犠』という絵がある。カエサルから何世紀も経たのち、カエサルのたったこれだけの短い文章からインスピレーションを得て、人身供犠の絵が描かれたのだ。さらにこの絵をまねたのだろう、よく似た構図の人身供犠の絵が複数存在する。人身供犠には、柳の枝細工ウィッカー（wicker）で作った巨大な人型を使ったとされる。のちの時代にこの人型は英語でウィッカー・マン（wicker man）と呼ばれるようになった。

一八二四年にオーストリアのハルシュタットでケルトの遺跡が発掘され、一八五三年にはスイスのヌーシャテル湖畔のラ・テーヌから、すばらしい金細工が見つかった。古代ケルトのハルシュタット文化やラ・テーヌ文化を目の当たりにした十九世紀の人々は、大いにロマンをかき立てられた。その結果、ドルイドについてのさまざまな説が、しかしなかには出所不明な説が、飛び交うことになったのだろう。

11　ドルイド教とセイヨウヤドリギ

十九世紀に制作されたドルイドを題材にした以下のような絵画や版画[73]は、それ以後、繰り返しさまざまな出版物に掲載され、さもそれが事実のように拡散している。それだけでなく、いまでもこれらをもとに、インターネット上でさまざまな説が展開されているので、注意しなくてはならない。

①『ドゥルイド僧の森』版画。これはオペラの舞台の様子を描いたものだ。パリのオペラ座図書館が所蔵している。十九世紀前半のイタリアオペラ界を代表するヴィンチェンツォ・ベッリーニ（一八〇一―三五）のオペラ『ノルマ（Norma）』は一八三一年にミラノ・スカラ座で初演された。ローマ帝国のガリア地方総督と、ドルイド教徒の長、そしてその娘で巫女の長のノルマの物語だ。ソプラノのアリア「清らかな女神よ」はいまでもリサイタルで歌われ続けている。

②『カルヌーテース族の森でのガリアの首長たちの宣誓』一八六八年、G・デュラン

③『聖なる宿り木を摘み取るドゥルイド僧』版画。十九世紀

④『宿り木の刈り入れ』版画。十九世紀

十九世紀は、ちょうどゲーリック・リバイバルというゲール語の復興と、文芸復興運動や民族運動が盛んな時期だった。そのために、ドルイドが再び脚光を浴びることになったのだろう。人々は、はるか昔の古代ローマの書物にドルイドの姿を求めたのだ。ただし、それらの書物は、ドルイド自身が書いたものではなく、敵対した古代ローマ人が書いたものである点、信憑性に注意を要するだろう。

①から④のヤドリギや樫の森をテーマにした十九世紀の創作のもとになったのは、古代ローマのガイウス・プリニウス・セクンドゥス（Gaius Plinius Secundus：二三／二三―七九）の著書と考えられる。プリニウスは博物学者で、さらにヨーロッパ中部のゲルマニアで騎兵隊を指揮した経験をもつ。彼の『Natudalis Historia（博物誌）』[74]の第十六巻九十五に、ドルイド教の儀礼についての最も古い記述の一つがある。少し長くなるが、ラテン語原典からの翻訳である『プリニウス博物誌 植物篇』から引用する。なお、編者大槻真一郎は植物名の索引で、樫をロブルとしている。[75]

ガリアにおけるヤドリギの崇拝

この事柄に関しては、ガリア諸地方がヤドリギを崇拝していることも言い落してはなるまい。ドルイド僧（古代ケルト族の民族宗教の祭司）というのがその地方の神官の名称であるが、彼らにとってはヤドリギと、それが寄生する木がロブルである場合にかぎりこの当の木が、何よりも神聖なものである。しかもただそれだけのためにロブルの森を聖なる木立として選び、いかなる神事もその木の葉がないと行わないので、そのために（ロブルを表すドリュスという）ギリシャ語の言い換えから、ドルイド（より正確にはドルイダエ）と称されたのではないかと、とも推測できるほどである。しかも実際のところ、ロブルに何かが寄生すると、それが何であれ天からの賜物であり、神自身がその木を選んだしるしだと考える。[76]

ロブルつまり樫は堅牢・強靭な木なので船などに用いた。また、樹皮から抽出したタンニンは獣皮をなめすのに用いた。ガリア人にとって、樫は日々の生活になくてはならないものだっただろう。それだけでなく、ドルイドたちは樫を神木と考えていた。なかでも、以下のようにヤドリギが寄生した樫を特別視していた。

だが、その木にヤドリギが見つかるのは非常に稀である。そして発見すると盛大な儀式をして、しかも何よりもまず月齢の六日目を選んで、それを採取する。この人々にとっては、月こそ年月やさらには三〇年目ごとに移り変わる時代の基準なのである。なお、とくに月齢の六日目を選ぶのは、月がすでに十分な力をもっていても、まだ半月にはなっていないからである。彼らは月を自分たちの言葉で「すべてを癒すもの」と称する。きちんと宗教上の手順を踏んで、その木の下で供犠と祝宴の準備をととのえ、二頭の白い色の野性の雄ウシを連れてくる。そのときにはまず初めにこのウシの角を縛る。(77)

神官は白い上衣をきちんと着込んで木によじ登り、金の鎌でヤドリギを刈り取り、それを白い袖なしの上着に受ける。それからそのあとで、神が自らの贈り物を、それを授かった人々のために幸いなものにしてくれるよう祈願しながら、犠牲のウシを屠る。彼らは、ヤドリギを飲み物にすると、子の生まれないどんな動物でも多産にすることができ、あらゆる毒物に対する解毒剤になると信じている。諸民族のつまらない事物に対する崇拝の念は、たいていの場合、これほどに強いものである。(78)

このようにヤドリギは、単なる植物ではなく、信仰と結び付いている。

前述の『聖なる宿り木を摘み取るドゥルイド僧』や『宿り木の刈り入れ』は、この文章からインスピレーションを得て作成されたのだろう。

このヤドリギは、日本のヤドリギとは異なるミスルトー(mistletoe. セイヨウヤドリギ)という種類だろう。ドルイドたちは樫に付いたセイヨウヤドリギに不思議な力があると信じていた。それに対して、「古代ローマの文化人」であるプリニウスは、「諸民族のつまらない事物に対する崇拝の念は、たいていの場合、これほどに強いものである」とドルイドたちを一笑に付すような感想を述べている。

セイヨウヤドリギは、ドルイド教と関わっていることから、キリスト教会によっては、「異教徒の飾り」として持ち込むのを禁じていたところもあった。[79] しかし、現在では逆転してクリスマスの飾りになくてはならないものになっている。

クリスマスはキリストの誕生を祝う祭りではあるが、古くからの太陽の再生を祝う冬至の祭りが混合している。これは聖グレゴリウス一世（五四〇？―六〇四）がキリスト教を広めるにあたって、土着の古い慣習でもキリスト教的な解釈が可能ならば存続を認めたことによる。おかげでセイヨウヤドリギも、ドルイド教からクリスマスに持ち込まれたのだろう。セイヨウヤドリギの飾りの下でキスをする習慣が、十九世紀までは使用人階級のものだったことを考え合わせると、まさに民間伝承のなかにこそドルイド教の名残があったと考えるのは妥当だろう。[80]

ロイ・ヴィカリー（一九四七―）によると、セイヨウヤドリギは、家が稲妻に打たれるのを防いでくれるとか、あらゆる悪霊を寄せ付けないとか、愛を家に留めるとかと信じられている。[81] また、はしかなどの民間薬としても使われていた。[82] 樫のほうも樹皮は馬の腫れ物の治療に使ったり、その実ドングリは下痢を治すのに使ったりしていた。[83]

ちなみに、ヴィカリーはロンドン自然史博物館の学芸員である。彼は、一九八一年から九四年まで、イギリス諸島を対象に植物に関わる民間伝承を収集した。もちろんこのなかにはアイルランドやマン島のものも含まれている。約七百人の情報提供者から、延べ五千六百件にものぼる情報が寄せられ、その成果が『A Dictionary of Plant-Lore.（植物民間伝承事典）』[84] として出版された。日本では、農学博士である奥村裕昭によって翻訳され、『イギリス植物民俗事典』というタイトルで出版されたのである。民俗事象についてのインフォーマントが明らかで、伝承地が明らかな情報が、しかもまっとうな翻訳ではじめて読めるようになったのだ。

樫はアイルランドでは「国の木」とされているのにもかかわらず、不思議なことにドルイドとの関わりを示すような民間伝承は『イギリス植物民俗事典』には見られない。

さらに、ドルイドにとってセイヨウヤドリギもその宿主である樫も非常に重要な植物なのにもかかわらず、「ハンティング・レン」の歌詞には両者とも一切出てこない。ドルイド教とレンとに何らかの関わりがあるのなら、なぜその名残が歌詞に出てこないのだろうか。

実際に「ハンティング・レン」の歌詞に出てくる植物は、ハリエニシダ、ホリー、アイビーだけである。興味深いことに、ハリエニシダやアイビーは不吉なものとして、家のなかに持ち込んではならないとされていた。『イギリス植物民俗事典』に、一九八四年のアイルランドのケリー州バリバニオンでの事例がある。

　六十年以上も前、私が両親と〔ケリー州〕リストーアルの町に住んでいた頃のことである。……町から二、三マイルほど川を下ったところに、一面ハリエニシダに覆われた、何エーカーもある茂みがあった。……ある年の早春、私は、田舎育ちで野の花が大好きだった母に、ハリエニシダの花を一束、持ち帰ってやることにしたのだが……母からは、気持ちはうれしいけれど、どこかに置いたりせず、すぐにそれを家の外にだしてちょうだい、今後二度とその花を家のなかに入れないでね、と言われてしまった。母はこの花をこの上なく不吉なものと見なしていたが、後年私はこうした俗信が、この地方に広く行き渡っていることを知った。[85]

家にハリエニシダを持ち込むことを、極度に嫌ったのだ。そうはいいながらも、ハリエニシダは、かつては燃料や家畜飼料、生け垣として利用するなど、生活や生業と密着していた。その黄色い花はウールやイースターエッグを染めたりするのに使った。また、駆虫剤つまり虫下しや黄疸の治療にも使った。

ホリーもまた、クリスマス以外の時期に家に置くと不吉だとされた。家に持ち込むと、病気になったりすると信じられていた。このように、ホリーやアイビーは、日常の生活でも有用とされ、またクリスマスの飾りに使われているのに、一方では不吉なものとされるという矛盾をもつ。

ドルイドは樫とセイヨウヤドリギと深く関わり、レンはハリエニシダとホリーとアイビーと深く関わる。両者は交じることはない。

これまで見てきたことから、レンを捕って殺す理由をドルイド教に求めるのにはかなり無理があるように思う。

古代のケルトには、ドルイド教としてひとくくりにできるような宗教だけではなく、ドルイド教とは別の各地域独自の土着の信仰形態もあったと考えたほうがいいのではないだろうか。

12　ハリー・ポッターとヤドリギとレン

二〇一六年に『Fantastic Beasts and Where to Find Them』という映画が封切られ、時をほぼ同じくして日本でも『ファンタスティック・ビーストと魔法使いの旅』というタイトルで映画が公開された。この映画は、一九九七年から二〇〇七年にかけて出版され、世界的大ヒットとなった『ハリー・ポッター』シリーズ全七巻の著者J・K・ローリング（一九六五―）が原作・脚本を手掛けたものである。[86]

『ファンタスティック・ビーストと魔法使いの旅』は、一九二六年のニューヨークの魔法界を舞台にしたファンタジーだ。ちなみにファンタスティックは「空想上の」「怪奇な」「すばらしい」という意味で、ビーストは「動物」でしかも荒々しい「野獣」の意味がある。映画の解説では「Fantastic Beasts」を「魔法動物」と訳しているので、ここでもそれを使おう。

主人公の魔法動物学者ニュート・スキャマンダーは、ハリー・ポッターが所属するホグワーツ魔法魔術学校の指定教科書『幻の動物とその生息地』[87]の著者という設定だ。この本は物語のなかだけでなく、現実世界でも実際に刊行され、私たちも本屋で買うことができる。表紙にはニュート・スキャマンダーをあたかも著者のように記してある。ページをめくると、あちこちにこの本の持ち主であるハリー・ポッターの書き込みさえある。しかしスキャマンダーはもちろん架空の人物なので、奥付には本当の著者ローリングの名があがっている。ちなみに、英語の書籍名は『Fantastic Beasts & Where to Find Them』[88]だ。

スキャマンダーのお気に入りの魔法動物に、ボウトラックル（Bowtruckle）というのがいる。ボウトラックルは動き回る緑の小枝で、長い手足の先が根っこのようになっている。

ボウトラックルを見たとたん、「セイヨウヤドリギだ」と思った。ドルイド教のことを調べ続けるあまり、筆者は何を見ても、ドルイドに結び付いて見えるようになってしまったのだろうか。

ボウトラックルという名前は、二つの部分からなるだろう。もともとボウ（bow）という言葉は、古英語のboga（曲げられたもの）あるいは、bugan（体を曲げる）からきたとされる。ボウは「弓」や「弓形に曲げられたもの」を指し、「お辞儀をする」や「腰をかがめる」という意味もある。トラックには「小さな物」「歩く」「交換する」という意味がある。ボウトラックルは、「腰をかがめる」という意味のボウと、「小さな物」という意味のトラックを合成させた名前だと思われる。その名のとおり、手のひらにのる大きさで、体が前かがみに曲がっている。

ボウトラックルには小さな茶色の目がある。頭には二枚の葉がついている。そしてセイヨウヤドリギそっくりの葉の付き方をしている。しかし、見た目が似ているだけでは、原作者ローリングがセイヨウヤドリギをモデルにして魔法動物ボウトラックルを生み出したとはいえない。

ところで、『幻の動物とその生息地』では、ボウトラックルについて、以下のように述べている。

　ボウトラックルは木を守る生き物で、主にイギリス西部、ドイツ南部、およびスカンジナビアの一部の森に生息する。小さくて（最大二十センチほどの背丈）、見かけは樹皮と小枝でできており、そこに小さな茶色い目が二つついているので、見つけるのは極めて困難である。[89]

ボウトラックルの生息地の設定は、ドルイド教が広まっていたとされる地域とオーバーラップしている。「木を守る」というところが、ドルイドたちがセイヨウヤドリギに抱いていたイメージを踏襲しているのではないか。映画が進むにつれ、映画館の椅子から跳び上がるほど驚く場面があった。ボウトラックルが「どんな鍵でも開けられる」という設定になっているではないか。それこそ、フレーザーが、かの有名な著書『The Golden Bough（金枝篇）[90]』の第二巻第九章「Balder and the Mistletoe（バルデルとセイヨウヤドリギ）」でセイヨウヤドリギの特性としてあげていたことだ。

フレーザーは、ドルイド教徒のセイヨウヤドリギ崇拝に続けて、"Again, mistletoe acts as a master-key as well as a lightning-conductor; for it is said to open all locks[91]" と記している。「セイヨウヤドリギは、避雷針としてだけでなくマスターキーとしての機能を果たす。セイヨウヤドリギはどんな錠でも開けられる」というのだ。映画のなかのボウトラックルの特技と一致するではないか。さらに、"But perhaps the most precious of all the virtues of mistletoe is that it affords efficient protection against sorcery and witchcraft[92]" と続けている。「セイヨウヤドリギのもつすべての効能のなかで、最も貴重なのは、妖術や魔法を防御する力である」というのだ。

ドルイド教徒たちが実生活のなかで、セイヨウヤドリギを生薬として利用し、たとえ効こうが効くまいが「あらゆる毒物に対する解毒剤」と呼ぶことはありうることだ。しかし、セイヨウヤドリギが「どんな鍵でも開けられる」というのは、なんとも不思議な特性だ。まるで魔法のようではないか。

ドルイド教徒は、樫に寄生しているセイヨウヤドリギに樫の生命が宿っているとみなした。冬になり葉を落とした樫がまるで枯れてしまったかのように見えても、幹に寄生したセイヨウヤドリギが青々としていれば、樫が決して立ち枯れしたのではなく、春になると再び芽を吹くと人々はわかっていたのだろう。

『幻の動物とその生息地』では、ボウトラックルの性格は以下のように表現されている。

「おとなしく、非常に内気だが、自分の棲む家に危険が迫ると、住処に危害を加えようとする木こりや樹医に襲いかかり、長く鋭い指で目玉をほじくるといわれている[93]」

宿主を守るボウトラックルに、樫とセイヨウヤドリギの関係性が投影されているように見える。緑の小さなボウトラックルが無事でいるかぎり、主人公スキャマンダーも無事、そして彼に守られた魔法動物たちも無事という設定になっているのではないだろうか。

しかしながら、映画のなかのボウトラックルは、最初から小枝の魔法動物としてデザインされたわけではない。『「ファンタスティック・ビーストと魔法使いの旅」アートワークのすべて』[94]を読むと、ボウトラックルのデザインが確定するまでに、何人ものアーティストが試行錯誤しながらさまざまなコンセプトアートを描いていたのがわかる。それらのコンセプトアートの特徴を見たままにあげてみよう。

①マックス・コステンコによる三点のコンセプトアート
・モノトーンの蛾のような姿をしている。[95]
・緑の羽根をもつ昆虫のような姿をしている。[96]
・枝に近いが、顔が怖い。[97]
②ポール・カトリングによる五点のコンセプトアート
・節がたくさんあるタツノオトシゴに似た枝のような姿をしている。[98]
・カマキリと茶色の枝が混ざったような姿をしている。[99]
・青虫に頭と手足がついたような姿をしている。[100]
・枝に近づいている。[101]
・ほぼ枝で、最終デザインに近い。[102]
③ロブ・ブリスによる二点のコンセプトアート
・前肢の間に飛膜のないコウモリのような姿をしている。[103]
・緑の葉と枝からできている。[104]
④マーティン・マクレイによる一点のコンセプトアート
・緑の枝と二枚の葉っぱからできている。ちょっとひょうきんな感じのボウトラックルになっている。虫やコウモリなどの不気味な要素がなくなっている。[105]

①から④は、木を害する気味が悪い虫のような姿からセイヨウヤドリギに似た姿へと、徐々に変化していったように見える。④のマクレイによるコンセプトアートが最終デザインとなった。

ドルイドが最も重要視したセイヨウヤドリギは、『ハリー・ポッター』『幻の動物とその生息地』という書籍の世界で、そして『ファンタスティック・ビーストと魔法使いの旅』という映画の世界で、ボウトラックルとして現代によみがえったのではないだろうか。しかしながら、レンはその世界に入れてもらえなかったようで、どこにも登場しない。ドルイドとレンは、現代のファンタジーのなかでも出会うチャンスは訪れていないようだ。

13 「レンの羽根」の謎

聖ステファノの祝日に、レン・ボーイズが金銭やごちそうとレンの羽根を交換するのはどうしてだろうか。「ハンティング・レン」の歌詞は、王型も森型も、レンの羽根については何も触れていない。しかし、以下のような迷信的な価値を羽根に与えている伝承がある。

①船乗りたちはレンの羽根を一枚持っていれば、翌年、難破を避けられる効力があると信じていた。当時は、鳥はもはや教会の敷地に葬ることはなく、海岸や荒地に葬った。(106)

②クリスマスの翌日、十二月二六日の聖スティーブンの日に、マン島では鳥の王レンをつかまえ、その羽を持って家々を回った。人から何かをもらうと、幸運の印とされるレンの羽根をお礼に渡した。(107)

③お金を与えた人は、幸運をもたらすレンの羽根をもらえる。(108)

④レンに祝儀を与えた人は、羽根をもらい、さらにその夜の祝宴に招かれた。しかし、与えなかった人は、レン

の死骸を所有地に埋められた(109)。

物語や伝説のなかでは、レンは人々に火をもたらしたヒーローであり、知恵と策略で鳥の王になったとされる。また、ハンティング・レンについての伝承のなかでは、レンの羽根は魔除けと考えられている。ここまではレンはいいことだらけだ。しかし、レンの羽根をもらえなかったり、死骸を埋められたりした家には、なんだか不吉な影が差す。これでは、まるで呪いではないか。

これまで見てきたように、レンは人々に幸運をもたらし、その一方では害を及ぼす、という二面性をもつ。私たち日本人には「祟り神」のような存在としてすんなり理解できるだろう。しかしながら、レンに善悪両面の特別な力が付与されていたことこそが、キリスト教に取り入れるための解釈を難しくしていたのだろう。

14 ハンティング・レンとバウロン

現在のアイルランドでは、バウロンは音楽のための太鼓と受け取っていて、バウロンに特別な意味をもたせているとはいえない。セッションでは、明るいメロディーとアップテンポの軽やかなバウロンを聞くことができる。しかし、バウロンの起源を探っていくと、ハンティング・レンという行事を通して、まったく違った呪術的一面が見えてきた。

実はスティックで打つ枠太鼓は、ヨーロッパでは非常に珍しい。しかし、北極圏を取り巻く国々、アイスランド、アメリカ、カナダ、スウェーデン、デンマーク（グリーンランド）、ノルウェー（本土とスヴァールバル諸島）、フィンランド、ロシアなどに居住するさまざまな民族では、シャーマンがステックで打つ枠太鼓を使うことがある。分布が非常に広範囲に及んでいるようにも思えるが、北極を中心に眺めてみれば、意外と接近しているのがわかる。アイルランドはもちろん北極圏には属していないが、そこに住む人々と古くから交流があった。

ハンティング・レンという行事で、ヨーロッパで一般的な筒型胴の両面太鼓ではなく、ヨーロッパでは珍しいステックで打つ枠太鼓のバウロンが使われたことには、たまたま手近にあった農具を打ったというようなものではなく、バウロンには古代から続く呪術的な深い意味があったのではないだろうか。

呪術的機能を持つと考えられる枠太鼓バウロンは、古代のアイルランドの姿を探るための、重要な鍵となるかもしれない。

注

(1) ドロシア・ハスト／スタンリー・スコット『聴いて学ぶアイルランド音楽』おおしまゆたか訳、アルテスパブリッシング、二〇〇八年、一〇七ページ（原書：Dorothea E. Hast and Stanley Arnold Scott, *Music in Ireland: Experiencing Music, Expressing Culture*. Oxford University Press, 2004.）
(2) Helen Brennan, *The Story of Irish Dance*. Mount Eagle Publication, 1999, p.18.
(3) Schiller, *op. cit.*, p.75.
(4) Gerry Bowler, *The World Encyclopedia of Christmas*. McClelland & Stewart, 2000.
(5) ジェリー・ボウラー『図説クリスマス百科事典』中尾セツ子日本語版監修、柊風舎、二〇〇七年
(6) 同書五六―五八ページ
(7) Bowler, *op. cit.*, p.232
(8) 前掲『図説クリスマス百科事典』二〇一ページ
(9) Bowler, *op. cit.*, p.44
(10) 前掲『図説クリスマス百科事典』四九〇ページ
(11) Bowler, *op. cit.*, p.104

(12) 前掲『図説クリスマス百科事典』五九—六〇ページ
(13) Bowler, *op. cit.*, p.108
(14) 前掲『図説クリスマス百科事典』一〇三ページ
(15) Bowler, *op. cit.*, p.165
(16) 前掲『図説クリスマス百科事典』五九—六〇ページ
(17) Bowler, *op. cit.*, p.108
(18) 前掲『図説クリスマス百科事典』五一三—五一四ページ
(19) Bowler, *op. cit.*, p.140
(20) Dianna Boullier, *Exploring Irish Music and Dance*, The O'brien Press, 1998, p.37.
(21) *Ibid.*, p.37
(22) *Ibid.*, p.38
(23) *Ibid.*, p.39
(24) Walton Manufacturing ed. p.11
(25) James Orchard Halliwell-Phillips, *Popular Rhymes and Nursery Tales*, John Russell Smith, 1849, p.166.
(26) James Healy, *Ballads from the Pubs of Ireland-Popular Songs & Ballads*, Ossian Publication, 1996, p.40.（初版：1965、改訂版：1986）
(27) "Happy St. Stephen's Day,"（http://deandublin.ie/happy-st-stephens-day/）［二〇一六年十一月二十日参照］
(28) "The Wren Song Lyrics and Guitar Chords,"（http://www.irish-folk-songs.com/the-wren-song-lyrics-and-chords.html）［二〇一六年十一月二十日参照］
(29) "The Wild Geese,"（http://thewildgeese.irish/profiles/blogs/st-stephen-s-day-primer）［二〇一六年十一月二十日参照］
(30) A. W. Moore, *Manx Ballads and Music*, G & R Johnson, 1896, pp.64-67.
(31) Lina Eckenstein, *Comparative Studies in Nursery Rhymes*, Duckworth, 1906, p.174.
(32) *Ibid.*, p.174.

(33) Joseph Ritson, *Gammer Gurton's Garland or the Nursery Parnassus*, Hugh Hopkins, 1866, p.8.
(34) Moore, *op. cit.*, p.64.
(35) Eckenstein, *op. cit.*, pp.176-177.
(36) Marianne Harriet Mason, *Nursery Rhymes and Country Songs*. Metzler, 1877.
(37) 日本民話の会/外国民話研究会編訳『世界の鳥の民話』三弥井書店、二〇〇四年
(38) 同書四四ページ
(39) 同書一四〇ページ
(40) 同書一七二―一七三ページ
(41) 同書一七二―一七三ページ
(42) 同書一七二ページ
(43) Sophia Morrison, "How the Wren Became King of the Birds," *Manx Fairy Tales*. Spottiswoode and co. LTD. 1911, pp.124-128.
(44) ソフィア・モリソン「ミソサザイが鳥の王になったわけ」『マン島の妖精物語』ニコルズ恵美子訳、筑摩書房、一九九四年、一一九―一二三ページ
(45) ジェーン・グドール再話『ワシとミソサザイ』百々佑利子訳、さ・え・ら書房、二〇〇一年
(46) Jane Goodall, *The Eagle and the Wren*. North-South Books, 2000.
(47) 前掲『ワシとミソサザイ』ページなし
(48) James George Frazer, *Myths of the Origin of Fire*. Macmillan and Co., 1930.
(49) J・G・フレーザー『火の起原の神話』青江舜二郎訳(角川文庫)、角川書店、一九八九年
(50) Frazer, *Myths of the Origin of Fire*. pp.190-191.
(51) *Ibid.*, p.191.
(52) *Ibid.*, p.191.
(53) *Ibid.*, p.191.

（54）*Ibid.*, p.191.
（55）*Ibid.*, p.191.
（56）ウィリアム・ヘンリー・ハドスン『鳥たちをめぐる冒険』黒田晶子訳（講談社学術文庫）、講談社、一九九二年、三二一ページ（日本語初版：一九七七年、原書：W. H. Hudson, *Adventures among Birds*, Hutchinson, 1913.）
（57）「鳥海イヌワシみらい館」（http://www.raptor-c.com/）［二〇一五年六月二十日参照］
（58）「猛禽の森」（http://www.d1.dion.ne.jp/~akaki_ch/）［二〇一五年六月三十日参照］
（59）前掲『鳥たちをめぐる冒険』三一三ページ
（60）Eckenstein, *op. cit.*, pp.179-180.
（61）Bowle, *op.cit.*, p.250.
（62）Fintan Vallely ed., *The Companion to Irish Traditional Music.* Cork Uniersity Press, 1999, p.437.
（63）Schiller, *op. cit.*, p.98.
（64）"Wren Day,"（https://en.wikipedia.org/wiki/Wren_Day）［二〇一六年十一月二十日参照］
（65）前掲『図説クリスマス百科事典』五一八ページ
（66）ショーン・オフェイロン「ミソサザイのキティ Kitty the Wren」河口和子訳、『ショーン・オフェイロン短編小説全集』第二集、新水社、二〇一三年、一五一—一六三ページ
（67）河口和子「訳注」、同書所収、一六三ページ
（68）"Irish Festival.Net,"（http://www.irishfestivals.net）［二〇一五年十月十四日参照］
（69）Bowler, *op. cit.*, p.250.
（70）*Ibid.*, p.250.
（71）*Ibid.*, p.250. ほか
（72）"Irish Festival.Net"
（73）Bowler, *op. cit.*, p.250. Schiller, *op. cit.*, p.88.
（74）Bowler, *op. cit.*, p.250.

(75) Eckenstein, *op. cit.*, p.179.
(76) カエサル『カエサル戦記集――ガリア戦記』高橋宏幸訳、岩波書店、二〇一五年、一九四ページ
(77) クリスチアーヌ・エリュエール『ケルト人――蘇るヨーロッパ〈幻の民〉』(「「知の再発見」双書」第三十五巻)、鶴岡真弓監修、創元社、二〇〇八年、一三〇、一八九ページ(初版一九九四年)(原書：Christiane Eluère, *L'Europe des Celtes*. Ravensburger Buchverlag., 1992.)
(78) Gaius Plinius Secundus, *Naturalis Historia*, p.77.
(79) 大槻真一郎編『プリニウス博物誌 植物篇 新装版』八坂書房、二〇〇九年、七ページ(初版：一九九四年)
(80) Plinius, p.290.
(81) Plinius, p.290.
(82) Plinius, p.290.
(83) ロイ・ヴィカリー編著『イギリス植物民俗事典』奥本裕昭訳、八坂書房、二〇〇一年、二九七ページ
(84) Bowler, *op. cit.*, p.148.
(85) 前掲『イギリス植物民俗事典』二九八―二九九ページ
(86) 同書三〇〇ページ
(87) 同書三二四―三二五ページ
(88) Roy Vickery, *A Dictionary of Plant-Lore*, Oxford University Press. 1995.
(89) 前掲『イギリス植物民俗事典』一九一ページ
(90) J・K・ローリング『ハリー・ポッター』シリーズ、全七巻、静山社、一九九九―二〇〇八年
(91) J・K・ローリング『幻の動物とその生息地』松岡佑子訳(静山社ペガサス文庫、「ハリー・ポッター」第二十二巻)、静山社、二〇一四年
(92) Joanne Kathleen Rowling, *Fantastic Beasts and Where to Find Them*, Bloomsbury, 2001.
(93) 前掲『幻の動物とその生息地』四〇ページ
(94) Jamed George Frazer, *Balder the Beautiful; the Fire-Festivals of Europe and the Doctrine of the Eexternal Soul. The*

Golden Bough:a study in Magic and Roligion; pt.7, Macmillan, 1913, p.85.
（95）*Ibid.*, p.85.
（96）*Ibid.*, p.85.
（97）前掲『幻の動物とその生息地』四〇—四一ページ
（98）ダーモット・パワー編『「ファンタスティック・ビーストと魔法使いの旅」アートワークのすべて』鮎川晶ほか翻訳協力、ハーパーコリンズ・ジャパン、二〇一六年（原書：Dermot Power ed., *The Art of the Film: Fantastic Beasts and Where to Find Them*, Harper Design, 2016.）
（99）同書一一九ページ
（100）同書一一九ページ
（101）同書一二二ページ
（102）同書一一八ページ
（103）同書一二一ページ
（104）同書一二二ページ
（105）同書一二二ページ
（106）同書一二三ページ
（107）同書一一九、一二一ページ
（108）同書一二一ページ
（109）同書一二三ページ
（110）Eckenstein, *op. cit.*, p.180.
（111）前掲「ミソサザイが鳥の王になったわけ」一二三ページ
（112）"Irish Festival.Net"
（113）Bowler, *op. cit.*, p.116.

参考文献

【日本語】
アヴリル・ロッドウェイ『妖精の国への誘い』井村君江訳（福武文庫）、福武書店、一九九一年（原書：Avril Rodway, *Fairies*, Putnam, 1981.）
ウィリアム・バトラー・イエイツ編『ケルト妖精物語』井村君江編訳（ちくま文庫）、筑摩書房、一九八六年（原書：W. B. Yeats ed., *Fairy and Folk Tales of the Irish Peasantry*, W. Scott Publishing, 1888, W. B. Yeats, *Irish Fairy Tales*, T. Fisher Unwin, 1892. この二冊から「妖精」に関する話だけを所収。）
ジェームズ・ジョージ・フレーザー、サビーヌ・マコーマック編『図説金枝篇』内田昭一郎／吉岡晶子訳、東京書籍、一九九四年（原書：James George Frazer, *The Illustrated Golden Bough*, Macmillan, 1978.）

【英語】
Goodall, Jane and Reichstein, Alexander, *The Eagle and the Wren*, North-South Books, 2000.
Harrison, William, *Mona Miscellany*, The Manx Society, 1869.
Ralfe, P. G., *The Birds of the Isle of Man*, David Douglas, 1905.
Yeats, W. B., ed., *Fairy and Folk Tales of the Irish Peasantry*, W. Scott, 1888.

【ウェブサイト】
"Golden Hind Music,"（http://www.goldenhindmusic.com/lyrics/WRENBOY2.html）［二〇一六年十一月二十日アクセス］
"Our Irish Heritage: The Wren Boys,"（http://www.ouririshheritage.org/page_id__70.aspx）［二〇一六年十一月二十日アクセス］
"The Irish Used to Celebrate The Day After Christmas by Killing Wrens," *Smithsonian.com*,（http://www.smithsonianmag.com/smart-news/the-irish-used-to-celebrate-the-day-after-christmas-by-killing-wrens-172713515/）

［二〇一六年十一月二十日アクセス］

第3章　太鼓を歌おう——唱歌で学ぶ

1　オノマトペと太鼓唱歌

日本人はオノマトペが大好きだ。

オノマトペを、日本語では擬音語とか擬声語、擬態語という。『類語例解辞典』を引くと「声や音、状態や様子を言語音で表した語」[1]とある。鶏が鳴く「コケコッコー」、犬が吠える「ワンワン」、風が吹く「ゴーゴー」、海の波が砕け散る「ザブーン」、花火が上がる「ドーン、パチパチパチ」、肉が焼ける「ジュウジュウ」など、もともと音があるものなら、声でまねるのは難しくはないだろう。

しかし、まったく音がない事柄、例えば落ち着かない様子を「そわそわ」、頭が痛いのを「ずきずき」、期待に胸ふくらますことを「わくわく」などは、いったい誰が発明したのだろう。

筆者が十五年前から住んでいる岡山には、「いごいご」というオノマトペがある。学校の先生が、生徒に「いごいごするな」と使ったりするという。ゼミの学生たちがどういう場面で使うか説明してくれるけれど、細かいニュアンスがのみ込めないので、どのタイミングで言ったらいいかわからない。岡山生まれではない、よそ者の筆者には、なかなか「いごいご」は使えそうもない。ということは、オノマトペは言語と同じ「集団の共有物」で、言語ほどではないが、やはり体験学習しないと使えないということだ。

ちなみに、実際の音でも、どのように「聞きなす」かというのは母語の違いが影響する。鶏が「コケコッコー」と聞こえるのは日本人だけで、英語が母語の人には「クックドゥードゥルドゥー」、フランス語の人には「ココリコ」と聞こえる。英語では、豚は「オインク（oink）」、羊は「バー（baa）」と鳴く。だから、「きらきら星」と同じ旋律の童謡「Baa Baa Black Sheep」は「バー　バー　ブラック　シープ」と歌いだす。なんだかちっともかわいくない羊だ。やはり羊は「メーメー」と鳴いてほしい。

時代によっても聞きなしは変化する。犬は「わんわん」鳴くとはかぎらない。日本の伝統芸能の狂言に出てくる犬は「びょう、びょう、びょう」と鳴く。もっとも、現代の餌をもらえるペット犬と、室町時代の腹をすかせてうろつく野良犬では、鳴き声自体が実際に違ったかもしれない。それにしても、「びょう、びょう」と聞こえるとは思えない。

日本では伝統楽器の音もオノマトペで表現する。そして、楽器の学習に、オノマトペで表現した唱歌《しょうが》（口唱《くちしょう》歌《が》とも）を利用してきた。楽器によっては口太鼓、口三味線ということもある。ただし、箏にも「コーロリン」などという唱歌があるけれど、口箏などとはいわない。能管にも「オヒャラーイ　ホ　ウホウヒ」などの唱歌があるが、口能管などとはいわない。きちんと調べたわけではないが、どうも、庶民が稽古する楽器で「口〇〇」という言い方が使われたのではないかと思う。

民俗芸能で使う鋲留め太鼓にも唱歌（口太鼓とも）がある。

教育学者の鈴木晶子は「日本でも江戸時代までは、音読の習慣があった[2]」とし、このような素読は、「文章の内容を理解できるかどうかを問題にするよりも、まず意味がわからなくとも、声に出して読み上げることが奨励された。漢字文学の初歩において重要な教育方法であった[3]」という。しかしながら素読は「意味も分からないままに子供にただひたすら反復を繰り返すことを強要するもの[4]」として、明治以降の近代学校教育では継承しなかったのである。唱歌の場合は、伝統音楽そのものを教材として採用しなかったので、必然的に唱歌が取り入れられることはなく、メリットやデメリットを論じることさえなかった[5]。そこで、日本の伝統的な音楽文化を次の世代に受け渡していくために、唱歌の有効性についてちょっとした体験授業をおこなった。

2 唱歌を使った体験授業の概要

大学生を対象とした体験授業の次第は以下のとおりだ。一回目と三回目の終わりに自由記述のコメントを書いてもらった。

対象：大学生約六十人（各回で人数の変動あり）。一年生から四年生。音楽を専攻している学生としていない学生（以下、音楽、その他と表記する）の混成クラスである。

時間配分：一回目三十分、「唱歌で練習」。講義室を使用した。
　　　　二回目九十分、「太鼓の回り打ち」。講義室よりも広いホールを利用した。
　　　　三回目九十分、「創作太鼓」。講義室よりも広いホールを利用した。

なお、一回目と二回目は一週間あいている。二回目と三回目は同日に続けておこなった。

教材として、「たいころじい」第二巻の太鼓楽譜録に掲載された(6)「秩父屋台《ちちぶやたい》ばやし」を参考に作成した「《秩父屋台ばやし》に基づく太鼓練習譜」（譜例3―1）を配布した。ここでは、唱歌譜掲載する。段ごとに番号を付してある。

練習譜は、「地打《じう》ち」と「打ち込み」からなり、「地打ち」は、簡単なリズムを繰り返して、メトロノームの役割をする。「打ち込み」は、何種類かの華やかで複雑なリズムパターンからなる。

「地」は、布の「地紋」などにも使われる一般的な言葉だ。しかし、その上にかぶせるように して打つ華やかなパターンを呼ぶための特定の名称はない。そこで、民俗芸能の太鼓の音楽構造を表すさまざまな用語を参考に、

地打ちのパターン　（鋲留め太鼓を使う場合と締め太鼓を使う場合で、唱歌を変える）

鋲留め太鼓	4　ドン ドコ ドコ ドコ	ドコ ドコ ドコ ドコ	ドン ドコ　ドコ ドコ	ドコドコ　ドコドコ
締め太鼓	4　テン テケ テケ テケ	テケ テケ テケ テケ	テン テケ　テケ テケ	テン テケ テケ テケ

↑ここから打ち込みを入れる

打ち込みのパターン　（鋲留め太鼓を使った唱歌）

①　はじめのパターン

| 4/4　・ ・ ・ ・ | ・ ・ ・ ・ | ドロロロ　ロン ドロロロ　ロン | ドロロロ　ロコンコ　ドン |

②

| ウットロ　ドコンコ ドン | 5/4 ドロロロ　ロコンコ ドコンコ | 4/4 ドコン コロ ドコドコ | ドコドコ ドコドコ |

（略）

④

| ドコン ・ドコン ・ | ドコンコ　ンコ　ドン | ドコン・ ドロロロ ロン | 5/4 ドコ　ドコンコ　ンコ　ドン |

（略）

⑪　おわりのパターン

| ドコン ・ ドロロロ ロン | ドコン ・ ドロロロ ロン | ドコンコ　ンコ　ドン | ドコン　・　ドン　・ ||

譜例3-1　「《秩父屋台ばやし》に基づく太鼓練習譜」（2017年版）
本楽譜は「太鼓楽譜録 第1回 秩父屋台ばやし」（「たいころじい」第2巻、十月社、1989年、50ページ）を参考に、太鼓学習教材として作成したものである。伝統的な《秩父屋台ばやし》とは異なる点もある。

「地打ち」と「打ち込み」という一対の述語を、新たに音楽研究や音楽教育の場で使うことを提案したい。なお、「打ち込み」は「地打ち」の装飾ではない。両者が一体となって、一つの音楽を作り上げている。

①一回目の授業「唱歌で練習」

①まず教師が「地打ち」の唱歌を歌い、間をあけずに学生たちがまねて歌う。だいたいの学生ができるようになったら次に進む。教師が「打ち込み」の唱歌を一段歌い、すぐに学生たちが続けて一段歌う。すべての段が歌えるようになったら、唱歌を繰り返し歌いながら素手で机を叩く。

②だいたいの学生ができるようになったら、「地打ち」と「打ち込み」のグループに分けて、一緒に唱歌を歌いながら机を打つ。だんだんとテンポを上げる。

②二回目の授業「太鼓の回り打ち」

①回り打ちのやり方を説明して、図1のように太鼓の周りに並ばせる。太鼓を打つ学生だけでなく、並んでいる学生のために、数カ所に譜面台を置く。

②「ドドンコドン●」のように最後の一拍が休符になっている簡単なリズムを使い、二回繰り返して打ち終わったらすぐに「はけて」交替し、バチを受け渡し、移動するという一連の動作を練習する。間をあけずに回り打ちができるようになるまで練習する。

③練習譜を打つ。まずは、鋲留め太鼓A・Bと締め太鼓Cで「打ち込み」からピックアップした一段を打つ。次に、段ごとに人を変えながら、全体を続けて打つ。学生が「落ちた」ときは止めて、別の段番号を指示して、そこから再開する。音がそろってきたら、締め太鼓Cは「地打ち」を打ち、太鼓A・Bの「打ち込み」と合わせる。

「太鼓の回り打ち」をするのは、ひとえに太鼓の数が少ないからである。腕の良い職人が本物の皮を張って作った太鼓は良い音がする。長年打てば打つほど、良い音になっていく。しかし、良い太鼓は高額で、そう簡単には買えない。そこで、太鼓の数の不足を補うために、民俗芸能でもおこなわれている「太鼓の回り打ち」を取り入れた。もちろん太鼓を回すのではなく、打ち手たちが回って交代する。

③三回目の授業「創作太鼓」

①締め太鼓は一人で、鋲留め太鼓A・Bは四人で両面から打つことで、最大五人で演奏ができる。学生に二人か

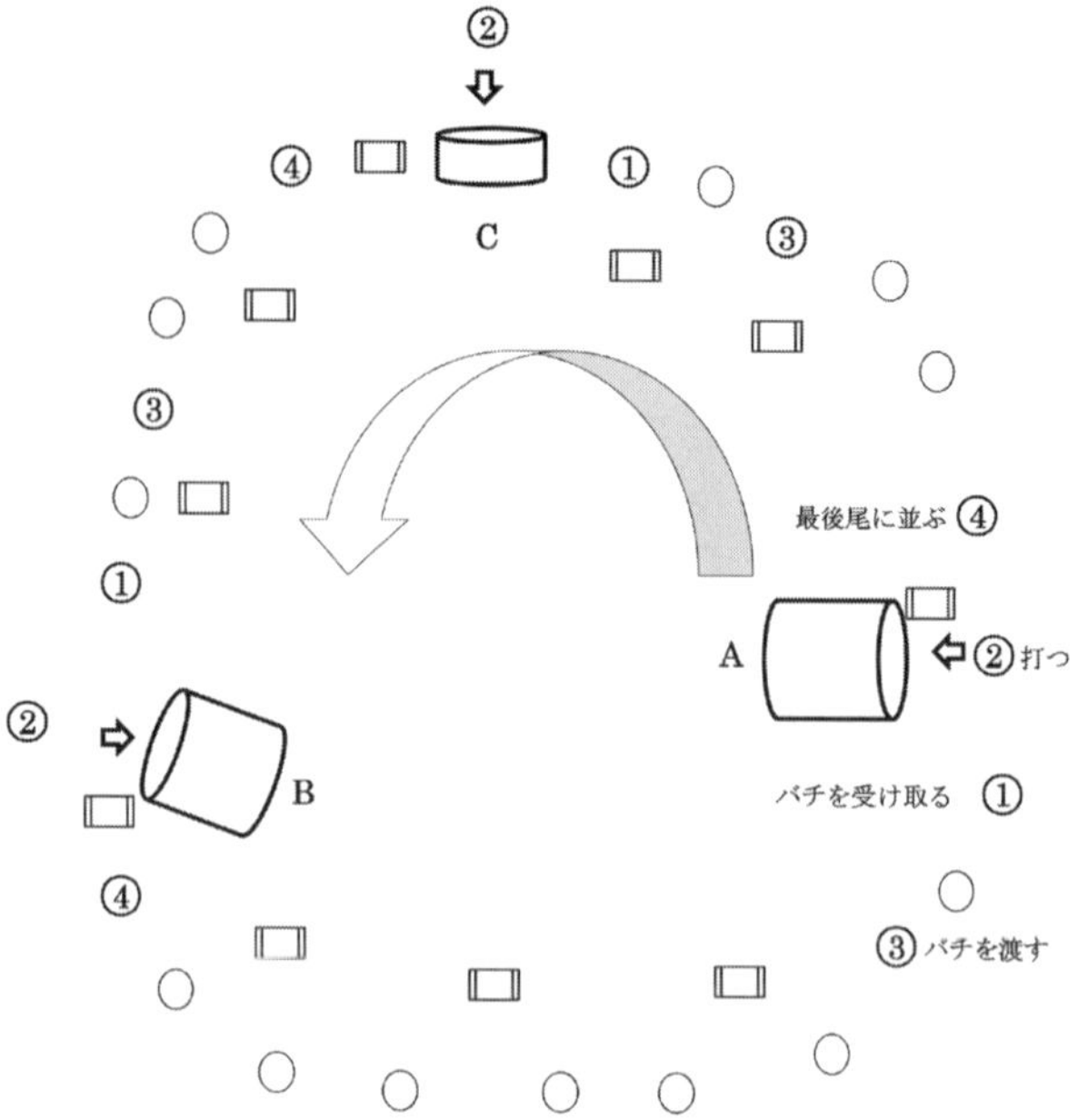

図3-2　太鼓の回り打ち配置図

備考：
・○は学生、□は唱歌譜を表す。
・鋲留め太鼓A・B 2台、締め太鼓C 1台。
・全体が反時計回りに回る。右手で一打目を打つことが多いので、回り打ちしやすい。
・バチは、各太鼓に2本ずつ3組用意する。
・①バチを受け取る、②太鼓Aを打つ、③バチを後ろの人に渡し、④太鼓Cの最後尾に付く。

ら五人のグループを作らせる。

②まず「地打ち」と「打ち込み」の両パターンの唱歌を作ることから始めた。創作太鼓では一グループの人数が少ないので、「太鼓の回り打ち」はしない。創作できた順に太鼓を打って発表した。

太鼓の創作は、相談しながら、唱歌で練習しながら、という状況だった。ざわついていたが、それがかえって活気に結び付いた。祭りのにぎわいに近い雰囲気が、ここでは有効に機能したと考える。また、二人から五人と少人数なのでグループが作りやすく、友人と組むことで相談がスムーズにできたようだ。日頃から付き合いがある地域共同体に根ざした民俗芸能の場に近い状況が、学習に有効だったのではないだろうか。

3　体験者のコメント

学生たちのコメントを分類し、分析した。紙数の制約があるのでコメントすべてを掲載できていないことをお断りしておく。また、プライバシーの点から一部を省略している。さらに、一つのコメントに複数の意見が含まれている場合、重要な指摘と考えられる項目に分類した。なお、コメントの誤字脱字は訂正した。

「唱歌で練習」に対するコメント

①唱歌での理解と記憶

①「私は音楽がとても苦手で、楽譜だけでは、とてもじゃないがリズムを打てない。しかし、(略)唱歌で、リズムが言葉として頭に入り、びっくりするほど速く覚えることができた。(略)唱歌でリズムを覚えるのは、音楽に親しみが湧くとともに、自分の「音楽」への自信へとつながると感じた」(四年生、その他)

②「私のような太鼓を叩いた経験がないような人でも、簡単にリズムを摑み演奏ができると思いました。今回の講義でたった三十分ほど練習しただけなのに、この手法を用いれば、すぐに覚えられ、本当にすばらしい方法だと感じます」（三年生、その他）

③「太鼓を何もせずにすることは難しくてできない。しかし、唱歌を入れておこなったところ、初めは慣れなかったが、だんだんとリズムがつかめるようになった。たった三十分でこれほどリズムが取れるようになるとは思っていなかったため、とても驚いた」（三年生、その他）

この他にも、唱歌はわかりやすい、覚えやすいというコメントが多数あった。短時間で習得できたことへの驚きのコメントも多かった。

②唱歌譜と声を出すことの関係

④「譜を見ただけでリズムをとるのは難しかったが、口に出してリズムをとると、自然に手も動かすことができた」（三年生、その他）

⑤「シンコペーションを考えながら打つよりも、唱歌をしてから打つほうが、すぐリズムを捉えることができました。昔から何か覚えるときには口に出してみなさいと言われて育ってきて、その効果を何度か体験しています。やはり効果があるのだなと改めて思いました」（三年生、音楽）

⑥「太鼓の場合だとリズム感を声に出して言うことでイメージがしやすくなり、また言いながら実際にやることで覚えやすくなるので、とっても効率がいいと思う」（三年生、その他）

⑦「日本の伝統的な唱歌は口で言ったものと、その次に行動に起こしてみて頭と手が一致しているという認識ができる学習方法だと思いました。口で言えないことは手でも叩けないということは、頭を使えていないということだと思いました」（三年生、音楽）

⑧「唱歌をしてみて、口でリズムを歌うということは、リズムを読み取る能力の向上につながるのではないかと

思った。（略）口で発声し、発声したリズムを耳で聞くという一回の動作で二つの感覚を使ったことが、後に手で叩くときに、やりやすくなったのではないかと思う」（三年生、音楽）

太鼓の唱歌を声に出して歌い、それを聞くという循環が、理解・記憶を容易にしていることに体験的に気づいている。また、歌うことができないと叩けないという関係性にも注目している。唱歌譜を見ながら打つのではなく、いったん口頭で表現することが重要というコメントが多かった。

③リズム譜・五線譜と唱歌の比較

学校教育で学んできたリズム譜や五線譜と比較して、以下のようなコメントがあった。

⑨「五線譜で書かれたものを見て覚えるよりも速くリズムを覚えることができると思った。口に出してリズムを言うことで、耳で聞いて頭で理解することができるので、覚えやすいという印象を持った」（三年生、その他）

⑩「唱歌をおこなうことで、「リズム」が頭と体に記憶され自然とできるようになったので驚いた。五線譜よりもわかりやすく、また覚えやすいと思った」（三年生、その他）

⑪「私は正直リズムが苦手なので、特に思いましたが、五線譜に音符が並んでいるだけよりも、口でリズムを歌うほうが覚えやすいなと思いました。リズムが苦手な人は楽譜に書いてあるものをそのまま言うよりも、リズムに合わせて口でリズムを歌ったほうが理解が深まるのではと思います」（四年生、音楽）

⑫「楽譜を使って演奏するというのが普通になっているので、楽譜がないと精神的に落ち着かないという思いもあるし、目でリズムを取るのと耳でリズムを取るのは感覚が少し違って間違えないところで間違えてしまったりした」（四年生、音楽）

リズム譜や五線譜を見ながら打つよりも、唱歌譜を見ながら唱歌で歌ったほうが理解・記憶が容易になるという。しかし、⑫のように、五線譜と唱歌の違いに戸惑うコメントもあった。学習成果を上げるためには唱歌への「慣れ」も必要だろう。

④リズム譜読みと唱歌との差異の認識

以上のように唱歌について有益というコメントが多いなか、別の疑問が起こる。教師が歌って生徒がまねをする「聴唱法」と、唱歌とを同じものと捉えているのではないだろうか。単にリズム譜や五線譜の読譜能力がないので、唱歌が有益と感じているのだろうか。

聴唱法とは、「楽譜を介在せず、教師が直接歌ったり、CDなどを聴かせたりして児童が、歌を学ぶ方法である。この場合、学習者には音楽理論や楽譜の理解が不要であり、耳で聞いてすぐ歌えるという利点がある」[7]のことである。いわゆる「耳コピー」である。初心者や子どもの教育に使うことが多い。

⑬「四分音符はこの言葉、八分音符はこの言葉、という風に使い分けがあって、楽譜の読めない人にも分かりやすくなっていて、工夫があってよかった。しゃべったり、叩いたりすると、より理解するのでいいと思いました」（四年生、音楽）

⑭「音符が読めなくても、口ずさんで身体に音符を入れて演奏できるようになるので、音楽を専門的に学んでいる人も学んでいない人も、同じように演奏できるいい練習方法だと思った」（三年生、音楽）

⑮「シンコペーションの譜読みは苦手で、楽譜を見ても少し考えないとリズムを取れないけれど、唱歌ですると、言葉とリズムが一致して自然と身体へと入ってきた。子どもに教えるときには、とても便利だと思った。身近な物や言葉とリズムを合わせれば、楽しみながら学べてとても良い」（四年生、音楽）

⑯「五線譜よりも唱歌や口太鼓のほうが雰囲気やリズムが分かりやすく、すぐに伝わりました。唱歌や口太鼓はユーモアがあり、楽しいという印象を受けるので、頭に入りやすいと思いました。子どもに伝えるにはもってこいの日本の文化なのだと感じました」（四年生、その他）

このように、唱歌を「子どもには有益だ」と考えるなど、リズム譜の聴唱法と唱歌を識別していないと思われるコメントがあった。「タブラチュアである唱歌」と「五線譜によるリズム唱」との違いを教えなければ、どちらも同じものに思えるということである。タブラチュアとは何かという学習が必要だろう。

⑤テンポ感

⑰「唱歌でのリズムを体感し、初心者や楽譜をまだあまり読めない人にとっては、とても便利なものだと思った。しかし、本当にきちんとリズムを取ろうと思ったなら、唱歌だとだんだんテンポが速くなっていく傾向にあると感じたので、向いていないかもしれないと思う。唱歌を歌うテンションとテンポに密接な関係があるのではないかと思った」（一年生、音楽）

「唱歌だとだんだんテンポが速くなる傾向がある」ことに気づき、単に慣れてきたからテンポが速くなったのではなく、「唱歌を歌うテンションとテンポに密接な関係があるのではないか」と気づいたコメントがあった。おもしろいところに目をつけたものである。教師の筆者でも、なるほどと思うような鋭いコメントだ。このようなコメントを踏まえて、音楽がだんだんと速くなる「序破急《じょはきゅう》」という日本人がもつ感性の理解につなげる学習もできるだろう。

⑥音楽構造の把握

⑱「唱歌でリズムを叩くほうが、リズム譜だけの楽譜で叩くよりも、リズムが理解しやすく思えた。叩きやすいだけでなく、シンコペーションのような裏拍のリズムや休符をより感じやすく、正確に捉えることができると感じた。同じような条件のものとして「太鼓の達人」にも口太鼓が書かれているので、音楽が得意でない人も楽しく太鼓が叩けるのだろうと思った」（三年生、音楽）

⑲「最初に唱歌をすることで、リズムがわかりやすくなっていいなと思います。唱歌は一つの言葉「ド」を何度も使うのではなく、「ドロロロロン」などといったリズムを表すようになっていて、実際言いながら歌ってみると、とても叩きやすくて、理解しやすい練習方法だと思いました」（二年生、音楽）

「太鼓の達人」はゲームの名前だ。唱歌を使うことで、音楽構造を把握しやすくなっていることに気づいている。タブラチュアである唱歌譜の有益性について、漠然ながら気づいたのは約六十人中二人だけだった。

これら①から⑥までの分類・分析から、学生たちは、音符を使ったリズム譜よりも、唱歌のほうが学習効果が上がったと捉えている。また、唱歌を書き取った譜よりも、実際に歌った唱歌そのもののほうが学習効果が上がったと捉えていることが明らかになった。つまり、唱歌の書記性よりも唱歌の口頭性のほうが効果的だということである。

長年、民俗芸能を研究している筆者にとっては当たり前の結果ともいえるが、「やはりそうだった」と証明されたのはうれしい。

「太鼓の回り打ち」「創作太鼓」に対するコメント

唱歌と実際の太鼓の演奏、そして創作太鼓との関係性をコメントから探ってみよう。

⑳「正直私は音楽が苦手で難しいものは唱歌で精いっぱいでしたが、真剣に練習し、リズムがとれ一曲叩き終えた後には、なんとも言えない爽快感が味わえた。日本の伝統楽器を、楽しく、そして熱心に演奏できるなんて、本当に貴重な体験だった」（四年生、その他）

㉑「自分たちでリズムを考えて打つのは難しかったけれど楽しかった。やっているうちにだんだんと慣れていき、最後には少し複雑なリズムを打つことができるようになったのがうれしかった。やはり、唱歌をすることで、聞いて覚えることができるので、早く覚えることができたのだと思う」（三年生、その他）

㉒「いろんなリズムを合わせると一つの作品となったので、とても楽しく驚きもありました。グループを作って一つの作品を作っておこなうのは大変だったが、唱歌をしながら身に付けると自然とでき、成功したときはとても達成感を味わえた」（三年生、その他）

フレーズが打てるようになったことで、達成感を感じた学生が多かった。唱歌が創作太鼓にも有益だったと感じる学生も多かった。楽しく、達成感を味わって学ぶことができるという点で、唱歌は学習効果を上げるのに役立っているといえるだろう。

4　唱歌での学習のメリットとデメリット

ここでは、「体験者のコメント」での分析から抽出した、唱歌を使った太鼓学習のメリットとデメリットについて再考してみよう。

①太鼓唱歌のメリット

ⓐ実際の音の響きが想像でき、音の強弱、アーティキュレーションを把握しやすい。

ⓑリズムが容易に記憶できる。

ⓒ楽しく、達成感をもって学習できる。

ⓓシンコペーションが覚えやすい。

ⓔアクセントがパターンで識別できる。今回練習した唱歌の「ドコン」では「ド」「コ」にアクセントがあり、「ドコンコ」では「コ」にある。このように、アクセントの位置が必ず「ド」にあるわけではない。パターンごとに異なるアクセントの位置を、唱歌なら簡単に伝えることができる。

ⓕどのフレーズかを、指示しやすい。

ⓖ音楽構造の理解の助けになる。譜例3―2のようにリズム譜で歌うのに比べ、唱歌の「ドコンコ」のほうがひとまとまりであることがよくわかる。また、譜例3―3では、「ドコン●ドコン●」は、実はそれに続く「ドコ

唱歌譜	ウットロ**ドコンコ**ドン	ドロロロロコンコ**ドコンコ**
リズム譜の読み	ウンタタタタータタン	タタタタタタータタタータ

譜例3-2　アーティキュレーションの認識

唱歌譜	ドコン・ドコン・	**ドコンコ**ンコドン	→ ドコン(コ)ドコン(コ)	ドコンコ ンコ ドン
リズム譜の読み	タタウンタタウン	タタ―タ―タタン		

譜例3-3　パターン構造の認識

ンコ」の一部を前触れのように繰り返していることがわかる。このように唱歌は、「まとまり」を認識しやすい。

ⓗ唱歌のシステムが理解できた学生たちは、唱歌を使って太鼓曲を創作することができる。

②太鼓唱歌のデメリット

ⓐ既存の唱歌は、特定の楽器音のオノマトペなので、リズム譜と異なり他の楽器に転用できない。

ⓑ教師が唱歌を歌えなくてはならない。教師用に唱歌譜とリズム譜を併記したものや、唱歌とそれに対応する太鼓演奏が入ったDVDなどの教材開発が必要になる場合もあるだろう。

ⓒ教師は、鳴り響く音のイメージが湧くように唱歌を歌えなくてはならない。平板に唱えてはいけない。

ⓓ唱歌は初心者や子どものためのものではないという理解が不足している。

ⓔ同じ口頭性ではあるが、「唱歌」と「リズム譜の聴唱法」との違いが理解できていない。教師はタブラチュアの概念について、生徒・学生に簡単にわかりやすく説明できる必要がある。

ⓕ学校教育で、教育効果があるかどうかを判断するためには、アカデミックな研究方法で検証されなければならないとされる。そのため、昔から庶民が生活のなかで繰り返すことで編み出した伝統的なやり方や知識、つまりエビデンスがない「経験知」に対する信頼が少ないように思う。その結果、「授業で唱歌を使う決断」がされにくい

ように見える。

ⓖ伝承者から教わらなければ、民俗芸能で使われている既存の唱歌がわからない。

これらのデメリットのなかで最も大きな問題は、民俗芸能のＤＶＤやＣＤなどの音源からは唱歌がわからないことである。民俗芸能の伝承者に直接、唱歌を教えてもらう必要がある。

5　今後の展望

学生たちに民俗芸能の太鼓音楽を教えるとき、唱歌は大変役に立つことがわかった。児童や生徒に教えるときでも、唱歌は役に立つだろう。小学校や中学校の先生に唱歌を利用してもらうために、フィールドワークを通して伝承者の協力のもとで唱歌譜やＤＶＤを作成することが、音楽学者、特に民族音楽学者に与えられた今後の課題だろう。

唱歌を使うかどうかは、太鼓学習だけに留まらない問題だ。

これまでの音楽の教科書では、日本の伝統音楽を西洋の五線譜に置き換えて教えることがあった。雅楽の「越天楽」を五線譜のスコアで見たら、その難しさにびっくりするだろう。しかし、唱歌で学べば、案外すんなり入ってくる。日本の伝統音楽を学校教育で教えるとき、五線譜ではなく、本来の伝承で使ってきた唱歌をもっと利用すべきではないだろうか。

唱歌はすばらしい伝承システムだと思う。唱歌自体が日本の文化遺産といっても過言ではないだろう。

注

(1)小学館辞典編集部編『使い方の分かる類語例解辞典 新装版』小学館、二〇〇三年

(2)鈴木晶子『教育文化論特論』(放送大学大学院教材)、放送大学教育振興会、二〇一一年、四三ページ

(3)同書四三ページ

(4)同書四三ページ

(5)山本宏子『日本の太鼓、アジアの太鼓』青弓社、二〇〇二年、一二〇ページ

(6)中田徹編「たいころじい」第二巻、十月社、一九八九年、五〇ページ

(7)小川昌文「歌唱の学習と指導」、初等科音楽教育研究会編『最新初等科音楽教育法——小学校教員養成課程用』所収、音楽之友社、二〇〇九年、五二ページ

参考文献

山本宏子「太鼓ことば・口三味線」、徳丸吉彦/高橋悠治/北中正和/渡辺裕編『事典世界音楽の本』所収、岩波書店、二〇〇七年、七八—八二ページ

山本宏子「南インドの太鼓ミラーブの唱歌における伝承文化論」「岡山大学大学院教育学研究科研究集録」第百五十一号、岡山大学大学院教育学研究科、二〇一二年、一一九—一二八ページ

山本宏子『音楽文化——祭・芸能・音楽からみた世界 岡山大学版教科書』岡山大学出版会、二〇一四年

この研究のためにコメントを分析に使うことを承諾してくれたA大学の大勢の学生たちに、心からの感謝の意を表する。自然体での学習と、それに関する遠慮のないコメントを得るために、体験授業の事後に承諾をとったことを明記する。

本章は、「和文化教育研究紀要」第九号(和文化教育学会、二〇一五年)に掲載した「唱歌による伝統的太鼓音楽の学習」(一九—二六ページ)に加筆・訂正を加えたものである。再録のご許可をいただいた関係各位にお礼を申し上げる。

第4章　オスマンの戦争と平和の太鼓

1　チューリップ時代の軍楽隊メフテルの太鼓

宮廷画家レヴニーと祝祭の書『スルナーメ』

二〇〇六年のクリスマス・シーズン、国際交流基金から助成を受けて日本伝統音楽のレクチャー・コンサートをおこなうために、演奏グループ「ムジカさくら」の仲間と一緒にアメリカのシカゴにいた。

凍てつくシカゴの博物館では、ちょうどそのころクリスマスプレゼント用なのか、イラストや写真が入った豪華大型本のバーゲンをやっていた。そのなかの一冊に、思わず目が引き付けられた。大きなターバンの男性たちと大きな帽子の男性たちが着飾って行進をしている細密画の表紙だったからだ。もしかして長年探していたオスマンの軍楽隊メフテルの細密画が載っているのではないかと、胸が高まった。ページをめくっていって、スルタンの祝祭を描いた数々の細密画のなかに目的の絵を見つけたときは、うれしくて跳び上がらんばかりだった。

それが『Levni and the Surname; The Story of an Eighteenth-Century Ottoman Festival（レヴニーとスルナーメ――十八世紀オスマンのフェスティバル）』[1]という研究書との出合いだった。

不思議な縁でクリスマスのシカゴで、イスタンブール発行のイスラム祝祭研究の豪華本を買った。

チューリップ時代の祝祭

オスマン帝国のチューリップ時代の一七二〇年に、アフメット(Ahmed)三世(一六七三―一七三六。在位一七〇三―三〇年)の四人の息子の割礼の祝祭が執り行われた。時代の名前にチューリップと付けるなんてすてきだ。実はチューリップは現在のトルコのアナトリアあたりが原産で、オスマン時代から栽培されていた。それが十六世紀にヨーロッパに渡り、オランダで改良されて多くの品種が生まれた。改良品種は逆にオスマン帝国にUターンし、アフメット三世に愛好されて隆盛を極めた。アフメット三世の治世の一七一八年から三〇年は、戦乱がなく平和だったので、当時咲き誇った花の美しさにちなんで、後世の人々がチューリップ時代と呼び習わした。

一七二〇年の祝祭は、八月三十日、九月十二日、九月十七日に前祭(プロローグ)がおこなわれた。祝祭の本祭りは、九月十八日から十月二日まで毎日続いた。その後、十月九日から十一日まで後祭(エピローグ)が続く。大変長い祝祭である。規模もとてつもなく大きなものだった。宮廷画家レヴニー(Levni:?―一七三二)が、祝祭を記録するための『スルナーメ(祝祭の書)』にたくさんの細密画を描いた。『レヴニーとスルナーメ』は、その『スルナーメ』の研究書で、レヴニーの細密画がそのまま掲載されている。

イスタンブールの観光メフテル

二〇〇八年夏、トルコのイスタンブールは、筆者にとっては大人のテーマパークだった。巨大なバザールはまるで迷路のように入り組んでいて、絨毯店、陶器店、干し果物店、スパイス店、菓子店そして宝石店がひしめいている。絨毯や宝石は見るだけだが、干しナツメや干しイチジク、ナッツ類はしこたま買い込んだ。バザールのなかのコーヒー屋や食堂はとてもおいしい。わざわざバザールまで出かけていって食事をしていたほどだ。

街はそのまま美術館であり博物館でもある。歴史的建築物がこれでもかというほど並んでいる。宝飾品だったらトプカプ宮殿だ。現在は博物館として公開されているトプカプ宮殿には、世界中の富が集まったかと思われるような大粒の宝石が展示されている。オスマンのスルタンは、王室の豊かさと国力を宝飾品で誇示することで近隣諸国を抑えていたとさえいわれている。

イスタンブールはシルクロードの十字路と呼ばれるように、アジアとヨーロッパが入り交じった魅力的な文化にあふれている。

イスタンブールに行った日本人なら誰でも、軍楽隊メフテルを生で聞きたいと思うだろう。メフテルは、オスマン帝国の最強常備歩兵親衛軍団イェニチェリに属していた軍楽隊である。

日本では、向田邦子のNHKドラマ『阿修羅のごとく』(一九七九年)に、「ジェッディン・デデン(Ceddin Deden)(祖父も父も)」という曲が使われたことで、メフテルは一躍有名になった。その後、この曲は音楽の教科書でも取り上げられたので、演奏したことがある人もいるだろう。その強烈なメロディーは聞く者を鼓舞し、一度聞いたら忘れられない。

イスタンブールの新市街にある軍事博物館アスケリ・ミュゼスィ(Askeri Müzesi)では、現在のトルコ軍所属のメフテルの演奏が毎日のようにある。

夏のシーズンはトプカプ宮殿でも、メフテルの演奏がある。宮殿中庭の「幸福の門」の広場で、フル編成のメフテルが演奏する。大型の鍋型太鼓キョス(kos)を中心に置き、その横にはトゥ(tuğ)という一種の旗印が並ぶ。その他の演奏者たちは、彼らを取り囲んで大きな半円形に並ぶ。観光客はさらにそれを取り囲んでカメラやビデオを構える。

大地を揺るがすような響きだ。かつてのオスマンの威光はどれほどだったろうと思わせる。オスマンと敵対していたヨーロッパの国々は、メフテルの音を聞いて震え上がったという。

演奏が終わると行進が始まる。大男のメフテルたちは、ゆっくりの曲にもかかわらず、足が長いせいかすごいスピードで進んでいく。筆者のビデオの前をあっという間に通り過ぎた。足の短い筆者は、ビデオを構えながら小走りで追いかけなければならなかった。

メフテルの行進は独特である。体の向きを一拍ごとに斜め左右に変えながら、足は「右左右●」「左右左●」と歩みを進める。片手を大きく振り、四拍目ごとに拳で胸を軽く打っているように見える。ビデオを見ながら練習してみるが、難しくてできない。きっぱりと言えるのは、私たちが学校教育で習うヨーロッパ式の行進とはまったく異なるということだ。「芸能」といってもいいメフテルの行進は見応えがある。

なお、ドラマ『阿修羅のごとく』で使われた「ジェッディン・デデン」は古い曲ではない。イェニチェリが廃止された後に、アリー・ルザ・ベイ（Ali Riza Bey：一八八一—一九三四）が作曲したといわれる。作曲者は別の人だという説もある。いずれにしても、かつてウィーンまで攻め上ったころのイェニチェリは、この曲で行進したことはないということだ。

イェニチェリとメフテル

筆者は最近、トルコのスルタン時代の歴史映画にはまっている。トルコ語はまったくわからないが、歴史をなんとなく知っているのでストーリーは想像できる。また、一七二〇年のアフメット三世の息子たちの割礼の祝祭を描いた宮廷画家レヴニーの数々の細密画を毎日のように眺めていたおかげで、スルタンや大臣、イェニチェリなどの服装を覚えてしまい、服装で映画の配役がほぼ識別できるようになった。

オスマン帝国の都だったイスタンブールのトプカプ宮殿は、スルタン時代を垣間見せてくれる。

宮殿の台所には巨大な鍋が並んでいる。日常的には数千人の職員に、祝祭や儀式のときにはさらに多くの人々に食事を提供した。オスマン軍のイェニチェリは三カ月ごとに給与を受け取りにきた。そのとき、イェニチェリにはスープとピラフと甘い物がふるまわれた。イェニチェリはいつも頭巾にスプーンを挿していて、スプーンで大皿から直に食べたという。レヴニーの細密画（絵画番号：folios22b-23a）では、サフランライスを山盛りにした大皿がいくつも地面に並べられ、それに突進するイェニチェリたちが描かれている。(2) なかには、あわてて転倒して、かぶり物が脱げた者もいる。

イェニチェリは、帝国内のキリスト教の少年を集めてイスラム教に改宗させ、オスマンの習慣を学ばせ、軍事訓練をして作り上げた軍隊である。二度と故郷の家族のもとに帰ることはなく、また結婚が許されなかった。家族をもたなかったイェニチェリは、同じ部隊で同じ大鍋からスープを飲んだ仲間と生涯にわたって強い絆をもったという。「同じ釜の飯を食う」のオスマン版である。それにしても、サフランライスに突進しているおじさんたちの姿はなんだかちょっと物悲しい。軍楽隊メフテルはそのイェニチェリに属していた。

時代が下ると、厳しい規制は緩んで結婚する者も現れ、世襲的特権集団へと変質したために、それを嫌ったスルタンによってイェニチェリは一八二六年に廃止された。

オスマン帝国といえば、ヨーロッパ社会にはハレムで有名である。かのヴォルフガング・アマデウス・モーツァルトも、ハレムを題材にした『後宮からの逃走』というオペラを作曲している。歴代のスルタンたちは、最初は近隣諸国の王族から正妻を迎えた。後には、もっぱら大勢の女奴隷をハレムにもつようになる。女性たちのいちばんの出世は自分の子がスルタンとなり、母后となることである。となると、お決まりの後継者争いの愛憎劇。だから筆者は歴史映画にすっかりはまっている。

メフテルの楽器

メフテルが使用している楽器は以下のようである。ちなみに弦楽器は使用していない。

旗印
　トゥ（tuğ　鈴付き旗印）
打楽器
　キョス（kos）一対の大きな鍋型太鼓

ダウル（davul）大きな筒型胴両面紐締め太鼓
ナッカーレ（nakare）一対の小さな鍋型太鼓
ズィル（sil）一対の大きなシンバル
チャウゲン（cevgen）たくさんの鈴が付いた短い棒
管楽器
ズルナ（zurna）リード楽器
ボル（boru）ラッパ

旗印と太鼓について、詳しく見てみよう。

写真4-1　トゥを持つイェニチェリ

①旗印トゥ

トゥ（tuğ）は、楽器というより「旗印」の機能が重要である。トゥはイェニチェリが持って、メフテルを先導している。長い棒の先に三日月などのイスラムを表す意匠や鈴が付いている。ヨーロッパに伝わって、形を変えながら以下のようなさまざまな名称で呼ばれるようになった。

英語　ターキッシュ・クレッセント（Turkish crescent. トルコの三日月）三日月状の飾りがあるから。

ターキッシュ・ジングル（Turkish jingle. トルコのジャラジャラ）

ジングリング・ジョニー（Jingling Johnny. ジャラジャラするやつ）

ドイツ語　シェレンバウム（Schellenbaum. 鈴の木）

フランス語　シャッポー・シーノア（chapeau chinois. 中国の帽子）三角錐の飾りから。

パビリオン・シーノア（pavillon chinois. 中国のあずまや）三角の屋根に似ているので。

写真4-2　鈴を付けたチャウゲン

②鍋型大太鼓キョス

キョス（kos）は一対の鍋型太鼓だ。紐で皮を締めている。トプカプ宮殿で使っているキョスは、刺繡をした真紅の布を胴に巻き付けてあるために、実際には胴の形は確認できない。演奏者の前に二つ並べる。皮面は演奏者のウエストよりも低い位置にくる。キョスの胴回りは両手で抱えきれないほど大きい。両手に持ったバチで打つ。バチは太い棒で、先端が球になっている。

見ていると、ほとんどの場合右手から打ち始めている。両手で同時に打つこともある。両手で打った後、左右に開き、頭上まで大きな円を描くなどの演出がある。横殴りのように打ったり、右手で左の太鼓を打ったりすることもある。片手で打ってから頭上でバチをぐるぐる回すというような演出もある。それらを組み合わせて、キョスの演奏者はまるで舞っているかのように華やかだ。台車に載せたキョスは簡単に移動できるにもかかわらず、行進ではキョスは使っていなかった。

写真4-3　ターキッシュ・クレッセント（浜松市楽器博物館所蔵）

③両面締め太鼓ダウル

ダウル（davul）は両面紐締め太鼓だ。環状の木製枠に皮を張り、それを胴の両側に当てて紐で縛る。日本の

写真4-4　鍋型の大太鼓キョス

締め太鼓と違うのは、木枠の直径が胴の開口部の直径とほぼ同じであることだ。日本の締め太鼓である雅楽の大《だ》太鼓《だいこ》（火焔太鼓とも）、能や歌舞伎の小鼓《こつづみ》・大鼓《おおつづみ》などでは、胴の開口部よりも枠がかなり大きい。ダウルは、胴にすっぽりと枠をはめ込む。同じ締め太鼓でも、アジアの西端と東端では、アイデアが違ったようだ。

ダウルは帯で肩から下げ、両手のバチで打つ。右手には太くて先が球形になっている木のバチを持つ。左手には細長く弾力性がある木のバチを持つ。持ち手から先端にいくにしたがって細くなっていて、「竹ひごのような

写真4-5　両面締め太鼓ダウル

バチ」と言えばわかるかもしれない。筆者が買った太鼓には、白いプラスチック製のスティックがついていた。左手はエンピツを持つようにして、手首をダウルの枠の上部に当ててスナップを利かせて打つ。一つのダウルから、音高や音色の違う音を出すことができる。

④鍋型太鼓ナッカーレ

ナッカーレは一対の小さい鍋型タイコである。鍋は浅い。二つを横につなげて、そのつなぎ目を左手首で抱え込むようにして、左肩から腹のあたりに構える。皮面を正面に向ける。両手に持ったバチで打つ。

レヴニーが描く騎馬のメフテル

レヴニーは、一七二〇年の祝祭での騎馬のメフテル（folios171b-172a）を描いている。[3] メフテルは戦場だけでなく、祝祭の場でも活躍していたのだ。総勢三十六人のメフテルたちの衣装は、ズボンの上にだぶだぶのカフタン（caftan）という長いコートを着て、ターバン風の帽子カヴク（kavuk）をかぶっている。色は異なるが、スタイルは一応おそろいだ。三十五人は口ひげと顎ひげを生やしている。一人だけは口ひげも顎ひげもない。ちなみに、前述のサフランライスに突進するイェニチェリたちは、口ひげだけで顎ひげはない。

行列の先頭から順に見ていこう。

①先頭の一列目の八人の男性は、ズルナというダブルリードの木管楽器を演奏する。ズルナを両手で持ち、その先端を目よりも高くなるように構える。手放しで馬に乗っている。

写真4-6　ラッパのボルと小型鍋型太鼓ナッカーレ

　このズルナは、かなり早い時代に現在のドイツ・フランス・イギリスなどヨーロッパの広範囲に伝播し、ショーム（Shaum）とかシャルマイ（Schlmei）とか呼ばれる一連の楽器になった。さらに、それに改良を重ねて出来上がったのが、現代のオーケストラで使われるオーボエである。

②二列目の五人の男性も馬に乗る。一対の小型鍋太鼓ナッカーレを、馬の背に左右に振り分けにして載せ、両手に持った二本の細いバチで打つ。右手のバチを皮面に当て、左手のバチを振り上げたところだ。

③三列目の八人の男性も馬に乗る。それぞれが大型の締め太鼓ダウル一台を馬に載せる。自分の体の前で斜めに構える。右手に持ったバチ一本で右面を打つ。バチは先が球になっている。八人のメフテルは一斉に右手を高く上げ、まさにいま打とうとしている。左手とバチは絵の構図上描かれていない。

写真4-7　ヨーロッパの軍楽隊の人形のティンパニ（浜松市楽器博物館所蔵）

④四列目の六人の男性も馬に乗る。ズィルという金属製の打楽器を持つ。ズィルはヨーロッパのシンバルの原型とされる。ズィルを左右ではなく、上下に持っているのが特徴的だ。

チベット仏教仮面舞踊チャムで使うレルモ（realmo）というシンバルも、上下に打つ。オスマンとアジアとの関係を示すようでおもしろい。

ちなみにトルコ製のシンバルがいちばんいい音を出すとされ、現代オーケストラでも活躍していた。

⑤五列目の六人も馬に乗る。左手で手綱を持ち、右手でボルというラッパを持ち、その先端を頭よりも高く掲げる。長い管が手元の近くで一回ぐるりと輪を作っている。バルブ機構は付いていない。

⑥画面の奥の三人の男性は、なんとラクダに乗っている。ラクダに乗っても騎馬なのか。ラクダに乗った兵士はラクダ騎兵キャメラー（cameller）というそうだ。

ところで、筆者はラクダに乗ってシルクロードの砂漠を少しだけ横切って調査に行ったことがある。ラクダは草食だが、オスは結構気が荒い。大きな歯でバクンとかみつかれたら、指ぐらい軽く食いちぎられるという。「ラクダは頭がいいから、からかって怒らせたりしてはいけない」とラクダ使いに注意された。怒らせはしなかったが、なぜか筆者の背中でべったり鼻水を拭かれてしまった。筆者のほうがラクダにからかわれた気がする。

細密画では、ラクダの背に板を載せて、そのうえに一対の大きな鍋型締め太鼓キョスを載せているように見える。太鼓の皮面が水平になっている。一対の太鼓は、ほぼ同じ大きさだ。皮をいったん枠に張り、それを胴に載せて紐で締めている。紐はX字ではなくW字に締めている。大きなバチは先が球になっている。両手にバチを持って振り上げている。手放しでラクダに乗っていることになる。

写真4-8　ヨーロッパの初期のティンパニ（浜松市楽器博物館所蔵）

こうやってみてみると、ヨーロッパの楽器と思い込んでいたもののなかに、実はアジアに起源をもつ楽器があることに気づかされる。鍋型太鼓はヨーロッパに伝わってティンパニになったとされる。ティンパニはいまではクラシック音楽で頻繁に使われ、オーケストラになくてはならない楽器となっている。さらに、楽器だけでなく、軍楽隊メフテルそのものも、私たちに身近なブラスバンドの先祖なのだ。

現在、前述のように軍楽隊メフテルはトルコの古都イスタンブールの観光の目玉になっている。残念なことに、徒歩のマーチングバンドで、騎馬楽隊ではない。馬とラクダでのパレードを見てみたいものだ。

2　チューリップ時代の娯楽の太鼓

レヴニーの『スルナーメ』のなかには、メフテル以外に、多数の芸人と楽師が描かれている。

両面締め太鼓ダウルと芸人

ダウルを演奏する芸人たちを描いた一対の細密画（folios59b-60a）を見てみよう。[4] その一部を紹介しよう。

細密画（folios59b）では、群衆が見守るなか、一人の男が長い柱を右肩に立てている。その先には、男性が二人登っている。柱のなかほどに背中合わせになった男性はダウルを抱え、右手に太いバチ、左手に細いバチを持って叩いている。右手のバチの先端は球形になっている。頭にぴったりした帽子をかぶり、襟がないシャツとだぶだぶのズボン、腰を帯で締めて裸足である。鼻の下に八の字のひげがあるが、顎ひげはない。下で支えている男子もほとんど同じ格好である。ただ、靴は履いている。隣では三人の男性が肩車してタワーを作り、いちばん上の男性がダウルを叩いている。さらに、二人の男性が肩車し、上の男性は頭にとてつもなく大きな壺を載せている。巨大な皿で皿回しをしている男性も描かれている。柱登りの競争をしている男性もいる。柱のてっぺんには水を満たした壺と金貨がある。手前に描かれているのは、二人の男性が向かい合わせに縛られて、寝転がったまま輪くぐりをするという奇妙な芸である。

細密画（folios-60a）では、ロバと向かい合わせに縛られた男性が、寝転がったまま輪くぐりをしている。観客には独特なかぶり物でそれとすぐわかるイェニチェリやターバンを巻いた男性、それに交ざって顔をベールで覆って目だけを出した女性もいる。レヴニーが描く人物は喜怒哀楽が表現されていないので、このような芸を見て、人々がどう感じたかは想像するしかない。綱渡り、高足、レスリング、熊レスリング、山羊に乗った猿、手品師、蛇使いなどを見入る観客があちらこちらに描かれていることから、民衆も祝祭を楽しんだだろうことは間違いない。

片面太鼓ジッリ・デフと踊り子

レヴニーの細密画（folios37b）に、枠型太鼓ジッリ・デフ（zilli def）を打ち鳴らしている三人の楽師がいる。[5] 管楽器ズルナの楽師二人、鍋型太鼓ナッカーレの楽師一人と合奏している。彼らは地面に正座している。ターバンをかぶり、ひげを生やしている。ジッリ・デフは、枠の五カ所に金属製の薄い小円盤がはめ込んである。私たちが知っているタンバリンそのものである。ジッリ・デフはかなり大きい。皮が張ってある側を外に向け、体の前で構え、左手で枠の下から支える。右手で横から打つ。対して、ナッカーレは両手にバチを持って打つ。

キョチェクと呼ばれるダンサーが五人踊っている。髪はショートで、赤い小さな帽子をかぶる。長袖の体にぴったりしたシャツを着て、柔らかいドレープがあるスカートをはく。スカート丈は長く足は見えない。手にはチャルバレという木片を持って打ち鳴らしている。チャルバレは日本の四つ竹という打楽器にそっくりである。

さて、キョチェクというダンサーたちだが、胸がペッタンコに描かれている。レヴニーの『踊る少女』という絵にもチャルバレを持って踊る人物が描かれているが、こちらは明らかに胸がふっくらとしていて、所作も女性らしい。オスマン帝国史の研究者鈴木董は『図説 イスタンブル歴史散歩』で、『一五八二年のムラト三世主催の割礼の祝祭のひとこま』という細密画のキョチェクを「少年」としている。[6] こちらのキョチェクも、赤いドレスを着て、ショートヘアーでひげがない。両手にはそれぞれチャルバレを持っている。

これら三枚の細密画の踊り子を比較してみると、もしかすると、アフメット三世の祝祭に描かれたキョチェクも少年かもしれない。筆者は確認する手立てをいまのところもっていない。どなたかご教示いただけるとありがたい。

3 鍋型太鼓を追ってヨーロッパへ

ウィーンの古楽器コレクション

二〇一四年八月、太鼓の資料収集のためにウィーンにいた。どうしてウィーンまで行くことになったのか。それは、オスマン軍のウィーン包囲のせいである。オスマン軍は、一五二九年の第一次、一六八三年の第二次の二度にわたってウィーンに進撃した。その際、オスマンの軍楽隊メフテルが伝わり、ヨーロッパに軍楽隊が生まれたというのが定説になっている。

一口に太鼓といっても、役割つまり機能によって大きく二つに分けられるだろう。一つは、祭りや儀礼、芸能で使う太鼓である。もう一つは、戦場でのシグナル（合図）を出すのに使った太鼓である。のちに、戦場だけでなく、凱旋パレードでも重要な役を果たすようになった。

一対の大型鍋型太鼓は、日本を含む東アジアではあまり見かけないが、中央アジアから西アジアにかけて広く分布し、軍隊で使われていた。インドのイスラム圏でも古くから使われ、軍隊が象に載せて打っていただけでなく、宮廷での祝祭で演奏している細密画も残っている。チベットでは儀礼で一対の鍋型太鼓が使われる。かの有名なオスマン軍の軍楽隊メフテルでも鍋型太鼓が使われていた。

ヨーロッパの人々がどのように鍋型太鼓を取り入れてティンパニへと作り替えたのか、とても気になりだした。やはりウィーンに行くしかない。

音楽の都ウィーン。八月にウィーンに行くのは変わっている。なぜなら、ウィーンのオペラのシーズンは九月から翌年六月で、夏にはオペラはない。コンサートが目白押しのウィーン芸術週間も五月から六月にかけてだ。ちなみに、シェーンブルン宮殿のバロック庭園でおこなわれるウィーン・フィルハーモニー管弦楽団のサマーナイト・コンサートは、サマーナイトと称しながらも、五月末におこなわれる。もし音楽シーズンにウィーンに行ったらコンサートに釘づけになり、研究資料を探すどころではなくなるだろう。資料収集には、コンサートの誘惑がないオフシーズンの八月のほうがいいのだ。

まずは、新王宮の古楽器コレクションと武器コレクションへ行く。古楽器コレクションで、鍋型太鼓を見つけた。一対の鍋型太鼓は、現代のオーケストラで使用しているティンパニに比べると、はるかに小さい。また底についている三本の足が短いので、立って打つには低すぎる。皮はねじで留めてある。皮には、何回も破けた跡がある。それを丁寧に縫って補修してある。

武器コレクションには中世の騎士の武器が多くある。馬に乗った騎士が槍を持っている。ランスと呼ばれる槍は日本の槍とは違い、太くて長い。まるで丸太のようである。ランスは戦場だけなく、馬上槍試合（トーナメント）でも使われた。一対一で長槍を使って相手を突き刺して馬から落とすのだ。王侯や貴婦人が見物するため、試合専用に立派な甲冑を身に着けるようになった。紋章を縫い取りした華麗な衣装やマントなども展示してあった。

人間の愚かさを表す武器と、人間のすばらしさを表す楽器の双方を眺めていると、沖縄出身で「花」の作詞・作曲者である喜納昌吉の「すべての武器を楽器に」という言葉が思い出された。

昼食は最高級の味で知られるウィーン伝統のレストラン、ツム・シュヴァルツェン・カメール（Zum Schwarzen Kameel）に、ブロートヒェンというウィーン風オープンサンドを食べにいった。地図を見ながら歩くも、入り口の場所がよくわからない。うろうろしている筆者を店の人が呼び止めて、「カメールで食事か」と聞く。なんと筆者は裏通りでうろうろしていたのだ。近道だといって裏口から入れてくれ、めったに見ることができない厨房を通り抜け、ゴージャスなレストランも通り抜け、表のカフェへ。オープンサンドは、黒パンの上にさまざまな食材を載せたもので、とてもカラフルで見ているだけでも楽しくなる。店名ツム・シュヴァルツェン・カメールは「黒いラクダ」という意味で、看板やナプキンにはラクダのデザインが付いている。「黒いラクダ」は、一五二九年のオスマン軍のウィーン第一次包囲と一六八三年の第二次包囲のちょうど中間の一六一八年に創業した。その当時のウィーンの人々はラクダという動物を知っていたことになる。ウィーン軍事史博物館(Heeresgeschichtliches Museum)に収蔵されている第一次ウィーン包囲を描いた絵画には、確かにオスマン軍とラクダが描かれている。

からくもオスマンを撃退したウィーンは、その後、モーツァルトやルートヴィヒ・ヴァン・ベートーヴェン、フランツ・ペーター・シューベルトなど多くの作曲家が活躍し、「音楽の都」と呼ばれるようになった。そして、オスマンの武器だった鍋型太鼓は、ティンパニへと形を変えて芸術音楽に取り込まれていったのである。

ザクセンのマイセン磁器『ティンパニを背負う猿』

ヨーロッパでパリやウィーンを中心に宮廷文化が花開いていたころ、現在のドイツではまだ統一国家が生まれていなくて、多くの国に分かれていた。例えばミュンヘンを首都にしたバイエルン、ドレスデンを首都にしたザクセンなどという具合だ。

ザクセンのアウグスト二世(August II)(一六七〇―一七三三)は、ザクセン王であり、神聖ローマ帝国の皇帝を選ぶ選挙権をもつ選帝侯であり、のちにポーランドの王にもなった。驚異的な怪力の持ち主だったことから「強王」とも呼ばれた。四百人近くの子どもがいたので「強王」と呼ばれたという説もある。

彼は若いころフランスに旅行し、ヴェルサイユ宮廷をえらく気に入った。豪華絢爛な宮廷建築こそが絶対君主の権力を示すのに役立つと考えた。まあ、日本の政治家でも、オリンピックの競技場が世界に向けて日本の権威を示すのに一役買うと考える人は多いだろう。

ドレスデン宮殿のシュタルホーフ（武芸競技場）の外壁に、『君主の行列（Fürstenzug）』という壁画がある。ザクセン代々の選帝侯や国王三十五人の騎馬姿を描いたものだ。もちろんそのなかにはアウグスト強王もいる。行列の先頭には、四人のラッパ奏者、一人の角笛奏者、一人の横笛奏者、一人の太鼓奏者が描かれている。彼らも馬に乗っている。写真４—９のように、太鼓奏者は鍋型太鼓を自分の馬の両側に付け、先が球になっているバチを両手に持って打っている。王権を誇示するパレードに鍋型太鼓が付き物だったと後世の人々が認識していたからこそ、このような壁画になったのだ。

ドレスデンの宮廷建築を命じる一方で、彼は驚くような行動に出る。そのころ各国の王侯貴族の間で、東洋磁器への憧れが広まっていた。ドレスデンの博物館にも日本の柿右衛門様式の磁器が展示されている。しかしながら、東洋磁器は王でもなかなか手に入れることは難しい。そこで、アウグスト強王は自前で作ることを思い付いたのである。

このアウグスト強王こそが、現在の筆者の研究のキーパーソンである。

二〇一五年、ティンパニを追ってドイツで資料収集をしていた。マイセンは、ドレスデンから列車で三十分強のところにある。その昔はエルベ川の船がドレスデンとマイセンを結んでいた。マイセンはその名のとおりマイセン磁器の故郷である。錬金術師ヨハン・フリードリッヒ・ベトガー（Johann Friedrich Bötger：一六八二—一七一九）はアウグスト強王に命じられて、ヨーロッパで初めて白色磁器の製造に成功した。アウグスト強王は製造技術が他国に流出しないように、ベトガーをマイセンの城郭に幽閉した。

写真4-9　ドレスデンの壁画『君主の行列』のティンパニ

その後、絵付師ヨハン・グレゴリウス・ヘロルト（Johann Gregorius Hoeroldt：一六九六―一七七五）が加わったことで色彩豊かになり、さらに宮廷彫刻家ヨハン・ヨアヒム・ケンドラー（Johann Joachim Kaendler：一七〇六―七五）が加わったことで立体的なフォルムをもつようになり、マイセン磁器はヨーロッパを代表する高級磁器となった。

初期のマイセン作品に「猿のオーケストラ」という磁器人形がある。宮廷音楽師の衣装を着た猿たちが、さまざまな楽器を演奏しているのだ。そのなかに「ティンパニを背負う猿」がいることがわかった。それを見たくて、ドイツのマイセンまで来たのだ。

マイセン磁器博物館には、初期のものから現代まで約三千点の芸術品が展示されている。ありました、「猿のオーケストラ」が。ところが、ガラスケースの向こうには、何かを背負っている猿がいるものの、正面からしか見えないので、ティンパニだか荷物だか判明しない。ああなんということだ、マイセンまで来たのに。カタログにはティンパニを背負った猿は掲載されていない。もしかしてと、博物館の入り口にある直営店に行った。ありました、「ティンパニを背負う猿」が。ティンパニを打つ楽師の猿とティンパニを背負う猿が一対になっている。しかしながら超高級品で、勝手に触ってはいけないので、裏側が見えない。「ご興味おありですか？」と店員の女性が話しかけてくれた。見たいと言うと、女性はやおら白い手袋をはめて、目の前に猿を差し出してくれた。裏側も底も見せてもらった。ティンパニに間違いない。ティンパニの周りを布で覆っているが、底から見るとティンパニと確認できる。でも、売り物なので写真を撮るわけにいかない。買って帰れば写真は撮り放題だが、なにせ超高級磁器である。貧乏研究者には手が出なかった。

帰国して研究室に戻り、どうやって「ティンパニを背負う猿」の全方向からの写真を手に入れたものかと考えあぐねていた。

インターネットで調べていると、栃木県立美術館のマイセン・コレクションのなかに「猿のオーケストラ」があるのを見つけた。このコレクションは、伊東直子氏が収集したもので、同美術館に九十点を寄贈、二十三点を寄託したのだ。さっそく宇都宮まで出かけた。うれしいことに、猿たちは、上からかぶせる形のケースで展示されていて、四方から見ることができる。ようやく詳細がわかった。

もちろん磁器なので、一点ものの彫刻とは存在の仕方が異なる。オリジナルの型からいつまで商品が作られ続けていたのか、また、型のコピーが作られたことはないのかなども確認しなくてはならない。また、オリジナル型から成形したとしても、彩色はオリジナルと異なる可能性もある。

ところで、本場ドイツのマイセン博物館のカフェで、マイセンのマークが入ったケーキとコーヒーをマイセン磁器でいただいた。アウグスト強王の宮廷で饗宴に明け暮れた王侯貴族の気分を、ちょっとだけ味わった。

スイス、バーゼルの春と太鼓

二〇一六年五月、スイスの文化都市バーゼルにいた。音楽博物館の楽器取材と文献収集が目的だ。バーゼルはドイツ、フランスと国境を接し、街の中心をライン川が流れている。スイスにはスイス語というものはなく、地域によってドイツ語、フランス語、イタリア語、ロマンシュ語の四つの言葉が使われている。ドイツ語圏にあるバーゼルの音楽専門本屋では、うれしいことに昨年ドイツで入手できなかったドイツ語の音楽古書を購入することができた。

スイスのホテルの朝食はドイツとよく似ている。さまざまな種類の硬いパンとチーズ。塩気がきいたハムやソーセージ。朝からニンニクたっぷりのサラミ。ゆで卵やオムレツ、ココットなどの卵料理。数々のヨーグルト。コーンフレークなどのシリアル類。はちみつにジャム。コーヒー、紅茶、ココア、ジュース。とてもおいしいのだが、これが三日も続くと参ってしまう。申し訳程度の量のキュウリとピーマンを除くと、野菜がまったくないからだ。

緑あふれるスイスの春、市場やスーパーには春野菜や果物が並んでいる。旬のアスパラガスが山積みになっていて、緑と白のコントラストが目を引く。緑も白も日本では見たこともないほどたっぷりと太って、とても長い。

しかし、レストランでもカフェでもゆでた白アスパラはメニューにない。

スイスでは、マルクトと呼ばれる広場に市が立つ。コープという庶民的スーパーがある。コープの規模が大きくなると、コープシティーという庶民的デパートになる。高級スーパーとしてはミグロがある。ミグロが大きくなってデパートになったものもある。そして、グローブスという超高級デパートがある。野菜不足の筆者は、アスパラが食べたくてしようがない。そこで思い付いたのが、デパ地下だった。チューリッヒのグローブスにありました、ガラスのショーケースのなかに、ゆでただけのアスパラが。特大サイズの白三本、緑二本、そして店員お勧めのクリームソースを買った。緑は多少苦みがあり、白は香りがよく、ともに歯応えがあって、大変おいしく大満足だった。

バーゼル音楽博物館には、ティンパニ以外にも太鼓トロンメル（Trommel）がたくさん展示されている。胴の直径はほぼ同じだか、長さが長短の二種類ある。長いトロンメルは体の横で斜めに構える。短いほうは体の前で構える。ともに、軍隊で合図として使われていたものだ。一目でバーゼルの太鼓とわかるのは、その胴に描かれた紋様のおかげである。スイスは、かつて都市国家とでもいえる自治体に分かれていた。現在のスイス連邦を構成する州にあたる。バーゼルの歩兵たちはバーセルの旗の下に戦い、その旗の前には鼓手とラッパ手がいた。

歴史的に、スイスは人口が増加するに伴い、耕地が少ないこともあって、海外に傭兵として働きにいく慣習があった。命と引き換えに食糧を確保したといわれている。それを憂えた宗教家のウルリヒ・ツヴィングリ（Ulrich Zwingli：一四八四―一五三一）の「国際政治のなかでの中立」という思想が、ようやく一六七四年に「武装中立」の宣言として実を結んだのである。

現在のバーゼルでは、タトゥー・フェスティバルが開催される。タトゥー（tattoo）といっても入れ墨のことではなくて、マーチングバンドのパレードのことだ。十年ほど前から始まり、スイスだけではなく、イギリスをはじめ世界各地からマーチングバンドが参加している。かつての戦いのための太鼓が、フェスティバルや国際親善の役目を果たすようになったのだ。バーゼルではブラスバンドも盛んである。この取材中に、ブラスバンドのコンペティションがあり、さまざまな曲を鑑賞した。コンペティションの後には、街中をパレードする。バーゼルでもう一つ忘れてならないのが、スイス最大の謝肉祭ファスナハト（Fasnacht）のパレードである。グループごとに同じ仮頭や仮面をかぶり、太鼓のリズムに乗って街中を練り歩く。仮頭とは仮面よりも大きく、すっぽりかぶるものを指す。芸能研究者の細井尚子は仮面と仮頭を分けて考えるべきと提案している。バーゼルのファスナハトでは同じ仮頭を大勢でかぶるという点が、日本の民俗芸能と発想が異なるだろう。毎年テーマを決めて衣装や仮頭を作るという。インターネットの「YouTube」で「バーゼル・ファスナハト（Basel Fasnacht）」を検索してみてほしい。いつかは絶対に見にいきたいと思っている。

こうしてバーゼルでは、太鼓は軍隊の合図から民衆の楽しみへと活躍の場を変え、音楽博物館にも多くの太鼓が武器としてではなく楽器として展示されることになった。

チェコ、プラハの夏とティンパニ

春にはスイスのホワイトアスパラがおいしかったが、夏はチェコのきのこがおいしかった。オーストリア、ドイツ、スイス、チェコと資料収集旅行を繰り返していると、どの国も肉料理が中心で、しかも料理が似ていることに気づく。パプリカをふんだんに使ったビーフシチュー、薄い肉のカツ、ゆでた肉を薄切りにして濃厚なソースをかけたもの、ローストした肉。各地で名称は違うこともあるが、味はそっくり。長い歴史のなかで、現在の国境を超えた影響関係が強くあったことがうかがえる。そうしたなかでも、ボヘミアと呼ばれていたプラハは、ちょっと街並みの雰囲気が異なる。

オスマンからヨーロッパへ伝わった鍋型太鼓ティンパニを追いかけて、二〇一六年の八月から九月にかけてはチェコの古都プラハにいた。第二次世界大戦の戦火を免れた旧市街は「黄金のプラハ」と呼ばれ、一九九二年に世界遺産になっている。街は歴史的な建築物であふれ、本来のヨーロッパとはこうだったのだと体感できる気がする。

プラハといえば、ベドルジハ・スメタナ作曲の「モルダウ」という曲を思い出す。モルダウはプラハ市内を流れる大河のことだ。交響詩『わが祖国』のなかの一曲である。学生のころに合唱曲として歌ったことがある人も多いだろう。スメタナは「チェコ国民音楽の父」といわれている。しかし、スメタナの時代のチェコは、オーストリア帝国に支配されていて、都市部ではチェコ語の使用が禁止され、ドイツ語が強要されるなど、チェコ人のアイデンティティが壊される苦しい時代が続いていた。そのなかで、『わが祖国』と題した曲を作曲したスメタナの心情は理解できる。彼は、プラハを流れる大河を、祖国そのものに感じたのだろう。しかしながら、モルダウ川はドイツ語の呼び方で、チェコ語ではヴルタヴァ（Vltava）川という。スメタナの心情を考えるなら、この曲は「モルダウ」ではなく「ヴルタヴァ」と呼ばなくては。とはいうものの、学生のころ「水上《みなかみ》は遠く　はるか豊かなる河　モルダウよ」と覚えてしまった歌詞を、いまさら変えにくいし……。

ヴルタヴァ川の流れは、ドイツの大河エルベ川に合流し、最後には北海に注ぐ。ヴルタヴァ川の西岸の丘にはプラハ城がある。東岸の平地には旧市街地が広がる。川沿いを走る路面電車トラムに乗って、ほんのちょっと市街地から外れると、そこには自然の風景が広がる。さまざまに変わる「モルダウ」の曲想は、大河とその風景そのものを織り込んでいるようである。

チェコ音楽博物館でも古いティンパニを見つけた。さらに、トルコのものとされる鍋型太鼓がある。また、ティンパニよりもはるかに小さい一対の鍋型太鼓も所蔵されていることがわかった。これは馬の背に載せて打ったとされる。オスマンの軍楽隊メフテルが使っていたものの可能性がある。武器としての鍋型太鼓がチェコにも伝わっていたのだ。

同博物館では、ドイツ語と英語訳のカタログを入手した。二冊になってものすごい重さになったが、両者を比較すると英語に翻訳する過程で間違いが生じているのがわかった。日本語の楽器辞典にも腑に落ちない解説があるが、ドイツ語から英語、そして日本語に翻訳されるうちに、誤訳が生じていることが、これで証明できそうだ。

旧市街地の城壁の門の一つだった火薬塔からプラハ城まで、歴代の王が戴冠パレードをした「王の道」がある。

橋を渡って三キロ近くの道だが、それほど広くない。着飾った王はどのようなパレードを繰り広げたのだろうか。そのとき、どのような楽隊がお供をしていたのだろうか。

プラハ城には、宰相を輩出したロブコヴィッツ家の宮殿がある。宮殿の天井にティンパニが描かれていた。ロブコヴィッツ・コレクションの膨大な文書を調べれば、王の戴冠パレードという祝祭の場でティンパニが使われたかどうかも明らかになるだろう。

プラハは、観光の街としての整備が進みつつある。プラハ国立博物館が二〇一八年に全面改修工事を終え、リニューアルオープンする。関連施設も改修工事中のものが多い。それらが一斉に機能し始めれば、プラハでのティンパニについてさらに多くのデータを集めることができるだろう。

注

(1) Esin Atil, *Levni and the Surname: The Story of an Eighteenth-Century Otoman Festival.*, Kocbank, 1999.
(2) Atil, *op. cit.*, p.226.
(3) *Ibid.*, pp.114-115.
(4) *Ibid.*, pp.192-193.
(5) *Ibid.*, p.214.
(6) 鈴木董『図説 イスタンブル歴史散歩』河出書房新社、一九九三年、七七ページ

本章は、「全日本郷土芸能協会会報」(全日本郷土芸能協会)に連載していた以下の原稿をもとに加筆したものである。
「トルコの軍楽隊メルテルの打楽器」「全日本郷土芸能協会会報」第五十四号、二〇〇九年、一五ページ
「トルコのチューリップ時代の片面太鼓ジッリ・デフ」「全日本郷土芸能協会会報」第七十五号、二〇一四年、一七ページ

「トルコの軍楽隊メフテル」「全日本郷土芸能協会会報」第七十六号、二〇一四年、一五ページ
「ウィーンの鍋型太鼓ティンパニ」「全日本郷土芸能協会会報」第七十七号、二〇一四年、一五ページ
「マイセン陶器とティンパニ」「全日本郷土芸能協会会報」第八十三号、二〇一六年、一八ページ
「スイス、バーゼルの春と太鼓」「全日本郷土芸能協会会報」第八十四号、二〇一六年、一二ページ
「チェコ、プラハの夏とティンパニ」「全日本郷土芸能協会会報」第八十五号、二〇一六年、九ページ
再録のご許可をいただいた全日本郷土芸能協会にお礼を申し上げる。

第5章　南インド、ケーララの太鼓——壺型太鼓ミラーヴと音高可変太鼓イダッキャ

1　ケーララでのフィールドワーク

真夜中の象

遠くで太鼓の音がする夢をみた。

二〇一四年三月十五日、日本からの約二十時間もの長旅の末、やっとケーララ州のイリンジャラクダ（Irinjyalakuda）の定宿にチェックインした。眠りについたのは真夜中を過ぎていた。夢のなかで、太鼓の軽快なリズムがだんだん近づいてきた。華やかなラッパやシンバルの音までもはっきりと聞こえ始めた。夢じゃない。

三階の窓から見えるのは暗闇の道である。そのはるかかなたにトーチの灯が見える。トーチはどんどん近づいてきて、その後ろにきらびやかに飾った象が見えてきた。二時四十分、トーチ持ちが数人、象三頭、象使い数人、太鼓とラッパとシンバルの楽師数人からなるパレードが窓の下を通った。交差点に立てられた仮設門で象が止まり、ひとしきり演奏すると、二時五十六分、象は来た道をゆっくりと戻っていく。普段のパレードと違うのは、見物客がまったくいないことだ。あわてて窓から写真とビデオを撮ったが、暗すぎてトーチの灯しか映らない。二時五十八分、パレードが帰っていくと、街は静かな闇に戻った。

三時三十分、うとうと眠りについたころ、今度はシャラシャラという鎖の音が聞こえ始めた。再び慌てて起き

ると、仕事を終えて飾りをはずした象が二頭、象使いとともに歩いている。象の足に付けられた鎖だけが闇夜に鳴り響き、象は村へと帰っていった。

翌朝、ホテルの周りで聞いて回ると、アヤパン神を祭る寺院の祭りがあったという。二〇〇六年から九年間、毎年このホテルに滞在しているけれど、地元の神様に挨拶に行っていなかった。祭りの後片付けをしている人々に交じってアヤパン神にお参りし、今年もイリンジャラクダに来られたことを感謝した。

海のシルクロードのケーララ

シルクロードは、本来は中央アジアのオアシス都市を結んだ古代の東西貿易路のことを指す。シルクロードという語を広義に用いる場合は、「オアシスの道」以外に、北方の「草原の道」と南方の「海上の道」が加わる。海上の道は「海のシルクロード」とも呼ばれ、中国の古都泉州から東南アジア、インド洋を経てアラビア海、ペルシャ湾をたどるルートとして知られる。インドでアラビア海に面しているのは、北から南にグジャラート州、マハーラーシュトラ州、ゴア州、カルナータカ州、ケーララ州である。歴史上の主要な港には、マハーラーシュトラ州のムンバイ、ゴア、カルナータカ州のマンガロール、ケーララ州のコージコードとコーチンなどがある。マハーラーシュトラ州のムンバイは、ポルトガル領を経て、一六六八年にイギリスの東インド会社が進出した。その後も発展を続け、現在ではインド最大の貿易港であり、コスモポリタンの大都会となった。

ゴア州は非常に小さな州で、十六世紀からはポルトガルの植民地となり、アジア進出の拠点となる港として栄えた。主要言語はコンカニー語である。日本に初めてキリスト教を伝えたフランシスコ・ザビエル（一五〇六―五二）の遺体が安置されているバシリカ聖堂がある。

カルナータカ州の南部のマンガロールは十四世紀からアラビアと交易が始まった。十六世紀中頃にはポルトガルが占領、一七六三年にマイソール藩王国領になり、九九年にはイギリスに移譲された。近年ではムンバイ、ゴア、コーチンに次ぐ港湾都市になっている。主要言語はカンナダ語だ。

ケーララ州の州都はトリヴァンドラム。ケーララはインドで最も人口密度が高い地域の一つで、識字率が高い。主要言語はマラヤラム語である。アラビア海に面した細長い地形をしているため港湾都市が多い。コショウやカルダモンなどの香辛料を産し、輸出地として知られたマラバル海岸がある。そのため古来から海外との人の交流も盛んで、マラバル海岸にはギリシャ、ローマ、アラブ、中国からの多数の商人が訪れた。

北部の港湾都市であるコーリコッドも、アラブ商人のインド洋貿易港として栄えた。一四九八年にバスコ・ダ・ガマ（一四六九？―一五二四）が訪れた。ポルトガル、イギリス、フランス、デンマークもコーリコッドで貿易をおこなった。日本人には、コーリコッドの旧名カリカットに由来する白地の綿織物キャラコ（calico）の名でなじみ深かった。

中部の港湾都市コーチンに、バスコ・ダ・ガマが一五〇二年にポルトガル商館を設立した。一六六三年にオランダが進出、一七九五年にイギリスが占領。聖フランシス教会にはバスコ・ダ・ガマの墓地がある。

ケーララはこのような歴史的経緯のなかで、ヒンドゥー教とイスラム教とキリスト教が共存している。それに土着の信仰が絡んでくる。

なお、インドでは近年、名称を変更した地域や都市がある。ムンバイは、以前はボンベイと呼ばれていた。トリヴァンドラム（Trivandrum）は旧ティルヴァナンタプラム（Thiruvananthapuram）、コーラム（Kollam）は旧クイロン（Quilon）、トリシュール（Thrissur）は旧トリチュール（Trichur）、コージコード（Kozhikode）は旧カリカット（Calicut）である。ケーララのインフォーマントと話していると、新旧の地名が入り交じって出てきて、ただでさえ覚えにくい地名なのにさらに混乱してくる。ここでは、できるだけ新しい地名を使用する。

フィールドワークの方法

二〇〇六年にケーララの太鼓文化の研究をスタートした時点では、どのような太鼓文化が伝承されているかについて日本では十分な情報が得られなかった。観光案内の本に断片的に情報や写真が掲載されていたが、現地でも悉皆調査がなされていたわけではなく、詳細な報告書や論文にはなかなか行き当たらなかった。そのためケーララでのフィールドワークは、儀礼・祭り・芸能の伝承地や伝承者を探し出すことから始まった。

最初のフィールドワークで、ケーララでのカウンターパートとしてさまざまな情報を提供してくれたのは、イリンジャラクダ市でナタナカイラリ(Natana Kairali)音楽舞踊研究所を設立したG・ヴェーヌ(G.Venu)氏である。

写真5-1　ヴェーヌ氏と筆者

ヴェーヌ氏に、壺型太鼓ミラーヴ(mishaavu)、横に構える両面締め太鼓マダル(madal)、縦に構える両面締め太鼓チェンダ(chenta)、そして両面締め太鼓で「音高可変太鼓」イダッキャ(edakkya)、それぞれのトップレベルの演奏者を紹介してもらう。

ナタナカイラリ研究所の舞台を借りて、四人の先生から交代で毎日レッスンを受け、その様子をビデオに録画し、インタビューした。これは太鼓の奏者になるための学習ではなく、研究のための基礎知識を短期決戦で得るための方法で、かなりむちゃなやり方だ。両手が真っ赤に腫れ上がり、肩が痛くなった。毎晩夢のなかで、太鼓の音がぐるぐる回ったのには参った。

その後は、その演奏者たちからいわゆる「芋づる式」に人脈を作っていった。芸能を探し出すためには情報誌という手もある。ケーララでは儀礼や祭りのスケジュールを集めた情報誌が刊行されている。残念ながらその情報誌は、場所の情報が十分ではない。また、毎年ずれる日程が確実に更新できていない。夜にタクシーで出かけたのに、結局空振りだったこともある。さらに、寺院の祭りは掲載されているが、大家族単位でおこなう年中儀礼はほとんど掲載されていない。情報誌はある程度の目安にはなるが、これだけに頼るわけにいかない。

一方、現地の新聞からの情報はかなり役に立つ。ケーララでは英語とマラヤラム語の新聞が発行されている。これは、どちらかの新聞の内容を翻訳したというわけではなく、内容が異なっている。そのため、ここでは英字新聞とは呼ばずに、あえて英語新聞ということにする。英語新聞には伝統的な儀礼や祭りの情報が事前に掲載されることはほとんどない。そのような情報はマラヤラム語の新聞には掲載される。英語新聞を購読している人々はケーララの知識層で、さらに生活レベルが高い人々である。それらの人々に向けた祭りの情報が非常に少ないということは、彼らが祭りを見にいくことが少ないことを示唆しているのだろうか。反対に、マラヤラム語新聞に祭りの情報が載るということは、それを購読している層が、儀礼や祭りを見にいくことが多いということだろう。

立て看板にも、新聞と同様に英語とマラヤラム語の対比が見られる。金糸銀糸の刺繍を施した豪華絢爛なサリーをまとう美女、隆とした背広を着こなす紳士、高級車、マンション、家電、家具などの広告はすべて英語である。これらは金持ちを対象としたウエディング用品だ。それに対し、神々に扮した演者や色とりどりに飾られた象などの祭りの看板は、すべてマラヤラム語である。明らかに、伝えるべきターゲットに違いがあるのがわかる。

確かに祭りの情報を得るには、道端の立て看板も役に立つ。しかし、祭りの看板が、どこに立っているか当たりをつけることは難しい。たまたま車で通りがかったら、運転手に道端に停車してもらって、行き交う車にひかれそうになりながら看板の写真を撮る。

ところで、マラヤラム語新聞からは、開催日については確実性が高い情報が得られるが、場所については大まかな情報しか得られない。新聞の情報だけでは、タクシー運転手が郊外の儀礼や祭りの場所を探し当てることはかなり難しい。確実な情報を得るために、やはり知人から知人を介して調べてもらうしかない。それでも場所が特定できないときは、儀礼の主催者の家族に、大通りまでタクシーを迎えにきてもらったこともあった。

滞在期間が長くなり、人的ネットワークが広がるにつれ、インフォーマントが別の祭りについてわざわざ情報をもたらしてくれることもある。何を見たいのか、何を学びたいのか、研究者自身も知人縁者へ広報活動をすることが大切だ。

ケーララでのフィールドワークの方法を分類するなら、以下のようになるだろう。

①「犬棒式」フィールドワーク

「犬も歩けば棒に当たる」のことわざのように、出歩けば、思わぬ情報や祭りそのものに幸運にも出合うことがある。「犬棒調査」は筆者の調査仲間内で半分冗談で便利に使っている言葉だ。

②「芋づる式」フィールドワーク

つるをたぐると芋が次々に出てくるように、一つの出合いからそれに関連するインフォーマントや祭りが次々に現れてくることがある。

③「棚ぼた式」フィールドワーク

棚からぼた餅が落ちてくるように、偶然知人から情報がもたらされるなど、思いがけない情報を得ることがある。

これら三種類の調査方法を取り交ぜながら、フィールドワークを続けている。

古都トリシュール

フィールドワークは、古都トリシュール（Thrissur）を中心におこなった。デカン高原に至る交通の要衝として、かつては大地主制度に支えられて栄えた文化都市である。

トルシュールは、コーチン国際空港から約六十キロ。街の中心は、ワダクナータン（Vadakkunnathan. Vadakkunnathan. バダックナタンとも）寺院である。ワダクナータン寺院は、ヒンドゥー教徒以外は入れない。寺院の周りを取り囲むのは広々とした円形広場サークルだ。サークルの周りは交通量がとても多い大通りがぐるっと取り囲み、その大通りに面して商店が連なる。いつも泊まるホテルはサークルのすぐ近くだ。

サークルの外側にあるパーラメッカウ・バガヴァティー寺院は、四月におこなわれる祭りプーラム（puram）で有名である。着飾った象が居並ぶので、日本では象祭りとして知られている。現在は百頭以上の象が集まる。象はトルシュール近辺だけでなく、隣接するパーラカード（Palakkad）やマーラプラム（Malapuram）からも集まってくるという。

二十キロや二十五キロの距離なら、象は歩いてくる。遠距離からだと象をトラックに乗せてくることもあるが、むしろ長旅こそ歩いてくることが多い。なぜかというと餌のためである。トラックに乗せると餌も準備しなくてはならないが、歩かせると、道々木の葉を自分で取って食べるので世話がかからないからだという。

2　古典芸能クーリヤッタムと演者

演者の集団

クーリヤッタム（Koodiyattam）は、ケーララに伝わる演劇である。つづりは定番がなくKutiyattamとも表記される。現代にまで伝承が続く、世界最古のサンスクリット古典劇といわれ、二〇〇一年、第一回ユネスコ世界無形文化遺産に登録された。実は、集団で演じるクーリヤッタムと、一人語りのチャーキャールクートゥ（Chakyarkoothu）と、女性一人で演じるナンギャールクートゥ（Nangyarkoothu）の三つの芸能がワンセットで伝承されてきた。クーリヤッタムとナンギャールクートゥは語りはほとんどなく、表情と所作で長大な物語を演じるものである。

伝承を担っているのは、チャーキャール（Chakyar. Chakkyarとも）の家系とナンビャール（Nambyar. Nambiyar

写真5-2　クーリヤッタムの伴奏をするミラーヴとイダッキャ

表5-1　演者集団による芸能分担

ジャンル ＼ 演者集団		同一家系		同一家系	
		チャーキャール	イロランマ	ナンビャール	ナンギャール
		男性	女性	男性	女性
舞踊・所作	チャーキャールクートゥ	○	×	×	×
	クーリヤッタム	○	×	×	○
	ナンギャールクートゥ	×	×	×	○
楽器	ミラーヴ（太鼓）	×	×	○	×
	イダッキャ（太鼓）	×	×	×	×
	ターラム（シンバル）	×	×	×	○

とも。男性）／ナンギャール（Nangyar. Namgiyar とも。女性）の家系である。ナンビャールとナンギャールは同じ家系だが、男女で呼び方が少し異なる。芸能での役割分担は、このような家系つまりジャーティ（jati）と深く関わっていた。ジャーティは、一言で説明するのは非常に難しく、一般的には「生まれ」「家柄」などといわれている。かつては、ジャーティは世襲職業集団として機能していた。

チャーキャールの男性は、チャーキャールクートゥとクーリヤッタムを演じる。ナンビャールはミラーヴという太鼓を演奏する。ナンギャールはクーリヤッタムとナンギャールクートゥを演じる。ちなみに、チャーキャール家系の女性イロランマ（Illotamma）はパフォーマンスには関わらない。表5―1のように、その分担は複雑である。それでは、イダッキャという太鼓は誰が演奏するのかということになるが、イダッキャについては後述する。

写真5-3　ナンギャールクートゥの伴奏をするミラーヴとイダッキャ

二〇一六年現在、ナンギャールクートゥを伝承しているナンギャールは七人ほど、ミラーヴを演奏できるナンビャールが四人ほどいるという。

最近では、これらの家系の出身でなくても、クーリヤッタムやナンギャールクートゥを演じることが許されるようになった。

かつては、特定のヒンドゥー寺院の敷地内に建てられたクータンバラム（Koothambalam）という劇場だけで演じられた。クータンバラムの内部には、舞

写真5-4　ミラーヴ2台とイダッキャ1台で演奏

台と楽屋と観客席がある。舞台には柱があり、それが天蓋のような天井を支えている。クータンバラムのなかに屋根付きの舞台が入れ子のように立てられているといったらいいだろうか。

現在では、クータンバラム以外でも演じることができるようになった。しかし、クータンバラムで、クーリヤッタム、チャーキャールクートゥ、ナンギャールクートゥだけを演じるという慣習は守られている。舞踊劇カタカリなどは、同じ寺院の境内ではあるが別の舞台で演じ、クータンバラムを使うことは許されていない。

クータンバラムがある寺院は格が高く、ヒンドゥー教徒以外は決して入ることができない。つまり、筆者は本物のクータンバラムの全容を見たことがない。寺院の壁の外側から屋根だけを、あるいは、壁の隙間からちらっと見ただけである。現在は、出版された写真集でクータンバラムの内部を見ることができるからありがたい。

それぞれの芸態と伴奏楽器

チャーキャールクートゥはチャーキャール一人による語りで、演者は独特な化粧をする。顔をぐるっと取り囲むように白い線を描く。鼻筋と頬にも白い線を描く。目の周りに黒で隈取りを描く。鼻の下にも黒い太い線を横

写真5-5　クーリヤッタムの独特な化粧

写真5-6　ナンギャールのさまざまな手の表現

写真5-7　ナンギャールクートゥから

に入れ、その両端が上下に分かれている。額・両頬・鼻先・顎に赤い丸を描く。肩から胸にかけても同様の文様を描く。頭に冠のようなものを載せる。演者はウィドィシャカンという物語の語りとシュローカという歌を歌う。

　クーリヤッタムは、チャーキャールとナンギャールが複数で物語を演じるものである。チャーキャールが、男の神々や王、ラーマ王子などの男役や猿の王様ハヌマンなどを演じる。ナンギャールはシータ姫や牛飼いの女ゴーピーなど女役を演じる。チャーキャールは顔に極彩色のメーキャップを施す。このメーキャップ方法も伝統的なもので、役柄によって色や模様が決まっている。また、衣装も極彩色の豪華なものである。

　ただし、いつでも膨大な物語を通しで演じるというわけではなく、一部だけ取り出して演じることもある。たまたま一人しか出てこない場面だったりすることもある。

　ナンギャールクートゥはナンギャール一人が物語を演じる。その芸態は近年大きな変化があった。現在のナンギャールクートゥはクーリヤッタムの女役の衣装

写真5-8　ストーリーを伝えるナンギャールのさまざまな表情

写真5-9　ナンギャールとターラムを打つ少女

を着て、すべての登場人物を演じる。つまり、外見が女なのだが、男の神々や猿の王様ハヌマンを演じたりする。そのためナンギャールの表現は、ときには美しくたおやかで、ときには力強く激しい。

クーリヤッタム、ナンギャールクートゥは、ミラーヴという太鼓を伴奏に使う。それに彩りを添えるようにイダッキャという太鼓も加わる。それ以外にもターラム、シャンク、クルンクダルという楽器を使う。チャーキャールクートゥの伴奏にはもっぱらミラーヴを使う。

ミラーヴとイダッキャについては後で詳しく述べるので、ここでは太鼓以外の楽器を紹介しよう。

ターラム（thalam）は小型のシンバルだ。ナンギャールが座して両手に持って、拍を刻むように打ち合わせる。

クルンクダル（kulun kuzahl）は、ダブルリードの管楽器だ。クダル（kulun. kuzahl, kurum kuzhal とも）は短いという意味だ。クルンクダル奏者はナーヤルの家系に属する。そのせいかクータンバラムの内ではあるが、舞台の外で立って演奏するという。クルンクダルの伝承者は減少している。筆者はまだ、伴奏で使われているのを聞いたことがない。

シャンク（sanku）はほら貝だ。劇の始まりや神々が登場する場面で使う。筆者が鑑賞した演目では、イダッキャの奏者が舞台で立ったまま吹いていた。

3 壺型太鼓ミラーヴ

ミラーヴの構造

ミラーヴ（mizhaavu. mizhavu とも）は、銅でできた壺型の共鳴胴に一枚の牛皮を張った太鼓である。胴の大きさには規格がないので、奏者によって多少の差異がある。小さいもので十キロぐらいの重さがある。筆者の先生のミラーヴを計測させてもらえた。中型のものである。最大直径五十五センチ、歌口の内輪の直径十三センチ、外輪十七センチ。歌口が分厚くできているのは、皮を紐で締めるのに耐えられるようにするためと、紐が上にスポッと抜けないように引っかかりが必要だからだろう。

ミラーヴは一つずつ手作りなので、胴のカーブが少しずつ異なる。

ところで、真弧《まこ》という道具をご存じだろうか。考古学の発掘現場で土器などの形を写し取るのに使う。薄い竹の板が何百本もびっしり並んで、例えるなら猫の蚤取り櫛を巨大にしたような形をしている。真弧を物に押し付けると、薄い板が可動し、押し付けた物の形そのままの曲線を作り出す。それを紙に置いて、曲線を写し取るという優れものだ。素材が竹なので土器を傷つける心配がないということは、大切なミラーヴを計るのに最適ではないか。しかし、ミラーヴを実寸大で写し取るためには、大きな紙が必要だ。フィールドワークの基本装備であるカメラにビデオにノートにペットボトルに帽子、さらにその上に真弧と製図ケース。七つ道具を背負った弁慶のような姿が思い浮かぶ。研究室の隅に転がっている製図ケースを眺めながら、真弧を買ったものかどうか、迷う日々が続く。

ミラーヴは、歌口から下に三十センチのところに、直径一センチぐらいの孔がある。共鳴孔である。共鳴孔は、一般的に弦楽器に施す工夫だ。バイオリンやチェロやコントラバスなどの弦楽器の表板に一対のf字型の孔が開けてある。日本の琵琶や中国の琵琶にも、一対の三日月型の孔がある。箏は裏板に大きな孔がある。これらの共鳴孔は胴内の空気振動を外に伝え、音を大きくする役割をしている。ミラーヴの孔も同じ役割をしている。ミラーヴの演奏者たちは、共鳴孔をふさぐと響きのある音が出ないという。

この共鳴孔は、ミラーヴの耳「カルナム（karbam）」だという。演奏者たちは、ミラーヴをブラーミン（バラモン）の男の子と考えている。だから、新しくミラーヴを作ったときには、ナンビャールが耳に紐を通し、命を与える儀礼アーリゲッタムをする。この儀礼をするのは、寺院のクータンバラムのミラーヴだけである。クータンバラム以外の演奏会などで使うミラーヴには、この儀礼はしない。

写真5-10　底から見たミラーヴ。複数の銅版をつないで形作る

太鼓で共鳴孔をもつものは非常に珍しいが、ケーララでは他にも何種かある。また、シンガポールのマレー系の両面太鼓にも、共鳴孔を開けたものがある。

ミラーヴの底は平らではなく丸い。そのままでは立たないので、木枠に入れる。木枠の上部は座りやすいように工夫されていて、奏者はその木枠に座って演奏する。

現在、トリシュール近郊では銅製の壺をミラーヴの共鳴胴に使っている。しかし、ミラーヴは、かつては素焼きの壺を胴にしていたという。銅のものをチェンバ・ミラーヴ、素焼きのものをマンナ・ミラーヴと呼んでいる。チェンバ・ミラーヴは音が高い。マンナ・ミラーヴでもかなり大きな音が出るという。トリシュールの演奏者たちのなかには、銅のほうが響くと感じている人もいる。素焼きミラーヴでの演奏をまだ聞いたことがないので、どちらが響くか現段階では断定はできないが、粘土よりも銅のほうが響くというのは、ありうることだ。いずれ、素焼きと銅の音色・音量について比較してみたい。

ケーララの六十近くの寺院が素焼きのミラーヴを所有していて、そのうちの十台ぐらいはいまでも演奏に使っているという。二〇〇六年に、ケーララ北部のカヌールに素焼きの壺のミラーヴがあるという情報を得た。その

写真5-11　ミラーヴに濡れた皮をかぶせ、紐を巻いて縛る

写真5-12　木の棒を皮にからめて、数人が力任せに引っ張って締める

後のフィールドワークで、ある寺院で素焼きのミラーヴを発見した。しかしながら皮をはずした状態で、埃をかぶったまま、クータンバラム以外の建物にまるで打ち捨てられたように置いてあった。寺院関係者によると、使わないときは皮を外しておくので、壊れているわけではないが最近は演奏に使うことはないという。

通常ミラーヴの皮は演奏が終わると外して保管し、演奏の前に再び張る。張ったままだと皮が傷むからである。筆者の先生が張っているのを見ることができた。皮をぬらして歌口に当て、手で引っ張って紐で締める。最低三人が必要である。皮は演奏者自身が一年から一年半ぐらいで交換する。コルラという家系がミラーヴ用のなめし皮を作るという。それを買って、自分で張り替える。

ケーララにも、壺の表面を叩くガタム（ghatam）という体鳴楽器がある。しかし、壺に皮を張った太鼓を見るのはミラーヴが初めてだった。非常にシンプルな作りなのにいい音がして、複雑なリズムを打つことができる。

写真5-13　ガタムは皮を張っていないので、膜鳴楽器ではない

ところで、ミラーヴのように素焼きの壺で太鼓を作ることができるなら、日本の縄文遺跡や弥生遺跡から出土するいくつもの壺のうちのどれかは、本当は太鼓だったのかもと思わずにはいられない。ただし、壺でさえあれば太鼓になる、というわけではない。ミラーヴでは、響かせるために小さな孔を開けるという工夫があった。この工夫が壺と太鼓の分かれ目だ。実は、日本の土器のなかにも、ミラーヴよりも位置が少し下だが、同じような穴をもつものがある。割れて孔が開いたのか、わざわざ開けたのか。遺跡から出土した壺型土器を修復するとき、孔の有無に気をつけてもらえるとありがたいと思う。

ミラーヴの奏法

ミラーヴの枠に座った奏者は、素手で打つ。基本は左右

写真5-14　別々のリズムパターンを打つので、手の動きが異なる

の手で交互に打って、リズムパターンを作り出していく。舞踊劇の場面によっては、左手で皮面を押さえて移動させながら、右手で細かく打ってポルタメント（ある音高から次の音高へと継続的に滑るように滑らかに移行すること）を出す技法も使う。

　クーリヤッタムとナンギャールクートゥでは、二人の奏者がそれぞれ一台ずつのミラーヴを使う。一台のミラーヴが基本のリズムを打ち、主奏者はもう一台のミラーヴで、舞踊劇に合わせてさまざまなリズムパターンを打つ。奏者二人のうち技量の勝るほうが主奏者になるが、長時間の上演に際して、途中でその役割をときどき交替している。もちろん、見せ場では、主奏者が華やかなリズムパターンを担当する。

　チャーキャールクートゥでは一台のミラーヴで伴奏していた。クーリヤッタムでも、本来は、ミラーヴは一台しか使っていなかったという話も聞いた。ミラーヴを二台使うようになったのは、最近のことだという。奏者や演者の記憶では、クータンバラムの外でミラーヴを演奏することが許されたころから、ミラーヴを二台使うようになったという。確かに、クーリヤッタムの古い記録写真ではミラーヴが一台ということがある。

　ミラーヴは固定した楽曲があるわけではない。ストーリーや演者の動きに合わせた大まかな決まりごとは代々受け継がれている。演者と奏者も事前に打ち合わせをする。しかし、それは「作曲する」という行為とは別のものである。演者とミラーヴの奏者は息がぴったりと合っていて、それは見事なものである。

　ナンギャールクートゥの演者ウシャ・ナンギャール（Usha Naniyar）氏は、「舞台上で演じているときに、ミラーヴの打ち方一つで、木の葉が太陽の日差しにキラキラとひらめきながら落ちてくるのが見えてくる」という。ミラーヴの力で、何もない空間に本物の木の葉を感じるというのは、すごいではないか。このウシャ氏の舞台に魅せられて、筆者は十二年間もケーララに通い続けている。インターネットで、彼女の名前で検索すれば、すばらしい演技が鑑賞できる。しかし残念なことに、体に響くようなミラーヴの音はインターネットからは再現できない。

ミラーヴの神聖性

ミラーヴは寺院の所有物である。ヒンドゥー寺院にある特別な舞台クータンバラムだけで演奏が許された。ミラーヴは神聖な楽器と考えられ、クータンバラムから持ち出すことは禁じられていた。また、本番が終わったら、音を出すことは許されない。それどころか、皮を外して保管してしまうために音を出すことすらできない。

近年、クータンバラムの外でクーリヤッタムの上演が許されるようになると、伴奏楽器のミラーヴもクータンバラムの外で演奏できるようになった。その結果、個人がミラーヴを所有するようになる。

また、ケーララ州立カラマンダラム芸術学校が創立され、ナンビャールでなくてもミラーヴを習うことができるようになったのも、個人所有のミラーヴが生まれた大きな要因の一つだろう。

今日、ミラーヴは自由度を増して、数個のミラーヴからなるアンサンブル、ミラーヴ・タヤンバカ（Mizhavu Thayambaka）なども生まれた。しかし、クーリヤッタム、チャーキャールクートゥ、ナンギャールクートゥ以外の伝統的な古典芸能に新たにミラーヴを加えるなどということは、まだ見たことがない。

かつては世襲職業音楽家がジャーティという制度に支えられて、ケーララの音楽文化を担っていた。そのころに作り出されたさまざまな古典芸能は、他ジャーティの楽器であるミラーヴを取り入れることはないようだ。つまり、ミラーヴという太鼓はジャーティの境界線を超えて伝播することがなかったと考える。

上演に先立ち、クータンバラムの前方中央に置かれたバターランプがともされる。これよりも前にミラーヴの音を出してはいけないという。奏者は耳の横に手を付けるような仕草をして、手を交差してミラーヴの皮に当てる。それを三回繰り返す。一回目はガナパティ（Ganapathi）の神に対して、二回目はサラスバティ（Sarasevathi）の神に対して、三回目は師グル（guru）に対して、感謝の意を表す。演者が舞台に登場するまでは「ミラーヴオチャプルタ（Mizhavochappeduthal）」という曲を演奏する。

サラスバティは学問・技芸の女神で、知恵の保護神でもある。

ガナパティは象の頭と人間の体をもった神で、インド一般にはガネーシャの名称で親しまれている。ヒンドゥー教の三大神の一人であるシヴァとその妻パールヴァティーの子どもである。ある日、パールヴァティーが入浴中に見張りを頼まれたガナパティは、帰ってきたシヴァを家から閉め出した。怒ったシヴァは、ガナパティの首を切り落とし、遠くへ投げ捨てた。妻に事の次第を聞いたシヴァは、ガナパティの頭を探したが見つからなかった。そこでシヴァは手近にいた象の頭を切り落とし、ガナパティに付けたという伝説がある。ガナパティは、知恵と学問の神である。障害を取り除き、財産をもたらし、物事の始めを祝福する。いいことずくめだ。ケーララでは、ガナパティに対する信仰は厚く、新しい家庭のスタートである結婚式の招待状には、必ずガナパティが描かれている。筆者は、その招待状を百枚単位で買ってきて、研修のために大学に来た小学校・中学校・特別支援学校の先生に、「きょうの研修の始めに、ガナパティに祝福してもらいましょう」と言いながら配っている。招待状には結婚式の伝統的楽隊のパレードも描かれているので、音楽の研修にはもってこいだ。

練習用太鼓クッティ

クッティ（kutti. kutty とも）は、ミラーヴの代用楽器だ。練習にだけ使う。本番の伴奏楽器としては決して使わない。もちろん筆者もクッティを使って教えを受けた。

ジャックフルーツの木でできた筒形胴に牛皮を張る。かなり重い。歌口の内輪の直径十五センチ、外輪十八センチと、ミラーヴとほぼ一緒だ。歌口のすぐ下がくびれているのも同じである。しかし胴の作りがまったく違う。

胴の高さはたった二十四センチしかない。床にぺたりと置いて、両足の裏で挟んで押さえるようにして座ると、ちょうどいい高さになる。底の直径は二十三センチ。底には直径六センチの穴があり、歌口に向かって空洞が広くなっている。穴からのぞくと、皮に当たる面が少なくなるように歌口を削ってある。皮はミラーヴよりも厚めで、質が劣るように見える。紐で胴に固定する方法は同じだ。つまり、クッティは音を生み出す部分はミラーヴとほぼ同じだが、出た音を共鳴させる空間がほとんどないということだ。

クッティは二台ワンセットで、同じ木から作る。クッティは離れ離れにしてはいけない、いつも一緒に置いて、同じセットで使わなければいけないという。

初心者は、六カ月ぐらいはベンチのような形の木の台を叩いて練習する。その後ようやくクッティで三年から四年練習する。ケーララでは他の太鼓でも木の台または木の板、石の板を叩いて練習するのは、一般的におこなわれることである。

写真5-15　練習用のクッティ

クッティは床に置くときに安定させるためか、胴が分厚く、共鳴空間が狭いせいで音があまり出ない。ミラーヴのもつ豪快な響きはクッティにはまったくない。強弱の変化もつけにくいので、アクセントもはっきりしない。クッティでも床から離して空間をあければ、それなりにいい音がするが、そのようなことはしない。練習用なので音は必要とされていないのがよくわかる。

このようなクッティでの練習で、唱歌は実際の音をイメージするのに役立っていると考えられる。ただし、クッティでの練習だけでは、本当にほしい音色・音量が出ているかわからないので、最後はミラーヴでの実践のなかで音色・音量を学んでいくことになるのだろう。

4　ミラーヴの伝承の場

伝統的な伝承

ミラーヴは、かつてはナンビャールの家系だけが伝承を許されていて、ナンビャールの一族のなかで伝承されてきた。世襲といってもナンビャール／ナンギャールは母系家族なので、母親の兄や弟から習うことになる。つまり伯父・叔父から甥へ伝承されるのだ。唱歌を使って学び、クッティで練習を繰り返した。世襲なので、物心ついたころから演じるのを身近で見ることもできただろう。

芸術学校での現代的伝承

ミラーヴはケーララ社会の変化に伴って世襲でなくなったために、伝承の場も変化した。

トリシュールとイリンジャラクダの近郊では、演奏家や舞踊家にカラマンダラム（Kalamandalam）〇〇〇という名前の人が多い。カラマンダラム芸術学校を卒業すると、称号あるいは肩書のように自分の名前の前にカラマンダラムを付けるからである。

ケーララ州立カラマンダラム芸術学校（Kerala Kalamandalam）は、トリシュールから北へ三十キロほどのチェルトゥルティ（Cheruthuruthy）にある。ケーララの芸能と文化のセンターであり、教育機関でもある。クーリヤッタムをはじめ、カタカリ（Kathakali）、モヒニヤッタム（Mohiniyattam）、トゥッラル（Thullal）、パンチャバディアム（Panchvadyam）などのケーララの伝統芸能を教えている。舞踊家、音楽家だけでなく、メーキャップ・アーティストも養成している。

カラマンダラムには、二〇〇七年三月現在、生徒が四百六十三人、そのうち女生徒が二百六十八人いた。先生は七十二人。筆者の大学と比べて、生徒に対して先生が圧倒的に多い。

カラマンダラムで特徴的なのは、林のなかに点在する教室カラリ（kalari）とクータンバラム様式の舞台である。いろいろな形と大きさのカラリが点々としている。暑いなかで風が入るように窓を大きく開けた建物なので、互いによほど離れていなければ、太鼓の音がうるさくてたまらないのだろう。一つのクラスの人数は少ない。例えばカタカリ舞踊劇の定員は四人という。グルの目が行き届く教育環境がうらやましい。

生徒たちはどれか一種の専門を選ぶ。例えば、太鼓ではミラーヴ奏者は卒業までミラーヴだけ、他の太鼓は一切やらないというように非常に専門性が強い教育をおこなう。いくつもの太鼓に手を出すよりも、その時間があるのなら、一つの太鼓の技術を磨くことに専念し、その太鼓が伴奏する舞踊や舞踊劇について学ぶことが重要というコンセプトである。

カラマンダラムには、通常は十代前半で入学する。毎朝四時三十分からレッスンを受ける。筆者の先生でカラマンダラム出身のミラーヴ奏者カラマンダラム・ラジーブ（Kalamandalam Rajeev）氏は、「朝の四時から六時まで基礎練習をした。その後、九時から十一時までレッスン、十一時三十分から十三時、十四時から十七時が一般の学問だった」という。かなりハードなスケジュールである。彼は十三歳前後で入学し、八年間このような生活を続けた。現在の八年生のミラーヴのクラスも見学したが、目にも留まらぬ速さで打つテクニックには本当に驚いた。二十歳前後で卒業したら、すぐに演奏家として通用するだろう。ひるがえって大学での筆者の授業は、どれだけ「ゆるい」ものか考えさせられてしまった。

カラマンダラム芸術学校は一九三〇年に創立された。その教育理念として、「to harmonize the traditional Gurukulasampradaya with the modern University system（伝統的なグルクラサムプラダヤと現代の大学システムとの融和）[1]」を掲げている。

教育学者の鈴木晶子は「近代以前の職人養成」と「近代以降の学校教育」を、対立する概念として提示している[2]。日本の音楽教育では、この対立を「近代以前の芸術家養成」と「近代以降の学校音楽教育」と言い換えることができるだろう。日本では、家元制度に代表される「芸術家養成」と明治以降の「学校音楽教育」は長年並行して歩んできた歴史がある。現在ようやく、文部科学省はその路線を大きく変更した。学習指導要領には、西洋音楽だけでなく、「我が国の音楽や郷土の音楽」も学校教育で教えると書かれている。しかしながら、「近代以前の伝統音楽伝承方法」は取り入れられることなく、「五線譜という西洋音楽のシステム」で日本の伝統音楽を学校で教えるという、また別の問題を生み出しているように見える。

一方、ケーララのカラマンダラム芸術学校では、「近代以前のグルクラサムプラダヤ」と「近代以降の大学システム」を融合させ、「模範的な師弟関係」を構築させているという。朝の四時半から、レッスンが始まることや少人数制で教えること、唱歌を使って教えることなどに伝統が生かされている。カラマンダラムで授業参観したが、日中は異様に暑く、朝暗くて涼しいうちのレッスンは理にかなったものと納得できる。薄暗闇のなかでのレッスンなので、記譜した教材は読むことができない。唱歌のほうが役に立つ。

また、額縁舞台やスタジオではなく、張り出し舞台のクータンバラム様式の劇場をもつことなども融合の一つの表れだろう。クータンバラムは本来ヒンドゥー教徒でなければ入ることができない。カラマンダラムのクータンバラムはコピー建築なので、筆者も入ることが許された。クータンバラムがどのような構造なのか、ようやく知ることができた。

5 唱歌ワイタリを使った練習

唱歌のことをワイタリ (vaithari) と呼ぶ。ワイタル、ワイチュリに近い発音をしている奏者もいた。ワイタリは、ケーララで使われているマラヤラム語での名称だ。日本でもよく知られている鍋型太鼓タブラ (tabula) の唱歌はボール (boles) というが、ケーララではタブラも使わなければ、ボールという言葉も使わない。土地が違えば、太鼓も異なり、その述語も異なるのだ。

ミラーヴのワイタリの基本は、タ（ta）とトゥム（tum）である。ドゥム（dum）というワイタリもあるが、トゥムと同じ打ち方、同じ音だという。フレーズのどこで出現するかで、ワイタリが変化すると考えられる。また、奏者によってもワイタリは変化するように、伝承システムとして高度に固定的に構築されているというよりも、記憶手段・伝達手段としてゆるやかに機能していると考えられる。

唱歌を使った学習と実際のミラーヴの演奏との関係を探るために、ラジーブ氏から指導を受けた。現在、最も活躍しているミラーヴ奏者の一人である。なお、彼が学んだ当時のカラマンダラムのカリキュラムに沿って教えてもらったのではなく、ラジーブ氏独自のやり方で教えてもらった。筆者からは、本格的に入門するのではなく、研究のための実技体験なので、できるまで繰り返し練習するという過程を省いて、どんどん先に進めることを要望した。また、楽曲をある程度の長さに区切って教えてもらいたい旨も伝えた。

練習パターン「サーダカム」

サーダカム（sadhakam）とはトレーニングのことである。

最も短い単位の練習パターン「サーダカム（sadagam）」のワイタリ「タキタダキタ　タキタダキタ」と手の動きとの関係は、譜例5―1のようである。ワイタリのローマ字表記は、ラジーブ氏の意見を取り入れながら筆者が便宜的におこなったものである。下線も筆者が付した。Rは右手で、Lは左手で打つ。練習ではこれを延々と繰り返す。

速度を一定に保ちながら打てるようになると、次の段階に進む。譜例5―2は、ワイタリで表した比較譜である。

練習では、「基本の速さ→二倍速→三倍速→二倍速→基本の速さ」というように段階を追って速くしたり遅くしたりする。速さは徐々に変化するのではなく、あるポイントで二倍速、三倍速と階段状に変わる。しかし、

ワイタリ	タ　キ　タ	ダ　キ　タ
手の左右	R　L　R	L　R　L
アクセント	強　弱　弱	強　弱　弱

譜例5-1　基本の手

基本	タ　キ　タ	ダ　キ　タ
2倍速	タ　キ　タ　ダ　キ　タ	ダ　キ　タ　タ　キ　タ

譜例5-2　「サーダカム」の速度変化の比較譜

「基本の速さ→三倍速」というように飛び越えて速くすることはなかった。複数で練習するときは、一人ずつ交代で基本の速さを打つのに合わせて、他の人は二倍速→三倍速というように変化させながら打つ。基本を打つ人は、メトロノームのようにリズムをキープできることが求められる。

「サーダカム」のリズムは、長短の区別なく♪♪♪♪♪♪と均等である。打ち方も「右左右左右左」と手を交互に繰り返すだけである。一見すると、非常に簡単に思える。では、なぜこれが、基本の練習となりうるのだろうか。

右左の手というのは、見かけはシンメトリーではあるが、「利き手(handedness)」という問題が絡んでくる。一方の手が他方の手よりも器用であることが多い。利き腕という言葉もある。一方の腕よりも力が発揮できて細かな作業がよくできる腕のことである。さらに、左右の手の器用さの程度は、個人によって異なってくる。したがって、何も意識せずに「右左右左右左」と打ったときに、同じ音量・音色・長さの音、つまり粒がそろった音が自然に作り出せるとはかぎらない。左右の手で作り出す音が均等になることが、まず初めの重要な課題である。さらに、左右で同じ音量のアクセントが付けられることが求められる。「右左／右左／右左」という二の倍数に、「強弱弱／強弱弱」という三の倍数を組み合わせることによって、一拍目と三拍目でアクセントが右手左手と移動し、同じ音量・音色・長さという粒がそろった音を出す訓練になっているのである。

「サーダカム」のワイタリは、音色・長さを示すためのオノマトペなら、「タタタタタタ」でもいいだろう。一拍目と三拍目だけにアクセントがあることを表すなら、「タキキタキキ」でもいいはずである。しかし、これでは二拍目は左、五拍目は右なのに、同じキと歌っているように手の違いは表していない。つまり、これらのワイタリでは、奏法を表すことができているとは言い難い。しかしながら、「タキタダキタ」というワイタリは、四拍目をわざわざタではなくダにして、「タキタ」と「ダキタ」に分け、アクセントが右手から左手に移ったことを示している。このように、三分割ではなく、大きく二分割になっていることを示すことができるのだ。

　譜例5―3の練習パターンも等拍である。アクセントが付いてはじめて、リズムパターンとしてのまとまり感ができてくる。譜例5―3からも、唱歌とアクセントが対応関係をもっていないのがわかる。「タ」「キ」などの個々の唱歌がアクセントの位置を表しているわけではないので、書き留めた唱歌からアクセントを再現することは難しい。もっとも、演奏家は書き留めることをしない。

　彼らは、グルが歌ったワイタリとミラーヴの音を重ね合わせてパターン総体として記憶しているようだ。ミラーヴの伝承では、唱歌譜ではなく、顔を突き合わせて唱歌を歌ってくれるグルの存在が不可欠である。唱歌の書記性より口頭性のほうが、伝承にとっていっそう重要だということである。

キタ	キタ	タデ	タデ	キタ	キタ	タク	タ
RL	RL	RL	RL	RL	RL	RL	R
強		強	強	強		強	

譜例3　練習パターン

「開始の楽曲」

　譜例5―4の「開始の楽曲」は、まるで意図的な練習メニューのような構造をしている。しかしながら、練習メニューというには、実際の演奏でのテンポよりもはるかに遅い。これでは初心者の練習になっても、超絶技巧の練習にはならない。

　この楽曲は、同じパターンまたはよく似たパターンを繰り返すという特徴がある。同じパターンを記号で表すと図5―1のようになる。繰り返しながらだんだん縮小していくことがわかる。

　この音楽構造はどのような意味をもつのだろうか。日本での例を一つあげてみよう。東大寺水修二会のお水取りの声明のなかの「宝号」によく似た構造が見られる。「南無観自在菩薩」という観音の名号を、上段では完全な形で二十四回繰り返し唱えるが、中段では「南無観自在」に縮小して

⑦ タン ダム　トリム
R　L　　RL

タカダカダ
RLRLR

⑧ タン ダム　トリム
R　L　　RL

⑨ タ　タカダカダ　タカダカダ　タカダカダ　タカダカダ　タカダカダ
R　RLRLR　RLRLR　RLRLR　RLRLR　RLRLR

タナ　タカダカダ　タカダカダ　タカダカダ　タカダカダ　タカダカダ
RL　RLRLR　RLRLR　RLRLR　RLRLR　RLRLR

タカダカダ　タカダカダ　タカダカダ　タカダカダ
RLRLR　RLRLR　RLRLR　RLRLR

タカダカダ　タカダカダ　タカダカダ
RLRLR　RLRLR　RLRLR

タカダカダ　タカダカダ
RLRLR　RLRLR

タカダカダ
RLRLR

図5-1 「開始の楽曲」のリズムパターンの図式化

② ☆☆☆☆☆＋トリム＋タ＋△△△△△＋タ＋△
③ ☆☆☆☆☆＋トリム＋タナ＋△△△△△＋タナ＋△
④ ☆☆☆☆＋トリム＋△△△△
⑤ ☆☆☆＋トリム＋△△△
⑥ ☆☆＋トリム＋△△
⑦ ☆＋トリム＋△
⑧ ☆＋トリム

☆=タンダム　△= タカダカダ

譜例5-4　「開始の楽曲」（筆者採譜）

①　タン ダム　タン ダム　タン ダム　タン ダム　タン ダム　トリム　（タンダムが５回）
R　L　R　L　R　L　R　L　R　L　RL

ティ　ティ　キリヤ キ　ティ　キ　　ティ　ティ　キリヤ　ティギ　ティギ　ティ　キリヤ ディ
R　R　LR　L　R　L　　R　R　LR　RL　RL　R　LR　R

テ　キリヤ　タ　キ　ディン　ダ　キ　ディ　ギ　トリム
R　L　R　L　R　L　R　L　R　RL

②　タン ダム　タン ダム　タン ダム　タン ダム　タン ダム　トリム
R　L　R　L　R　L　R　L　R　L　RL

タ　タカダカダ　タカダカダ　タカダカダ　タカダカダ　タカダカダ
R　RLRLR　RLRLR　RLRLR　RLRLR　RLRLR

タ　タカダカダ
R　RLRLR

③　タン ダム　タン ダム　タン ダム　タン ダム　タン ダム　トリム
R　L　R　L　R　L　R　L　R　L　RL

タナ　タカダカダ　タカダカダ　タカダカダ　タカダカダ　タカダカダ
RL　RLRLR　RLRLR　RLRLR　RLRLR　RLRLR

タナ　タカダカダ
RL　RLRLR

④　タン ダム　タン ダム　タン ダム　タン ダム　トリム
R　L　R　L　R　L　R　L　RL

タカダカダ　タカダカダ　タカダカダ　タカダカダ
RLRLR　RLRLR　RLRLR　RLRLR

⑤　タン ダム　タン ダム　タン ダム　トリム
R　L　R　L　R　L　RL

タカダカダ　タカダカダ　タカダカダ
RLRLR　RLRLR　RLRLR

⑥　タン ダム　タン ダム　トリム
R　L　R　L　RL

タカダカダ　タカダカダ
RLRLR　RLRLR

二十回、下段では「南無観」に縮小して十八回唱える。東大寺上院院主の森本公誠は、「宝号」を重要な部分と捉えている。[3] また、お水取り研究の第一人者佐藤道子は、聴聞した人々は「宝号」にのめり込み、「唱句の簡潔さとリズムのよさ」と「繰り返される「宝号」の迫力」が、「クライマックスを実感させる」[4] と述べている。ミラーヴのこのリズム構造も緊張感を増し、人々の注意を喚起し、これから始まるクーリヤッタムの物語の世界へと誘う機能をもつことは確かだろう。

ミラーヴを唱歌ワイタリを使って学習してみて、ワイタリでの伝承は万能とはいえず、鳴り響く音として捉えるためにはグル、つまり先生が伝承の場にいることが重要だと、いまさらながら痛感した。ミラーヴを、社会制度の変換を乗り越えて継承することができたのは、新しい社会の教育システムでも、ワイタリと教師が有機的に結び付いていた結果と考えられる。

6 「音高可変太鼓」イダッキャ

音高可変太鼓とは

クーリヤッタムとナンギャールクートゥでは、もう一つ、とても珍しい締め太鼓イダッキャ（edakka）を使う。東西世界を結ぶ海のシルクロードの中間地点、南インドのケーララにはさまざまな形の太鼓が伝承されている。そのなかで、最も多くのバリエーションをもつのは締め太鼓である。

ケーララの数ある締め太鼓のなかで、ずばぬけてユニークなのはイダッキャだ。なお、イダッキャはスペルが定まっていなくて、「idayaka, itayka, idakka, edaykka, edakkya」などと表記される。現地での発音はエダッキャではなくイダッキャと聞こえるので、ここではイダッキャと表記することにする。

そもそも、太鼓で異なる音程を出すこと自体は、珍しいことではない。大きさが異なる太鼓を組み合わせて、音程や音色に変化をもたせることはよくある。日本でも例えば、雅楽の大太鼓《だだいこ》と鞨鼓《かっこ》、能楽の小鼓《こつづみ》と大鼓《おおつづみ》と太鼓《たいこ》の組み合わせなどがあげられる。民俗芸能でも、島根県の石見神楽のように、大きさが違う太鼓を使い、音程の違いを生み出している例は多い。

さらに、一つの太鼓だけで打つ場所を変えて音程・音色を変えることもある。秋田県の鳥海山の麓、鳥海町に伝わる民俗芸能番楽《ばんがく》で紐締め太鼓を使う。一つの太鼓を、両手に持ったバチで打つ。右手で皮の中心を打って出す低く響く音「ドン」、右手で皮の端を打って出す切れのいい高い音「キッ」、左手で「ドン」と「キッ」の間の皮を打って出す小さな軽い音「ツ」の三つの音を組み合わせて、「ドンツクドンドン　キッドンドン●」のようなリズムパターンを作る。

しかしながら、これらの太鼓は、いったん鳴らしてしまった音の音高をポルタメント（ある音高から次の音高へと継続的に滑るように滑らかに移行すること）で変えることはできない。ポルタメントの技法がある日本の太鼓は小鼓だけで、皮を締めている調緒《しらべお》の張力を、打った直後に加減して音高を変える。

ケーララには打った音の音高を変えることができる太鼓がいくつもある。そのなかで最も大型のイダッキャはその音高変化を多用するため、ひときわ耳を引く。

ここでは、イダッキャのように打った直後に操作をして、すでに鳴っている音の音程を変えることができる太鼓のことを、「音高可変太鼓」と呼ぶことにする。なお、英語の文献にはイダッキャのこのような特質をトーキングドラムと説明していることがあるが、アフリカのトーキングドラムのように音調言語を模倣してメッセージを伝達しているかどうか現段階では明らかではないので、トーキングドラムという述語は使用しない。

イダッキャの構造

イダッキャは両面締め太鼓である。イダッキャの胴はくりぬき胴で、ジャックフルーツかサンダルウッドの木で作る。胴はクッティ（kutti. kuttyi とも）という。開口部直径十五センチ、長さ二十四センチぐらい。

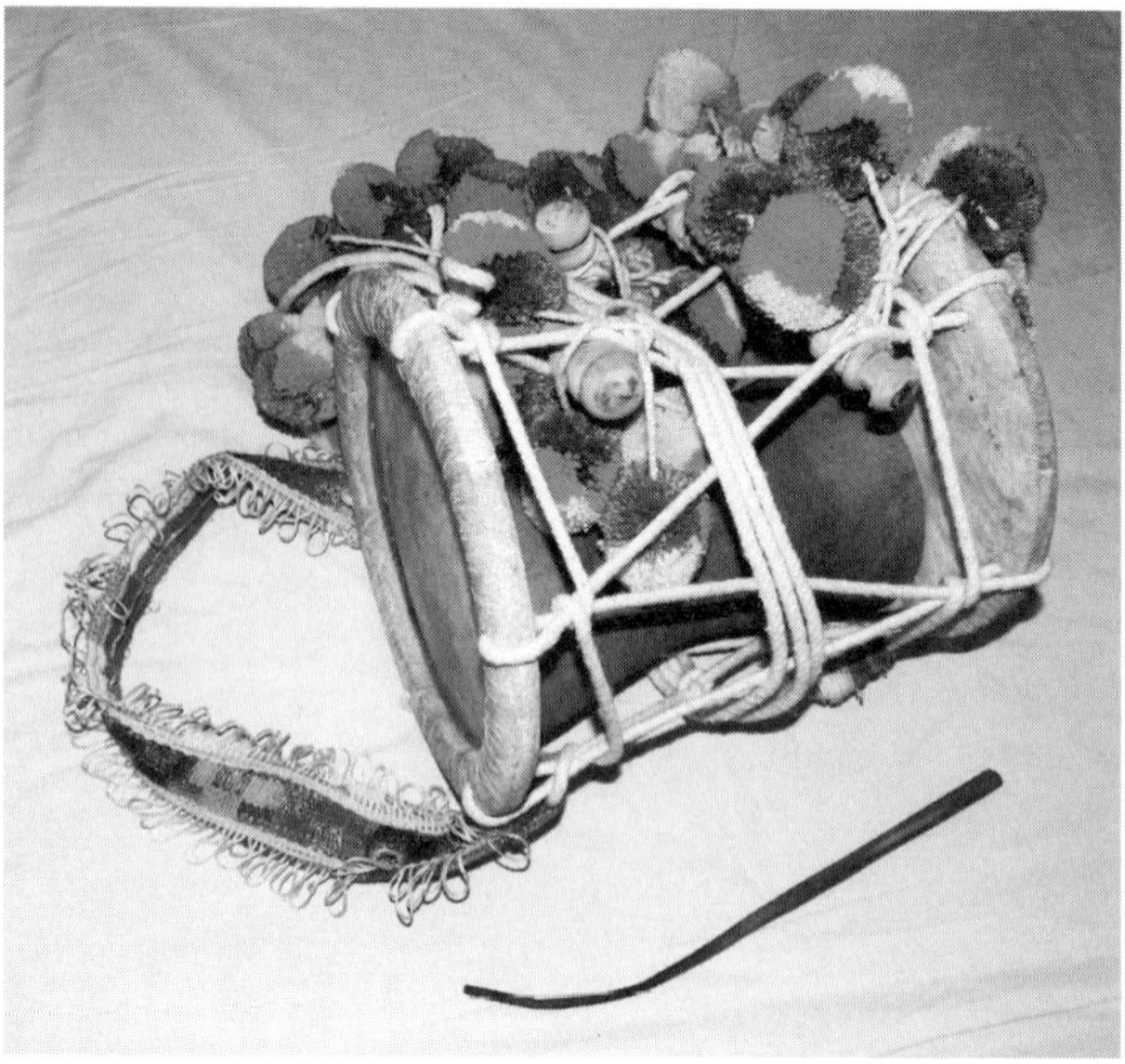

写真5-16　イダッキャ

イダッキャの胴を砂時計型と記している文献もあるが、イダッキャの胴は中心が極端に細くなっている砂時計型ではなく、写真5―17でも明らかなように、両端が多少広くなっている円柱である。くびれがないので、イダッキャを砂時計にしたら一瞬で砂が落ちてしまって、時が計れないことは間違いない。イダッキャによく似た砂時計型の太鼓があるが、それは別の太鼓である。

　イダッキャの胴の中央近くには直径五ミリぐらいの小さな孔が開いている。響きをよくするためという。このような共鳴孔は、前述のミラーヴにも見られる。イダッキャでもこの孔のことを耳「カルナ（karna）」と呼んでいる。私がインタビューしたミラーヴ奏者とイダッキャ奏者では、不思議なことに「耳」の発音が少し異なっていた。イダッキャの胴の両側の開口部にパルミラヤシの繊維を二本張る。まず、胴端に小さな釘二本を二センチ幅で並べて打つ。両側に合計八本打つ。それに繊維を渡す。打ったときビリビリというバイブレーションを生む響線である。これは、血管「ジソナリ」だという。

　皮は胴に直接張るのではない。胴よりも一回り大きい、直径二十六センチ、厚み二センチ、幅二・五センチぐらいの木の環バラヤル（valayal. valayangal とも）に皮を張る。それを二つ、胴の開口部に当てて紐で結び付ける。環はジャックフルーツの木から作る。環には六つの穴をあけて紐を通す。六は「シャストラ」をシンボライズする数だという。イダッキャは神聖な太鼓と考えられていて、その神聖性を示す数々の象徴が語り継がれている。

皮面を締める紐をチャルダーというが、これは特別な名称ではなく一般名称で紐のことである。さらに胴の中央に紐を巻いて締める。演奏が終わると、環を胴から外し、環は紐がついたままひねって重ね合わせて保管する。

米で作った糊で環に張った皮は非常に薄い。向こうが透けて見えるぐらいだ。胴を押し下げたとき、皮の中心よりも下方に胴の開口部が当たっているのが、皮が薄いおかげでよくわかる。この皮は牛の皮と身の間の膜だともいう。内臓膜だという人もいる。また、羊皮だという人もいる。イダッキャの奏者が自分で皮を張るが、皮そのものは、別の職業集団がなめしたものを買ってくる。

写真5-17　演奏前にイダッキャを組み立てる

胴の下と締め紐の間にジーヴァコール（jeevakol. jeevakkol とも）という棒を四本差し込む。四本という数は『ベーダ（Veda)』の四に由来するという。『ベーダ』には四種類あって、『リグ・ベーダ』は神への賛歌を、『サーマ・ベーダ』は歌詠を、『ヤジュル・ベーダ』は祭祀を、『アタルバ・ベーダ』は呪法を集録したものである。ここでも、神聖性を強調する伝説が語り継がれている。ジーヴァコールには、色鮮やかな毛糸で作った六十四個の玉ポッディパ（podipa. podippu とも）が吊り下げられている。四本のジーヴァコールの両端に八個ずつ下げるので、合計六十四個になる。

色には特別な意味はなく、六十四という数が「芸術」を表すという。

左肩から帯トールカチェ（tolkacha）でイダッキャを提げる。トールは肩、カチェは布のこと。その帯は、皮を締める紐につながっている。トールカチェは、シバ神の聖なる蛇であるシバナーガム（Sivanagam）を表すという説もある。

コール（kol）と呼ばれるバチは、細い棒状で先端が少し湾曲している。一本を右手に持って打つ。

イダッキャの奏法

イダッキャは必ず立って演奏する。その構え方と音の出し方は独特だ。

帯で左肩から下げて、左腰のあたりで構える。両皮面を結び付ける紐の隙間から、左手を差し込んで、親指と人差し指で胴を挟む。胴についた帯に手を通して固定する。演奏者によっては、胴に手を通す帯がない場合もある。

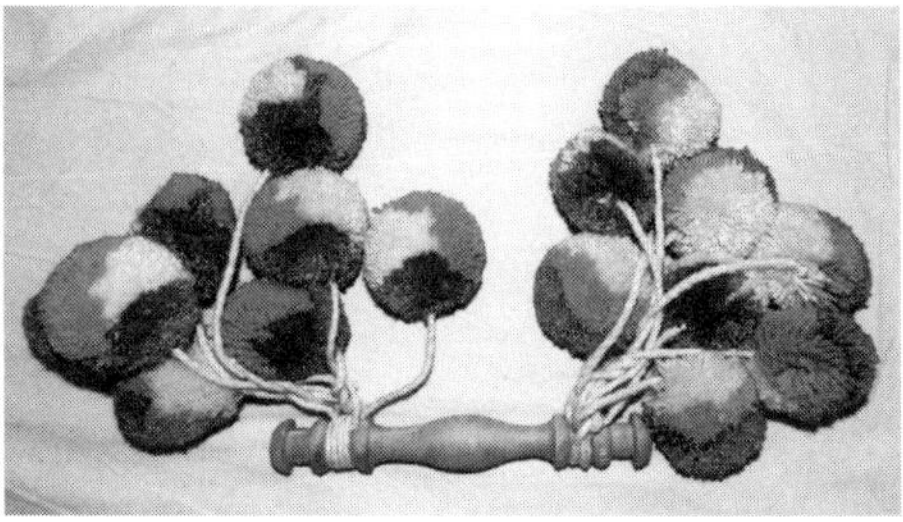

写真5-18　ジーヴァコールと玉飾りのポッディパ

演奏中に左手で胴を押し下げ、連動でジーヴァコールも下げて紐の張力を変えることで、音程を変える。押すと音が高くなり、手を緩めると音が低くなる。押したり緩めたりして、音程を変えながら演奏する。音域はかなり広く、楽器自体の可能性としては一オクターブ程度の音程が出せる。実際の演奏では、一気にそこまで音高を変えることはない。

一打だけ打ってその音の音高をすぐに変えるテクニックと、連打しながら徐々に音高を変えるテクニックがある。

打ち方には三種類ある。①皮面の中心をバチで打つ。②皮面の中心を、バチを下から上に動かし、アップストロークするように打つ。③皮面の中心を、バチを上から下に動かし、ダウンストロークするように打つ。この三種類の打ち方そのものは、音程を変えることと関係がない。左手で胴を押し下げる操作をすることではじめて音程が変わる。

イダッキャの練習

イダッキャの皮は非常に薄くて破れやすく、また高価なので、練習に本物の楽器は使わない。そのかわりに木の板を使う。奏者は左手に板を持ち、左腰あたりで板を構えて、右手のバチで叩く。練習用の板では、音程の変化を体験することはできない。

イダッキャもワイタリを使って伝承されてきた。筆者も「タクラ（takura）」「テンテン（ten ten）」「クク（ku ku）」「デング（denku）」「キタ（kita）」「タカ（taka）」「デン（den）」「デーンク（deen ku）」などのワイタリを組み合わせたリズムパターンを習い、木の板で練習した。

なにせ、木の板である。どう打っても同じ音しか出ない。練習中はワイタリを思い浮かべて木の板を打つことで、実際の音高変化のイメージをつかむことができるだろう。本物を叩いてみたいので、とうとうイダッキャを購入してしまった。いま筆者の研究室にある。

takura　takura　ten ten　ku ku
タクラ　タクラ　テンテン　ク ク
takura　takura　ten ten　ku ku　ten ku
タクラ　タクラ　テンテン　ク ク　テンク
denku　denku　denku　ta ta　ku ku　den　kita taka
デング　デング　デング　タ タ　ク ク　デン　キタタカ
dan　deen ku　deen ku
デン　デーンク　デーンク

譜例5-5　イダッキャのワイタリのいろいろ

イダッキャの神聖性

イダッキャは、本来ヒンドゥー寺院の儀礼プジャのときに打つものだった。寺院に奉仕するアンバラワシー（ambalavasi）の家系の一つであるマラールの一族が伝承してきた。

ある寺院では、長蛇の列を作った信者が神像を参拝する間、その軒先でイダッキャを打ち続けていた。また別の寺院では、祭りのなかで象が寺の周りを巡る間イダッキャを打っていた。イダッキャは神聖な楽器と考えられ、寺院の軒先など特定の場所でだけ演奏してきた。保管するときも、天井や軒から吊るし、決して床や地面につけないようにしている。

イダッキャはソーパナ（sopana. sopanam とも）と呼ばれる宗教的な声楽の伴奏にも使う。ソーパナはサンスクリットとマラヤラム語で歌われる。歌っている間、イダッキャは簡単なリズムを繰り返し、歌と歌の間奏では複雑なリズムを叩く。

このように、儀礼そのものと結び付いていたので、イダッキャは神聖と考えられているのだろう。

イダッキャの伝承

筆者がイダッキャを習った先生の一人はマラールの家系に属する。彼の父親は、寺院の儀礼でイダッキャを打っていたが、他の芸能の伴奏で打ったことはないという。それに対して彼は、ときどきクーリヤッタムの伴奏もする。近年になって寺院での世襲の仕事がなくなって報酬が減ったときに、マラールはクーリヤッタムの演奏の一員として迎え入れられたという。

イダッキャがクーリヤッタムに入ったのは近年になってというのは、以下のような音楽構造からも見えてくる。

ⓐミラーヴとイダッキャの間には、日本の小鼓と大鼓と太鼓のような、音楽構造上の掛け合い関係が見られない。

ⓑイダッキャのリズムは、装飾的に入れる。イダッキャをどのように入れるかは、ミラーヴ奏者がアドバイスしている。

ⓒミラーヴ奏者であるナンビャールはイダッキャを演奏しない。

ⓓマラールは寺院で使われるイダッキャ以外に、チェンダ、マダラム、ティミラなどさまざまな太鼓を演奏しているが、伝統的にミラーヴの演奏はしなかった。

ⓔイダッキャには、クーリヤッタムのためのワイタリはない。

これらの事実を積み重ねると、イダッキャがクーリヤッタムの成立と発展には関わることがなく、後からクー

写真5-19　管楽器コンブ

リヤッタムに加わったという説は当を得ていると思われる。

現在、イダッキャはさまざまなジャンルの芸能で使われている。

まず古典芸能であるクーリヤッタムとナンギャールクートゥの伴奏楽器として使われる。写真5―2と写真5―3は、クーリヤッタムやナンギャールクートゥでのイダッキャ演奏である。立ち位置は決まっていて、ミラーヴが座して演奏するのに対し、イダッキャは必ず立って演奏する。

ケーララのヒンドゥー寺院の祭りでは、パンチャバーディアム（Panchavadyam）という管打合奏を必ずといっていいほど演奏する。パンチャバーディアムは、ティミーラ（thimala）、マッダラム（maddalam）、イダッキャの三種類の太鼓と、三日月のような形のラッパであるコンブ（kombu）、シンバルのターラム（thalam）の合計五種類の楽器からなる。

クリシュナッタム（Krishnanattam）やカタカリ（Kathakali）という芸能でも、イダッキャを使う。

民俗的な芸能でのイダッキャは、楽器の構造も構え方も、クーリヤッタムのものと顕著な違いはない。写真5

—20は祭りのなかでのイダッキャである。ただし、クーリヤッタムのイダッキャ奏者は非常に高度な技法を駆使した演奏をおこなう。

写真5-20　祭りでもイダッキャを使う

7 ミラーヴとイダッキャの神聖性

ケーララには、ミラーヴとイダッキャという珍しい太鼓がある。どちらも、神聖な楽器デーヴァ・ヴァーディア（Deva Vadya）とされている。

ミラーヴは壺を胴にするという非常に珍しい構造をしている太鼓だ。ミラーヴはナンビャールという特定の家系の間で伝承されてきた。そしてクーリヤッタム、チャーキャールクートゥ、ナンギャールクートゥという演劇と結び付いて発展してきた。現在でも、他のジャンルの古典芸能で使っているところを見たことがない。

一方、「音高可変太鼓」イダッキャも、非常に珍しい構造をもち、その演奏方法も他に類を見ない。そのためイダッキャから生み出される音も、独特なものとなっている。また、その伝承は寺院に奉仕するマラールという家系と関わりがある。イダッキャは神聖性をもちながらも、現在では、寺院の外のさまざまなジャンルの芸能で使われている。

ミラーヴとイダッキャは、どちらも神聖な楽器とされている。しかし、両者の楽器の神聖性には違いがあるようだ。

注

（1）"Kerala Kalamandalam," (http://www.kalamandalam.org/)［二〇一六年十月十四日アクセス］

（2）前掲『教育文化論特論』三三ページ

（3）東大寺編『東大寺修二会お水取りの声明』二〇一二年、一四ページ

（4）同書八ページ

参考文献

【日本語】
竹村嘉晃「「インド古典舞踊」の受容と消費――南インド・ケーララ州のカラマンダラムで学ぶ外国人たち」、大阪大学二十一世紀COEプログラム「インターフェイスの人文学」編『トランスナショナリティ研究――境界の生産性』所収、大阪大学二十一世紀COEプログラム「インターフェイスの人文学」、二〇〇四年、二二六―二四七ページ
竹村嘉晃「神々のゆくえ――現代インド・ケーララ社会における儀礼パフォーマンスの多元的表象」「民族藝術」第二十三号、民族藝術学会、二〇〇七年、一二一―一二九ページ
山本宏子「海のシルクロードにおける太鼓文化（1）南インド、ケーララの「音高可変太鼓」イダッキャ」「岡山大学大学院教育学研究科研究集録」第百五十三号、岡山大学大学院教育学研究科、二〇一三年、七一―七九ページ
山本宏子「海のシルクロードにおける太鼓文化（2）南インド、ケーララの太鼓の唱歌と伝承グループ」「岡山大学大学院教育学研究科研究集録」第百五十四号、岡山大学大学院教育学研究科、二〇一三年、六五―七二ページ
山本宏子「南インド、ケーララの太鼓ミラーヴにおける伝承文化論」「岡山大学大学院教育学研究科研究集録」第百五十一号、岡山大学大学院教育学研究科、二〇一二年、一一〇―一一八ページ

【英語】
Balakrishnan, Sadanam *Kathakali: A Practitioner's Perspective*, Poorna Publications, 2005.
Balakrishnan, Sadanam P.V., *Folk India*, Sundeep Pralahan, 2004.
Banerjee, Sudhish Chandra, *Tabla & The World of Indian Rhythms*, Shubhi Publication Gowda, 2006.
Gauḍa, Ke Cinnappa, *The Mask and the Message*, Madipu Prakashana, 2005.
Priyamvada, Amrita, *Encyclopaedia of Indian Musical Instruments*, Volume1-3, Anmol Publications, 2009.
Saxena, Sudhir Kumar, *The Art of Tabla Rhythm Essentials, Tradition and Creativity*, New Vistas in Indhian Performing

Art, no.8., New Delhi Sangeet Natak Akademi, 2006.
Shingh, K. S., ed., *People of India: Kerala*, Volume XXVII Part 1-3, Affiliated East-west Press PVT LTD, 2002.
Upandyaya, U.P. ed., *Coastal Karnataka*, Rashtrakavi Govind Pai Samshodhana Kendra, 1996.

ケーララでは、ナタナカイラリ研究所のG・ベーヌ（G.Venu）氏とニルマラ・パニッカル（Nirmala Paniker）氏にさまざまな教えを受けた。ミラーヴ奏者カラマンダラム・ラジーブ（Kalamandalam Rajeev）氏にはミラーヴの手ほどきを受け、また、インタビューに応じていただいた。演者のウシャ・ナンギャール（Usha Nangiar）氏とミラーヴ奏者のV・K・ハリハラン（V.K.Hariharan）氏には、毎年のようにすばらしいパフォーマンスを鑑賞させていただいた。ウシャ氏には、クーリヤッタム、ナンギャールクートゥについてたくさんのことを教えていただいた。ハリハラン氏はクリシュナ・ナンビャール・ミラーヴ・カラリ（Krishnan Nambiar Mishavu Kalari）のマネージャでもある。演者のアマヌール・クッタン・チャーキャール（Ammannur Parameswaran Kuttan Chakyar）氏とアマヌール・ラジネーシ・チャーキャール（Ammannur Rajaneesh Chakyar）氏、アパルナ・ナンギャール（Aparna Nangiar）氏、イダッキャ奏者のカラーニラヤム・ウニクリシュナン（Kalanilayam Unnikrishnan）氏、ナンダ・クマール（P. Nanda Kumar）氏、またパーラメッカウ寺院のマネージャーでケーララの芸能に造詣の深いクンダンバッス・スリーニヴァサン（Kunnambath Sreenivasan）氏をはじめ、多くの奏者・演者の方々にインタビューに応じていただき、またすばらしいパフォーマンスを見せていただいた。さらに、写真の掲載もご許可いただいた。みなさまに心からの感謝を申し上げる。

本章は、平成十六年度（二〇〇四年度）から十八年度（二〇〇六年度）に、研究代表者としておこなった科研基盤B（海外）「「海の道」からみたアジアの太鼓の伝統的伝承システムの形成に関する国際共同研究」（課題番号16401004）、および、その後も毎年継続しておこなっているフィールドワークの成果として発表した論文などをもとに加筆したものである。再録を許可してくださった関係機関のみなさまにお礼を申し上げる。

第6章　南インド、ケーララの蛇神儀礼——サルパ・トゥッラルと壺型弦楽器

1　素焼きの壺と楽器

南インドのケーララ州では、第5章でも述べたように、かつては素焼きの壺が太鼓ミラーヴの共鳴胴として使われていた。いまでは素焼きの壺のミラーヴは、銅の壺のミラーヴにすっかり取って代わられてしまった。実は素焼きの壺は、いまでも、弦楽器の共鳴胴として使われ続けている。

ケーララの音楽にとって、「素焼きの壺」はどのような役を果たしてきたのだろうか。

ケーララ州では、ヒンドゥー教、イスラム教、キリスト教が共存している。イスラム教徒、キリスト教徒の活動も活発だが、やはり最も大きなコミュニティーはヒンドゥー教だろう。ところが、ケーララを繰り返し訪れていると、筆者のような外来者にとってヒンドゥー教の儀礼や祭りに見えるもののなかに、実は土着の信仰がヒンドゥー化したものが多く含まれるのではないかと考えるようになった。また、ヒンドゥー教からの影響が少なく、土着の信仰そのものと考えられる儀礼もあるのではないかとも考えるようになった。ここでは、ケーララ独特の儀礼の一つを取り上げ、そこで使われる珍しい楽器を通して、ケーララにおける素焼きの壺の楽器の機能と共同体や宗教との関わりを考えてみたい。

なお、以下、儀礼をおこなう人々のことを便宜的に演者と呼ぶことにする。

2　サルパ・トゥッラルとは

ケーララ州のトリシュール市近郊で、蛇神儀礼サルパ・トゥッラル（Sarpam Thullal）が伝承されてきた。サルパとはマラヤラム語で蛇のことで、トゥッラルは激しく動くことを指す。プルヴァ・パットゥ（Pulluvan Pattu）、サルパ・パットゥ（Sarppa Pattu）ということもある。ちなみによく使われるナーガはサンスクリット語で蛇のことだ。

ケーララでは、蛇が住む土地を開墾したので、蛇神を祭らないと子どもができないと信じられてきた。サルパ・トゥッラル儀礼に関わる人々は、主催者側と演者側に分けられる。サルパ・トゥッラルは家族が主催する儀礼である。家族といっても、現代日本のような核家族ではなく、大家族のことを指す。演者へのインタビューによると、サルパ・トゥッラルを主催するのはナンブードリ（Nambuthiri）、ナーヤル（Nayar）、イラワ（Izhava）などのジャーティ（世襲職業集団）の大家族だという。ここでは、ジャーティを家系と呼ぶことにする。ナンブードリはケーララ・ブラーミンとして知られる司祭職であり、また地主でもあった。かつては、ナーヤルに耕地を貸していた。ナーヤルはもともとは戦士のカーストといわれている。彼らも地主であり、米やココナツを栽培していた。イラワはティヤー（ヤシ酒作り）とも呼ばれる。かつてのイラワはナンブードリやナーヤルの土地でココナツや米を耕作していた。

ケーララの大家族について簡単に説明しよう。ブラーミンのナンブードリは父系相続で、婚姻後は父方居住をする。それに対して、ナーヤルは母系相続・母方居住の母系大家族だ。ナーヤルの大家族とその屋敷はタラワド（taravad）と呼ばれる。ナーヤルの女性は結婚しても生家のタラワドに住んで、生家で養われる。夫は夜になると通ってくる。兄弟は、昼間は生家のタラワドの仕事をして、夜になると他のタラワドの女性のもとに通い婚する。家長は最年長の女性だが、タラワドの運営は家長の最年長の兄弟がおこなう。その役をカルナバン(karanavan)という。筆者がタラワドの祭りや儀礼についてインタビューしたときには、家長のおばあさんは、詳しいことを聞けるようにカルナバンを呼んで同席させてくれた。

筆者がインタビューしたタラワド屋敷は立派な建物で、奥には鍵が掛かる重厚な作りの部屋があり、大きな金庫が備え付けてあった。しかし、部屋数がたくさんあるわけではない。何十人もの大家族はどこで寝ていたのだろうか。カルナバンに尋ねると、回廊を指さし、「そこにみんなで寝る」のだという。どうやら、雑魚寝、ごろ寝状態だったらしい。現在では、タラワドに大勢が住んでいるわけではないので、往時の様子は想像するしかない。タラワドのなかには、現在すてきなホテルになっているところもある。

ナンブードリとナーヤルの間にはサンバンダム(sambandham)婚という独特の婚姻制度があった。ナンブードリは、長子だけがナンブードリの女性と正式結婚をする。次男以下の男子はナーヤルの女性に通い婚をする。生まれた子どもはナーヤルのほうで養育する。その逆、ナーヤルの男子がナンブードリの女性と結婚することは基本的になかった。サンバンダム婚によって、ナンブードリは財産を分割せずにすむし、家族内の血縁人員も確保できるというメリットがあった。

現在では大家族制度はなくなってしまったが、サルパ・トゥッラルのときには、かつてのタラワドに属する大家族一同が集まってくるという。タラワドの一員としてのアイデンティティの再確認の場になっている。

これらの大家族の家長が、プルヴァ(Pulluvan)という家系の演者に儀礼を依頼する。

毎年ケーララにフィールドワークに訪れ、以下のように繰り返しサルパ・トゥッラルを見ることができた。というよりも、ケーララに行ったらサルパ・トゥッラルを見ずにはおけない魅力的な楽器があったのだ。

サルパ・トゥッラルの調査日データ

二〇〇八年三月十九日・三月二十一日、二〇〇九年三月九日・三月二十三日・三月二十五日、二〇一〇年三月十二日、二〇一二年三月七日、二〇一三年三月十三日、二〇一四年三月十七日、二〇一五年三月八日・三月十日、二〇一六年三月八日、二〇一七年三月八日

3　撥弦楽器プルヴァ・クダムと擦弦楽器プルヴァ・ビーナ

サルパ・トゥッラルで必ず使用する楽器には、ピックで弾く撥弦楽器プルヴァ・クダム（Pulluva kudam. Pulluvan kutam とも）、弓でこする擦弦楽器プルヴァ・ビーナ（Pulluva vina. Pulluvan vina とも）、小型のシンバルであるターラム（thaalam）がある。儀礼の一部で、紐締め太鼓チェンダを使うことがあるが、これは近年、導入されたものである。チェンダはヒンドゥーの祭りで舞踊の伴奏や行列で使う。その影響でサルパ・トゥッラルでも、非常に短い行列にもかかわらずチェンダを使うようになったと考える。

撥弦楽器プルヴァ・クダム

①プルヴァ・クダムの構造

プルヴァ・クダムは、素焼きの壺を共鳴胴とした一弦楽器である。プルヴァは家系の名、クダムは壺のことだ。ひと抱えもある壺は、球形よりも多少横に広がった形をし、その口は直径十五センチぐらいで小さく、全体的に独特な形をしている。この壺はプルヴァ・クダムのために特注したもので、生活用の壺を流用したわけではない。つまり、共鳴にすぐれた形を追求した結果、形が独特になったのだ。生活用品の壺と比べると、強度を増してある。最近はファイバーで壺を模したものも使われるようになったという。

ケーララで使われている壺型体鳴楽器ガダム（写真5―13）に比べると二回りほど大きく、口の立ち上がりが長い。ちなみに、ガダムは日本では壺太鼓と呼ばれているが、皮を張らずに直接壺を叩く体鳴楽器なので、膜鳴

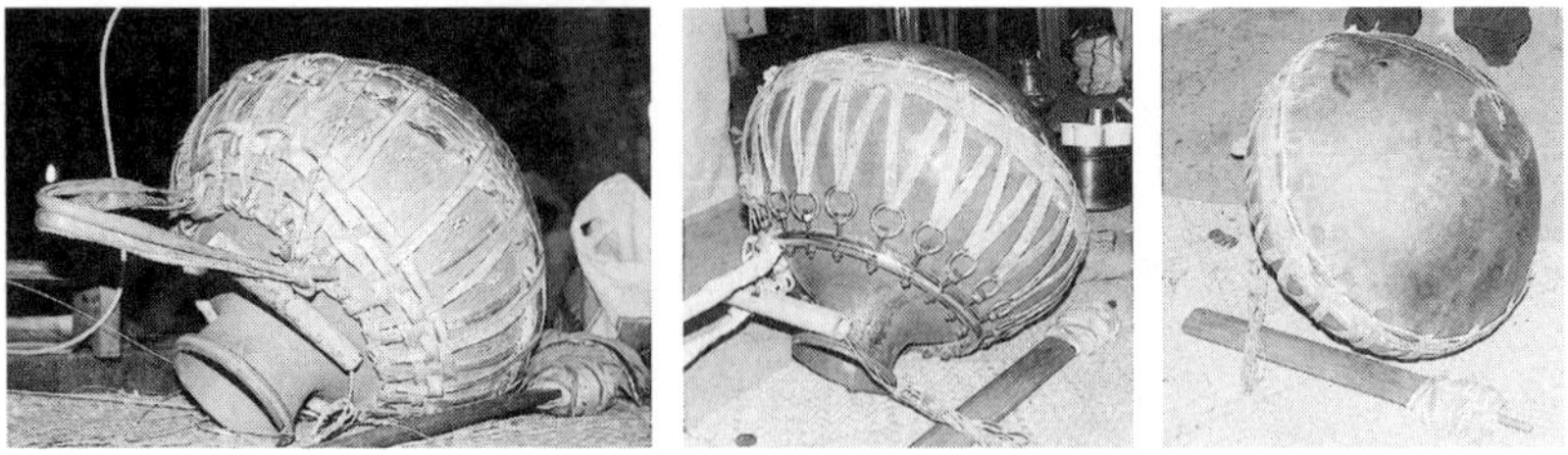

写真6-1　壺型の弦楽器プルヴァ・クダム

写真6-2　プルヴァ・クダムのいろいろなピック

楽器の太鼓とは異なる。

　プルヴァ・クダムは奏者が手作りする。ある奏者の話では、作るのに一週間ぐらいかかるという。壺はクンバーラン（Kumbaran）という家系が作ったものを買ってくる。壺の底に直径十センチほどの穴を慎重にあける。この作業がいちばん難しい。その穴を覆うように牛の皮を当て、二人で締めて張る。牛の皮も買ってくる。演奏では二台使うが、家にもう一台あるという。亡くなった父親のものだそうだ。プルヴァ・クダムは必要に応じて作るもので、ストックを確保しておくものではないらしい。楽器屋でもプルヴァ・クダムは売っていない。

　他のグループの奏者たちにも確認したが、皮は牛を使うという。皮はかなり薄くなめしてある。皮紐で編むようにして皮を胴に付ける。胴のいちばん太い位置と口の近くに輪になった紐をはめ、それにリボンのような平紐で皮をくくり付けて締める。写真6—1のように、金属製の輪を使って皮を締める例もあった。口の近くに紐で作った輪がある。これは、壺を足で固定するために使われる。皮に牛のガット弦を通し、先端に小さな木片をくくり付けて抜けないようにする。この弦をクラトゥン・クラル（kudathin kuzhal）という。弦は、さらに紐で胴と結び付けてある。弦の反対側の端には、木の板を結び付ける。板のなかほどに布が巻いてあるのは、左手を乗せるためと思われる。

　ピックは黒光りする塊で、ワーラナムまたはプリの木の芯から作る。

　このようにプルヴァ・クダムは、随所に工夫が施されているのがわかる。プルヴァ

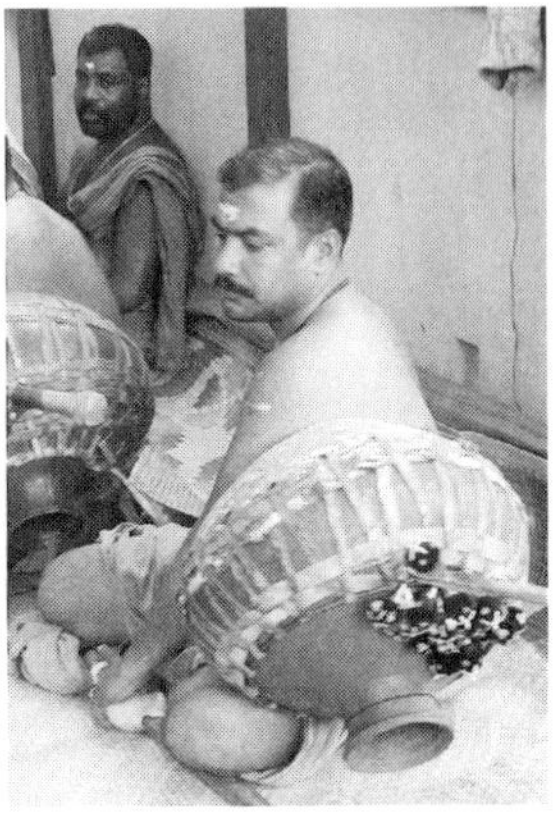

写真6-3　プルヴァ・クダムの構え方

という世襲職業集団の家系のなかで工夫を重ねながら伝承され、プルヴァ・クダムは特異な楽器になったのだろう。皮の張り方のノウハウは同じだが、作り手によって、出来上がりの姿がだいぶ異なるので、いくつかのプルヴァ・クダムを写真6―1に掲載する。

②プルヴァ・クダムの演奏方法

サルパ・トゥッラルの男性の演者たちは、上半身裸でれんが色の腰巻きムンドゥ（mundu）を着ている。ケーララでは上半身裸であることが伝統文化の一部であることを、私たちは理解しなければならない。儀礼に参加した主催者の大家族のカルナバンが、白い腰巻きを着て肩から白い布を掛けるのと対照的である。女性演者は美しいサリーだ。

プルヴァ・クダムは必ずシートかござに座って演奏する。壺を固定するために、左膝を左側へ向けて倒し、壺を左腕で抱えるように

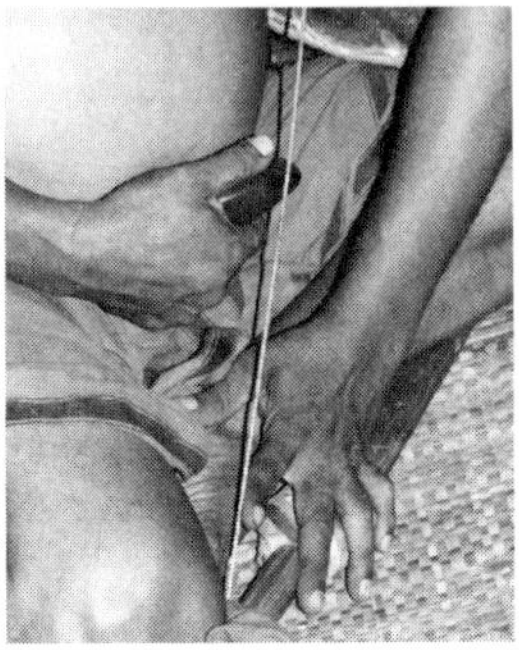

写真6-4　指で弦に触れて音程を変え、ピックで弾く

構える。右膝で弦を結んだ板を押さえる。板と壺の間で、弦がピンと張る。壺が動かないように、壺の口に付けた紐を足で固定している奏者もいる。壺の口は床につけないことが多い。

左手を板に当てて、人差し指で弦に触ることで、音程を変えている。音程は弦の長さでも違ってくる。弦が切れて張り替えるとき、腕の長さと比べて調節していた。身体尺が生きているのである。右手でピックを持って弦を弾く。弦を弾いた後すぐに、左腕と左肩で壺を押して、グリサンド風に音程を変えることがある。こうして一度聞いたら忘れられないブンブンというバイブレーションのある音が出る。メロディーを奏でるというよりも、高さが異なる音を組み合わせてリズムを刻むというほうが近いだろう。弦楽器というより打楽器のようである。テンポは、儀礼の進行に従って、速くなったり遅くなったりする。

二台のプルヴァ・クダムをユニゾンで弾くことが多いが、一台でも三台でもいいという。ユニゾンで弾けるのは、気の向くままに即興的に弾いているわけではなく、音楽のスタイルが定まっていて、固定した楽曲があるということである。グループごとに多少の違いがあるが、基本の旋律は同じである。演奏が終わったら、プルヴァ・クダムをすぐに布で包んで保管する。

擦弦楽器プルヴァ・ビーナ

①プルヴァ・ビーナの構造

プルヴァ・ビーナは、プルヴァという家系のビーナ（弦楽器）という意味である。ナーガ・ビーナともいう。ナーガは蛇のことである。

プルヴァ・ビーナは、奏者の手作りである。一弦だけの擦弦楽器なので、シンプルな民俗楽器のようにみなされているが、かなり工夫が加えられている。まず、糸蔵と糸巻きである。弦が切れてもすぐに補修できるように、糸巻きに長い弦が巻き付けてある。弦は、薬用効果があるとされる植物の繊維をよったものである。胴は浅い椀のような形で、棹に取り付けられている。胴にはトカゲの皮が張ってある。ウドゥンブ（udunbu. utumbu とも）

という名の大トカゲを使う。トカゲの皮はなめす必要がなく、さらに薄いので、弦の振動を伝えるのに適している。森に住んでいる人々からトカゲの皮を手に入れる。皮の張り方に特徴がある。椀型の胴の裏を見ると、木綿の紐を渡して皮を張っているのがわかる。弦の振動を皮に伝えるための駒をもつ。駒は演奏していないときははずし、紐で胴から下げておく。フレットはない。弓は、アレカヤシの木に弦が張ってある。弓の先にはジャラジャラと音がする金属製のジングルが付いていて、弓を動かすたびにリズムを作り出す。プルヴァ・ビーナは、各演者グループで一台ずつ所有している。儀礼の間、演奏していないときは、柱から吊るしておく。

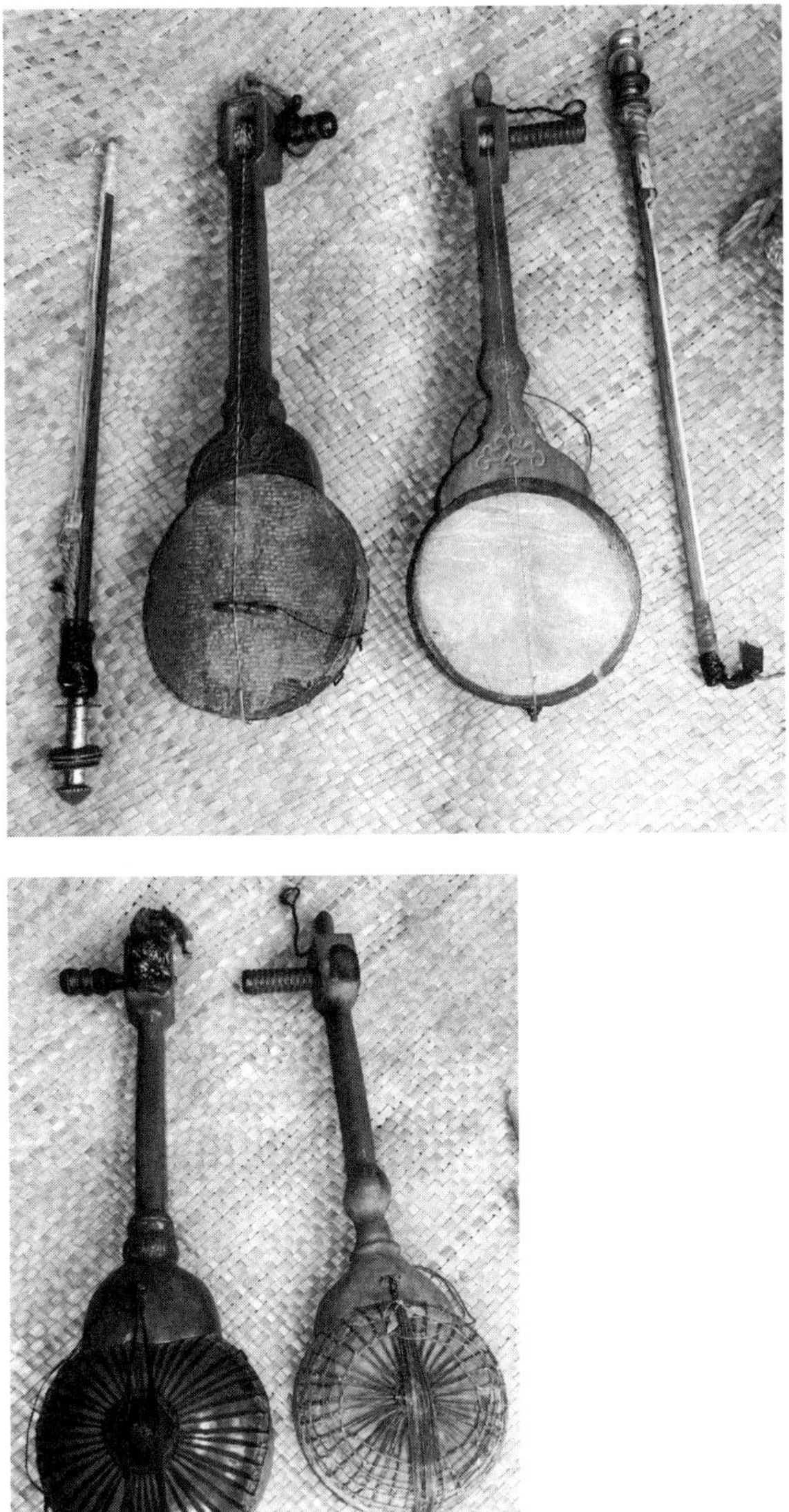

写真6-5　プルヴァ・ビーナの表（上）と裏（下）

ちなみに、アレカヤシは英語ではビートルパーム（betel palm）、日本ではビンロウとも呼ばれる。東南アジアや南アジアでは、アレカヤシの種子に石灰をつけ、キンマの葉で包んでチューインガムのようにかむ習慣がある。アレカヤシの種子には麻酔作用のあるアレコリンという成分が含まれている。後述のように、アレカヤシはサルパ・トゥッラルで重要な役を担っている。後述のように、アレカヤシは儀礼のなかで、供物として、あるいは少女が手に持つ採り物としてアレカヤシの新芽が使われる。アレカヤシの新芽は白い花束のように見え、独特な香りがする。

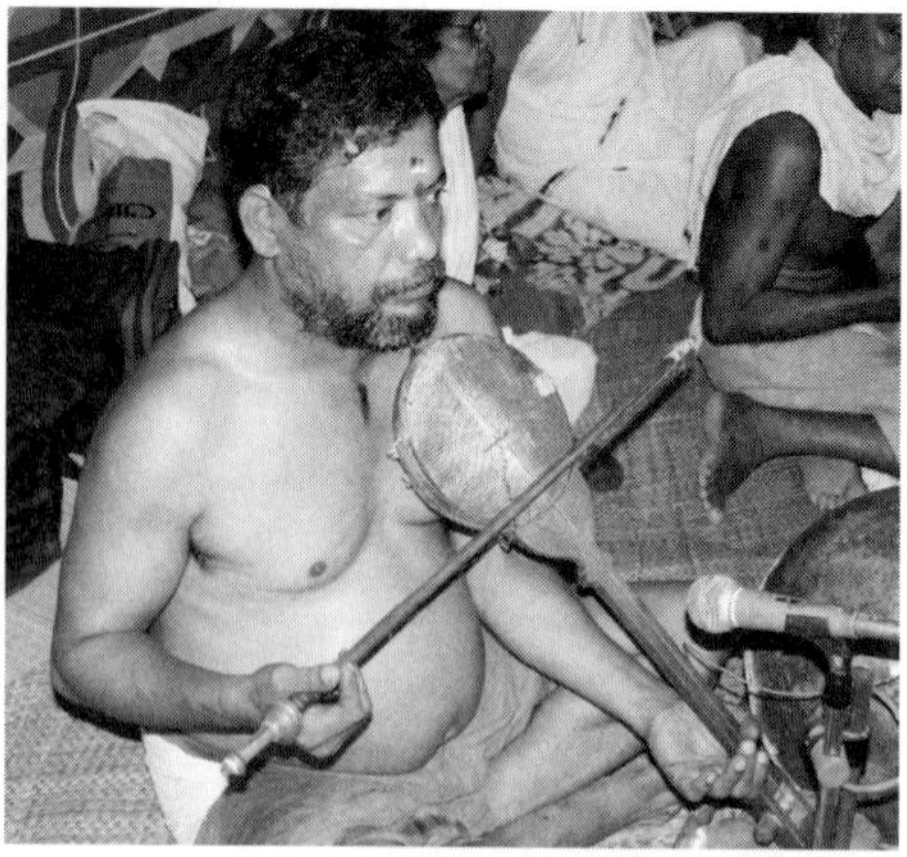
写真6-6　プルヴァ・ビーナの構え方

②プルヴァ・ビーナの演奏方法

プルヴァ・ビーナは歩きながらも演奏するし、地面に座っても演奏する。左手で糸蔵の近くを持ち、胴を左の鎖骨の下あたりに当てる。クラシック・バイオリンのように顎で押さえて固定することはしない。棹は下に向ける。座っているときには棹の先が床に届きそうである。弓は緩く張ってあるので、演奏の際には、右手の小指で引いて張りを強める。日本の胡弓と同じ方法である。実見では、左手は第一ポジションだけを使っていた。

4　サルパ・トゥッラル儀礼の次第

サルパ・トゥッラルのシーズンは、十二月から五月だ。ちょうど雨期が終わったころからシーズンが始まる。

写真6-7　カラムの全容

サルパ・トゥッラルの日程は、儀礼の目的や大家族の経済事情によって変化する。大規模なものは数日続くという。儀礼は一日に一セットがおこなわれる。儀礼が三日続く場合は、毎日一セットずつ三セットおこなうことになる。一セットの次第は、簡単に言うなら、極彩色のパウダーでカラム（kalam）を地面に描くことから始まり、供物を捧げ、少女（または女性）が憑依してカラムを消し、ベリチャパードゥ（veliccapatu）という男性の憑依者の託宣で終わる。カラムでは儀礼の対象となる神の姿やシンボルが描かれる。筆者が最も多く見たのは、ナーガ・カラムだ。

一セットの次第は、主催者や演者によって多少の差異があるが、基本的には以下のようである。これらの次第はプルヴァ・クダムとプルヴァ・ビーナ、ターラムで伴奏をする。行列のときは、紐締め太鼓チェンダとターラム、プルヴァ・ビーナを使う。

①カラムを描く

カラムは、サルパ・トゥッラルの演者たちが、主催者の屋敷の神を祭った祠の庭に描く。まず、四本の柱を立ててココナッツの葉などで飾る。五色のパウダーで、儀礼の対象となる神々の絵を描く。儀礼が数日続く場合、少なくとも一日は必ず絡み合った蛇の絵を描く。白は米の粉、黄色はターメリック、緑は葉を乾燥させたもの、黒は籾《もみ》を焦がしたものである。赤はクムクム(kumkum. kumkumam とも)と呼ばれ、ターメリックとレモンから作る。パウダーは片手ですくい取って、少しずつ落としていた。または、ココナッツの殻の底に小さな穴を三つほどあけ、パウダーを入れて、地面をトントン叩きながら線を引く。

写真6-8　火の踊り

②儀礼をおこなう

サルパ・トゥッラルを主催する大家族のメンバーも参加して、儀礼プジャをおこなう。屋敷内にあるサルパの祠などに参る。その後、カラムの周りを時計回りで何周も歩きながら、聖水や米・ココナッツ・アレカヤシの新芽などの供物を捧げる。だんだんテンポが速くなって、最後は小走りになる。サルパ・トゥッラルの演者たちが歌を歌う。

写真6-9　カラムを描く

③火の踊り（Thiri uzhichal）

サルパ・トゥッラルの演者の一人が、踊りながらカラムの周りを時計回りに何周も回る。踊りながら、手に持ったたいまつの火で体をあぶる。勇壮で特異な力があることを誇示しているのだろう。「シッタカ」という掛け声が特徴的である。この儀礼の後に、踊り手は箕《み》を持って大家族の人々の間を回り、ご祝儀の金銭や布を入れてもらう。

④憑依と託宣

主催する大家族の少女（成人女性の場合もある）とサルパ・トゥッラルの演者の女性が、アレカヤシの新芽を持ってカラムの中央にあぐらをかいて座る。少女たちが登場したときから、カメラもビデオも禁じられる。手に持ったアレカヤシの束が小刻みに震え始め、次第に女性と少女の体も震え始める。体が揺れ、長い髪を前後に振り乱しながら、座ったまま前進する。アレカヤシを振り回して、はたくようにカラムを消す。ときにはカラムの上でのたうち回ることもある。その後、憑依したベリチャパードゥが託宣をおこなう。男性の介添人がそれを読み解いて、家族に伝えているようである。

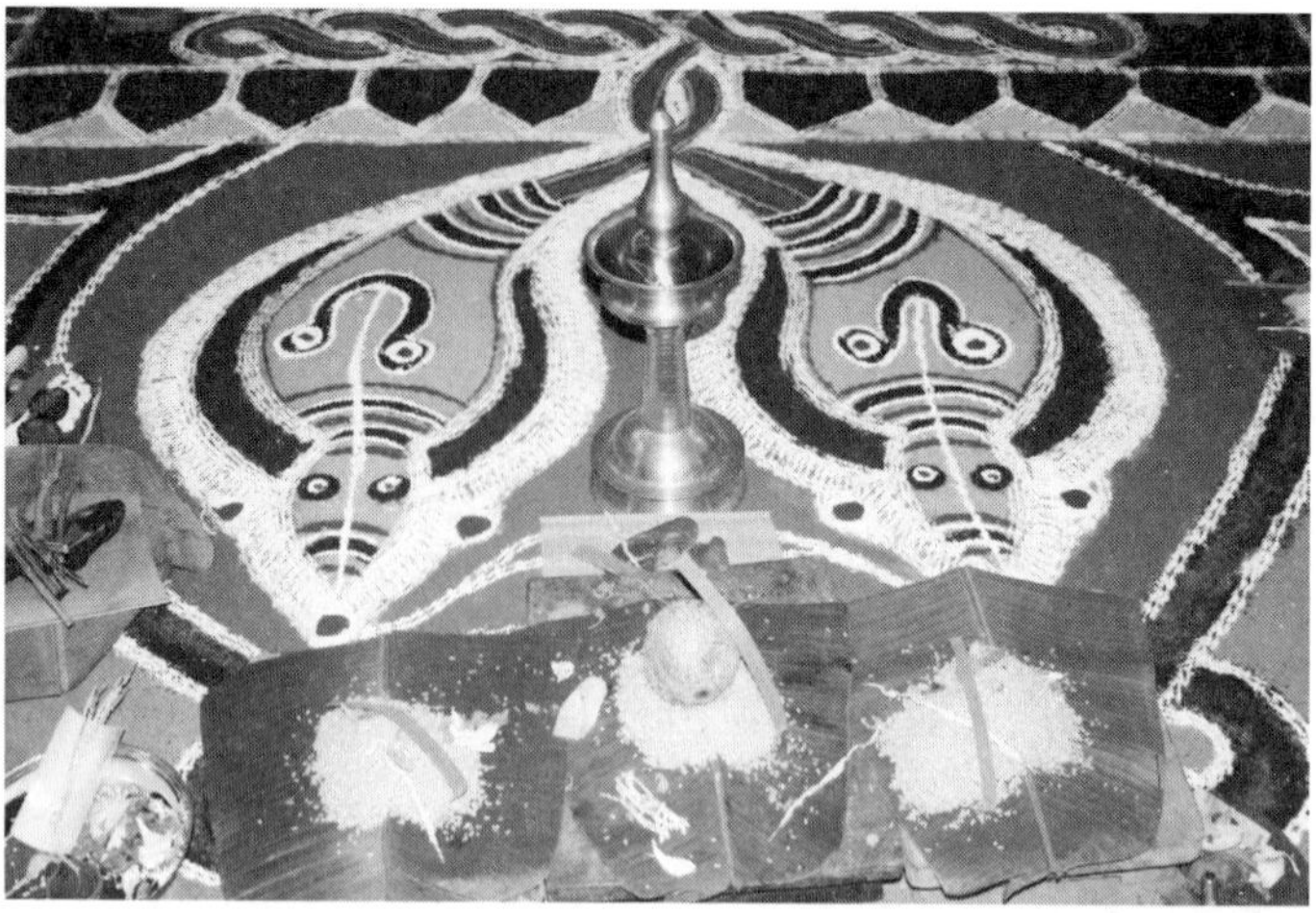

写真6-10　カラムに描かれた蛇

憑依する女性の数は二人、三人とそのときどきで変わった。大家族の少女だけのこともある。一緒に演者の女性がカラムにあぐらをかくこともある。演者の女性がいち早く憑依した後、少女たちがそれに誘発されて憑依したのが見て取れたこともあった。筆者が見たなかで、最後まで憑依しなかった少女が一人だけいた。

女性たちは、サリーの上に白い木綿の布を巻く。これは、カラムの上を座ったまま動き、ときには転げ回るので、サリーが汚れないためである。また、白い布をよじって、鎌首をもたげた蛇を作り、少女の肩に乗せるという演出をおこなうグループもあった。

カラムを描き始めてから託宣まで八時間以上かかる。二〇一四年三月十七日に実見したときは、十六時から二十四時三十分までかかった。

カラムはメンバーで分担して描く。リーダーのプルヴァ・クダム奏者は、カラムを描くのには参加していない。カラムを描くことは、主に若手男性や女性が受け持っている。

カラムの最初の四隅は、糸を使って長さをとっていた。直線を引くときは、すでに描かれたカラムのパウダーの上で糸を弾くことで跡を付けて、それを目安にする。日本の墨壺の要領である。色のパウダーは、何重にも重ねて描いたり、混ぜて使ったりしている。

大きな図柄は分担して描くのだが、誰かが下書きするのではない。メンバーのそれぞれが別のポイントからスタートして直描きする。上下左右、図柄がずれることなく描かれていくのに驚く。メンバーの動きは非常にスムーズである。ほとんど指示も相談もなく、黙々と作業をしている。プルヴァという家系の生まれで、子どものころから儀礼の場で育ったからこそ、以心伝心で描けるのだろう。

パフォーマンスは、このカラムを回りながら、少しずつ異なる所作や踊りを繰り返すところに特徴がある。主催者は大勢の参加者のために、数種の料理からなる食事ミールを用意する。主催者の大家族の人々も、サルパ・トゥッラルのメンバーも筆者も、家系に関わりなくバナナの葉に盛り付けた同じ食事をした。

5　サルパ・トゥッラルを伝承する人々

筆者が出会ったプルヴァのグループは、数人から十人ほどの老若男女からなる。プルヴァの家長は父親である。子どもを連れた家族が多い。夜遅くなると、子どもがシートやござの上で寝ていることもある。子どもは三歳ぐらいから、親のパフォーマンスを見て育つ。そればかりでなく、儀礼の場で所作や踊りのまねをして遊んでいる。儀礼の場が伝承の場でもあるのだ。

儀礼の合間にサルパ・トゥッラルの演者たちにインタビューしたことを突き合わせると、以下のようなことがわかった。

ケーララ州のトリシュール市近郊には、百近くのサルパ・トゥッラルのグループがいるといわれている。伝承者たちは、プルヴァ（Pullva. Pulluvan とも、女性は Pullvatti とも）という家系に属する。プルヴァは日常はマラヤラム語を話している。昔は、ケーララのすべてのムラごとに必ずプルヴァの家族がいた。プルヴァは一つのムラに一家族が原則なので、ムラの総人口に対して、決して多くはなかったという。昔はムラの家々を回ってサル

写真6-11　プルヴァは一族で演奏する

パ・トゥッラルをしていれば、その報酬だけで暮らしていけた。現在では、プルヴァがいるのは、ごく少数のムラだけになってしまった。

前述したようにクンバーランは、壺を作る家系である。プルヴァと同様、一つのムラに一家族のクンバーランがいたという。プルヴァ・クダムを作る壺はクンバーランから買う。世襲のおかげで、クンバーランの家系のなかで匠といえる職人が育ってきたことが、プルヴァ・クダムの壺を生み出したといえる。

人々は、蛇神を祭るためにどうしてプルヴァを呼ぶのだろうか。

ところで、プルヴァの「pullu」は鳥という意味である。悪霊が鳥の姿をしていると信じられている。二〇一〇年にインドで出版された『Temple musical Instruments of Kerala.（ケーララの寺院音楽の楽器）』に、以下のような記述がある。

There is a belief that there are some evil spirits which take the form of birds and fly at dusk and that their appearance cause sickness to infants and children.

トリの姿をした悪霊が夕暮れどきに飛ぶ。トリが姿を現すと、赤ん坊や子どもが病気になると信じられている。[1]

カラムには四本の柱が立てられる。それに渡した棒に写真6—7のように、鳥の飾りを吊るす。プルヴァと鳥と悪霊の伝承が関わっているのではないかと考える。プルは鷹だという説もある。[2]

プルヴァには蛇神を鎮めるだけではなく、鳥の姿をした悪霊を退散させる力があると信じられているのだ。人々は、日々の暮らしの平安を願ってプルヴァにサルパ・トゥッラル儀礼を依頼していたのだ。

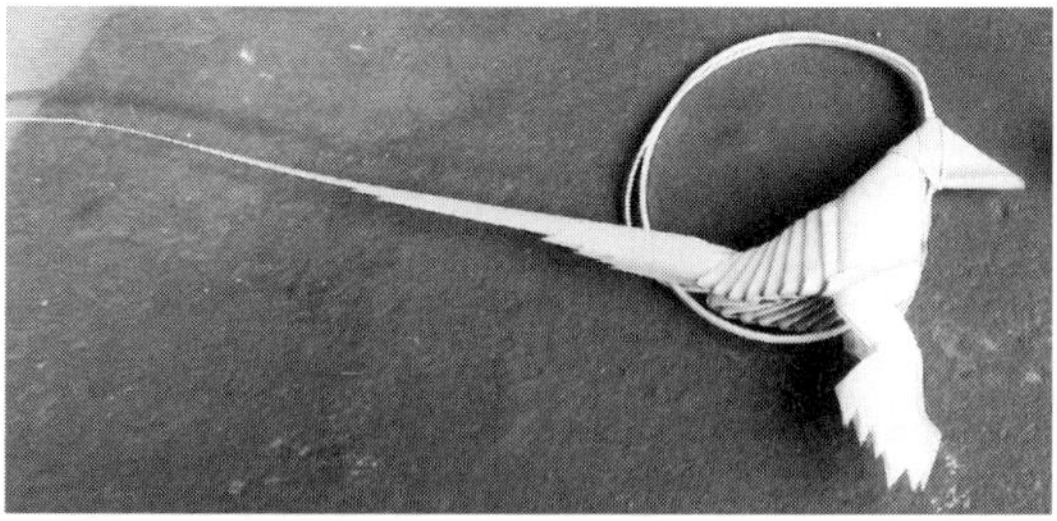

写真6-12　鳥の飾り

6　ケーララでの壺型楽器の意味

プルヴァ・クダムは、壺を共鳴胴にした不思議な音色の撥弦楽器である。伝承集団の家系の名プルヴァが冠されているように、プルヴァの専用楽器で、彼ら以外が演奏することはない。さらに、少なくともケーララでは類似の構造の楽器はない。

プルヴァ・ビーナも家系名が付いている。しかし、プルヴァ・ビーナのほうは、一般的な擦弦楽器とアイデアは同じである。ただし、シンプルな一弦のままに留まっていて、弦の数を増やすことはなかった。

サルパ・トゥッラルのなかで、プルヴァ・クダムの演奏時間のほうがプルヴァ・ビーナよりも長い。しかし、プルヴァ・ビーナの伴奏で歌う歌こそが、悪霊払いの霊力をもつとも考えられる。いずれにしても、どちらの楽器もサルパ・トゥッラルにはなくてはならない楽器であることは確かだ。

第5章では、壺の太鼓ミラーヴを取り上げた。第6章では、壺の弦楽器プルヴァ・クダムを取り上げた。ミラーヴは、ケーララの格が高いあるいは王権に関わるヒンドゥー寺院の神聖な舞台クータンバラムで演奏されてきた。一方、プルヴァ・クダムは、大家族が祭る蛇神の祠の前の大地で演奏されてきた。ミラーヴは男性だけが演奏するが、プルヴァ・クダムは男女ともに演奏する。

一見正反対のように見えるミラーヴとプルヴァ・クダムだが、素焼きの壺と皮から作られている点が共通している。素焼きの壺なら、共鳴のために理想の形を得ることができたのだろう。

農地の開墾による蛇神のたたりを鎮めることがサルパ・トゥッラルの目的なら、農耕がケーララにもたらされたはるか昔にこの儀礼が始まり、素焼き壺のプルヴァ・クダムも使われるようになった可能性がある。

他方、世界最古のサンスクリット演劇に使われてきたということから、素焼き壺のミラーヴ自体もかなり古くから存在していたと考えてもいいだろう。

どちらが古いかは明らかにできないが、ともに古くから使われていた楽器であることは間違いない。

二〇〇六年からケーララでおこなっているフィールドワークを通して、ケーララでは壺の楽器は音楽を生み出す道具としてだけではなく、それを伝承する家系のアイデンティティを表すシンボルであり、また同時にその家系を表すアトリビューションの機能をもっていることが明らかになった。さらに、儀礼の主催者のアイデンティティをも表していることが明らかになった。

ミラーヴはナンビャールという特定の家系だけが、プルヴァ・クダムはプルヴァという特定の家系だけが伝承してきたという共通点がある。特定の家系を超えて、これらの楽器が伝播することがなかったのに、素焼きの壺と皮という両楽器の基本の構造が似ているのは、なんとも不思議だ。

いまいちばん手に入れたい楽器はプルヴァ・クダムである。

注

（1）L. S. Rajagopalan, *Temple musical Instruments of Kerala*, Sangeet Natak Akademi, 2010, pp.134-135. 筆者訳。

（2）K.S. Shingh ed., *People of India-Kerala* (Volume XXVII Part1-3.), Affiliated East-west Press, 2002, p.1279.

参考文献

【日本語】

粟屋利江「南インドのカーストとジェンダー―ケーララにおける母系制の変容を中心に」『南アジアの文化と社会を読み解く』慶應義塾大学出版会、二〇一一年、二一九―二五一ページ

竹村嘉晃「神々のゆくえ――現代インド・ケーララ社会における儀礼パフォーマンスの多元的表象」「民族芸術」第二十三号、民族藝術学会、二〇〇七年、一二一―一二九ページ

山本宏子「民俗楽器四十八　南インド、カルナータカのナーガマンダラ（蛇神儀礼）とタイコ」「全日本郷土芸能協会会報」第七十三号、二〇一三年、一五ページ

【英語】

Priyamvada, Amrita, *Encyclopaedia of Indian Musical Instruments*, Volume1〜3, Anmol Publications, 2009.

Shingh,K.S. ed. *People of India - Kerala*, Volume XXVII Part 1-3, Affiliated East-west Press PVT LTD, 2002.

ケーララでは非常に多くのサルパ・トゥッラルの伝承者の方々にインタビューに応じていただいた。また、写真の掲載もご許可いただいた。心からの感謝を申し上げる。

本章は、平成十六年度（二〇〇四年度）から十八年度（二〇〇六年度）に、研究代表者としておこなった科研基盤B（海外）「「海の道」からみたアジアの太鼓の伝統的伝承システムの形成に関する国際共同研究」（課題番号16401004）、およびその後も継続しておこなっているフィールドワークの成果の一部である。

また、二〇一四年に発表した「南インド、ケーララの蛇神儀礼サルパ・トゥッラルと楽器――プルヴァ・クダムとプルヴァ・ビーナ」（『岡山大学大学院教育学研究科研究集録』第百五十六号、岡山大学大学院教育学研究科、四九―五八ページ）に大幅に加筆・訂正を施したものである。再録をご許可いただいた関係各位にお礼を申し上げる。

第7章　ブータンの仏教仮面舞踊チャムにおける太鼓の機能
——瞑想とアトリビューション

1　チャムとは

ブータンは寒い

二〇〇九年一月三日、ブータン王国のパロ空港に着いた。

ブータンは九州よりも少し小さい国だ。パロはブータンの西地域にあり、祭りを見る予定のトンサは中央に位置する。パロからトンサまで、チャーターしたマイクロバスで二日もかかる。山岳地帯のブータンには、主要道路は国の東西を貫く一本しかない。その国道一号線もうねうねとカーブだらけで、しかも、三千メートルを超す峠がいくつもある。

ブータンは熱帯モンスーン地域にあるので、冬でも標高が低いところでは日中ならTシャツ一枚で平気だ。しかし、標高二千メートルを超すところでは、日が暮れるとダウンジャケットにウインドブレーカー、ズボンの下にスパッツをはいて、さらに簡易カイロで防寒していても寒い。標高差による寒暖の変化のおかげで、トンサへのバスのなかで、三時間おきぐらいに着たり脱いだりを繰り返さなければならなかった。特にズボンの下にはいたスパッツが暑くて耐えられなくなる。マイクロバスが谷へ下り始めると狭い座席でズボンを脱いで、スパッツを脱いで、ズボンをはいた。その反対に峠に登り始めるとズボンを脱いで、スパッツをはいて、ズボンをはいた。

そういえば、谷に下りると寒さが苦手な牛が、峠に登ると寒さが大好きな毛の長いヤクが、のんびりと群れをなしていた。

トンサ・ゾン

ブータンは二十の県に分かれている。その一つであるトンサ県の県庁所在地トンサは、とても小さい街だ。街といってもホテルと雑貨屋と食堂が数軒並んでいる程度である。ところが、谷の向こうにはゾン(dzong)と呼ばれる巨大な伝統建築がそびえ立つ。トンサ・ゾン(Trongsa Dzong)は、現在では地方行政府とチベット仏教の僧院を兼ねている。十七世紀初頭にンガワン・ナムゲルがブータンを建国したときに建てられたゾンは、いわゆる城塞の役割も果たしていたというだけあって、その外観は要塞のようである。史跡であり、現在は県庁としても機能しているゾンは、パロ、ティンプー、ガサ、プナカ、ワンデュ・ポダン、タガナ、ルンツェ、タシガン、ジャカルそしてトンサにある。

写真7-1　トンサ・ゾン全景

トンサ・ゾンでは、地方行政府の建物と僧院の建物は切れ目なく続いている。初めてゾンに入った筆者は、どこからが僧院でどこからが役場なのかわからなかった。祭りは、そのゾンの僧院部分の中庭でおこなわれた。

ゾンのなかでは、頭にかぶり物をしては失礼にあたるというので、帽子はかぶれない。頭が寒いこと寒いこと。四方を建物で囲まれたゾンの中庭は陽がほとんど射さず、三日の間、朝から夕方まで石畳に直に座って祭りを見るのは結構しんどかった。ブータンの男性はゴ(gho)という民族衣装を着ている。日本の着物によく似ている。

長い裾をはしょって膝丈にして、ハイソックスをはく。なんとも粋な姿である。きっとこのゴは暖かいのだろう。

ブータンのチベット仏教

ブータンの仏教は、チベット仏教の流れをくむ。七世紀後半になると大乗仏教から密教が生まれ、中国、日本、チベット・ヒマラヤ地域に広がった。チベット密教の総本山はラサのポタラ宮だが、新中国設立後には宗教活動が禁止され、ポタラ宮はいまは博物館として機能している。そのため現在では、ブータンが最もよくチベット密教の伝統を守っているといわれている。

ツェチュ祭と仮面舞踊チャム

ツェチュは「月の十日」という意味である。インドで誕生した仏教をチベットやヒマラヤ地域に伝えた高僧パドマサンババ（Padmasambhava. グル・リンポチェとも）が、各月の十日に宗教的な出来事をなしたとされている。寺では、年に一度、「月の十日」に盛大な法要ツェチュをおこなう。どの月におこなうかは、寺によって異なる。その法要のときに仮面舞踊チャムがおこなわれる。

ツェチュ祭でおこなわれるチャムは、舞踊と寸劇がオムニバスになったものである。日本の伝統芸能の延年《えんねん》に近いかもしれない。ただし、チャムは余興ではなく、それぞれの演目が儀礼としての意味ももっている。それぞれの演目が表す内容はさまざまで、その場を清めるためにおこなわれる舞踊もあれば、仏教や高僧パドマサンババをたたえる舞踊もある。閻魔大王の地獄裁判の様子を芝居と舞踊で演じるものもある。最も重要なのは、悪魔を調伏する機能をもつ儀礼である。

ブータンとモンゴルに広がるチャム

二〇一〇年一月十六日と十七日、立教大学アジア地域研究所の主催で「日本伎楽とチベット仏教チャムの比較研究──仮頭に注目して」という国際シンポジウムがあった。これは、筆者も参加している科学研究費の助成による「アジアの無形文化財における仮頭の研究──仮面との比較から」（課題番号19401015、代表：立教大学教授細井尚子）という調査研究の成果に基づくものである。仮頭というのは細井教授の提言で、仮面よりも大きくて頭からかぶるタイプのものを指す。従来の研究では仮頭は仮面に含めて扱うことが多かったが、細井教授は、仮頭と仮面とを分けて比較することで新たな見解が開けるのではないかと考えている。仮頭の属性の違いついては現在も研究中なので、本書では一応仮面と記すことにする。

国際シンポジウムでは研究発表だけでなく、ブータンとモンゴルから僧侶たちを招いて、仮面舞踊チャムについてのレクチャー&デモンストレーションがあった。まず驚いたのは、モンゴルの僧侶の体格がいいことである。ブータンの僧侶を見慣れた目から見ると、立ちはだかるように大きい。デモンストレーションのときも、この体格の違いが、同じチャムなのに違う雰囲気を醸し出しているように思った。この体格に合わせると、モンゴルのチャムの仮面のほうが、ブータンのチャムの仮面よりも大きいのではないだろうか。

チベットから仏教やその芸能のチャムが、いつごろどのような経緯で伝わったかということだけでなく、受け取った側の民族がどのような人々だったかによっても変容が起きることを改めて感じた。

生きた信仰

トンサ・ゾンの僧侶で二〇〇九年のトンサ・ツェチュ祭運営責任者であるペマ・デンデュップ（Lupen Pema Dendup）氏が、国際シンポジウムのために来日した。シンポジウムの合間を縫って、ツェチュ祭でお世話になったペマ・デンデュップ氏と同行のトンサ・ゾンの僧侶たちのお供をして東京国立博物館に行った。ペマ・デンデュップ氏は初めて足を踏み込んだ博物館で、多くの仏像に会えてとても喜んでいた。そしてなんと、一体一体の仏像をゆっくり眺めて拝み始めたのである。東京国立博物館には、大きなものから手のひらに載るものまで、いったいどれぐらいの仏像があるのだろうか。

特別展のために博物館に一時貸し出す仏像は、魂を抜いて寺院に残しておく儀礼をすることがある。信仰の対象としてではなく、美術品として展示するためである。東京国立博物館に展示されている仏像に魂があるかどうかは知らない。でも、ペマ・デンデュップ氏には、そんなことは関係がなかったようである。

以前にも同じような話を聞いたことがある。中国上海博物館でチベット展が開催されたとき、同博物館でチベット文化研究会をしたことがある。参加者は、上海博物館の研究者と、ラサのポタラ宮博物館から仏像とともに上海に来ていた学芸員と、そして筆者を含む数人の日本の研究者である。そのとき、上海博物館の研究者から聞いた話だ。

チベット人はラサがあるチベット自治区だけでなく、雲南省や四川省、青海省にも大勢住んでいる。さらに、仕事や勉強の関係で、北京や上海など東部の大都会に住んでいる人も多い。上海でチベット展が始まると、チベット仏教の信者が大勢やってきて、全身を投げ出して祈る五体投地が博物館のなかで始まってしまったというのである。彼らにとっては、ラサからやってきた仏像は美術品ではなく信仰の対象なのだ。

ペマ・デンデュップ氏にとっても、東京国立博物館の仏像は御仏そのものだったのだろう。

チャムから何を学ぶか

ブータンの仮面舞踊チャムについてのフィールドワークは、次の日程でおこなった。

- 二〇〇九年一月二日から十一日、トンサ・ゾンのツェチュ祭の記録作成
- 二〇〇九年九月七日から十七日、トンサ・ゾンでインタビュー

祭りの期間中にはインタビューすることが難しいので、いったん帰国して資料を整理し、再度トンサ・ゾンを訪れた。

ところで、ティンプーの王立芸術学院（Royal Academy of performing Arts）のギルセン（Phuntsho Gyeltshen）は、チャムについて、「密教教義を深く学んでいないかぎり、舞踊の意味を解説すること」(1)はできないという。

一方、トンサ・ゾンの僧侶ペマ・デンデュップ氏は、「チャムは見るだけで祝福を受けられる」という。トンサの人々にとっては、チャムとは毎年見ずにはいられないものなのだろう。チャムという心のよりどころがあるということが、ＧＮＰ（国民総生産）やＧＤＰ（国内総生産）ではなく、ＧＮＨ（国民総幸福量）というブータン国王の提唱を受け入れる土壌になっているのかもしれない。

チャムの研究のおもしろさと難しさは、まさにそこにある。チャムとは何かという答えにたどり着くために必要なのは、研究ではなく信仰なのではないかと考え込んでしまう。

2　トンサ・ゾンのチャム

パフォーマンスの場

中央ブータンのトンサ・ゾンで、毎年ブータン暦十一月八日から十二日の五日間にツェチュ（Tshechu）という祭りがおこなわれる。ツェチュは、インドで生まれた仏教をチベットやブータンを含むヒマラヤ地域に伝えた高僧パドマサンババにちなむ祭りである。ツェチュでは、さまざまな儀礼の一部として、チャム（cham. chhamとも）というパフォーマンスがおこなわれる。広義のチャムには、狭義の〇〇〇チャムという舞、劇、合唱、行列、仏画トンドル（thongdrol）開帳などが、オムニバス風に組み合わされている。行列といってもいわゆる「行進」ではなく、日本でいう行道や御練《おね》りにあたる。本章では、日本の宗教芸能の御練りのイメージを取り込まないために、あえて「行列」という言葉を使うことにする。また、チャムは仏教儀礼なので「演じる」「演目」という言葉を使うことや、神格を一人二人と数えることにも問題があると考えられるが、ここでは便宜上これらの言葉を使うことにする。

チャムはゾンで演じられる。ゾンというのは、前述のようにブータンの主要都市にある一種の城である。巨大な伝統的建築物であるトンサ・ゾンは、現在、地方行政オフィスと僧院の二つの部分に分かれて機能している。チャムをおこなうのは僧院部分の広場である。広場の両側には建物があり、それぞれの建物の一階に、演者の支度部屋と楽器を演奏する場所が向かい合わせにある。広場の両側には建物があり、それぞれの建物の一階に、演者の準備が完了して登場の瞬間を待っているのを、奏者が目で確かめることができる位置関係にある。どちらの場所にも、特別な現地名称はつけられていない。

演奏場所の正面には、数枚の黄色の幕が下がっている。チャムを伴奏しているときは幕を開け、俗人女性の合唱のときは閉める。合唱は本来のチャムにはなかったが、のちに演目と演目の間の待ち時間を埋めるために加えられたものである。チャムは儀礼とはいいながら、一般信者を楽しませる娯楽性も無視できない要素として求められていることがうかがえる。

演者について

トンサ・ゾンの広義のチャムには、出家僧ゲロンだけで演じるものと、農民などの俗人信者（以下、俗人と表記）だけで演じるものがある。後者をベチャム（Boe-chham）と呼んでいる。「ベ」とは王の従者ベガルパ（boegarpa）のことだ。かつてはベガルパが演じていたが、現在はベガルパの制度がなくなったので、かわりに農民などの俗人が演じるようになった。

チャムを演じるのはすべて男性である。トンサ・ゾンには尼僧はいないし、そもそも尼僧は伝統的にチャムに参加しない。俗人演者も、女性の合唱を除くとすべて男性である。女声合唱が加わったのは最近になってからなので、伝統的にチャムは男性だけで伝承してきたといえる。

トンサでは、僧侶の楽器演奏者をチャム・グル・ドルミと呼んでいる。僧侶の演者のことはチャムと呼ぶ。舞の指導者であり、常に列の先頭に立って舞う演者をチャンペン（champon）という。また、その次の立場で、常に列の最後尾にいる演者をチャムジュ（chamjug）と呼ぶ。

チャムの技法の伝承

チャムの舞の所作は、『チャム・イク』という次第書に詳しく記されているという。残念ながら『チャム・イク』を入手することはできなかった。ブータンのベチャムについて書かれた『The Origin and Description of Bhutanese Mask Dances（ブータンの仮面舞踊の起源と解説）』によると、ベチャムの所作のなかには名称がつけられているものがある。例えば、「登場の舞」の所作はトエン・チャム（thoen cham）と呼ばれている。(2) これは、ある演目の登場でだけ使うのではなく、複数の演目の登場に使う。定型化された所作があるということだ。

トンサ・ゾンのチャンペンへのインタビューによると、ググルナスン（gugu lung na sum）という九つのステップがチャムの基本ステップであるという。guが「九」、lungは「風」、naは「なかに」、sumは「三」という意味だという。このように、ブータンのチャムには「所作の型」という概念が存在しているのである。

トンサの僧にいくつかの型を舞ってもらった。一区切りの所作はかなり長い。インテンポではなく緩急ある速さで動くので、所作が拍のどこにあたるのか、なかなかつかめない。僧たちは子どものころから、教義を学ぶのと同様に舞の所作も学ぶ。長年かかって身に付けるのだろう。

このような型の存在は、広範囲に及ぶチベット仏教圏にチャムが伝播することを可能にした一要因だといえるだろう。型を組み合わせて全体を構築するという方法は、アジアの他の芸能にも通じるものがある。

僧侶の演者と俗人の演者は、一つの演目のなかで交じって舞うことは基本的にはない。ただし、急に俗人の演者が足りなくなったときは、僧侶が俗人の舞に参加することはできる。しかし、その逆に、僧侶の舞に俗人が参加することはできない。また、僧侶が舞の所作を俗人に教えることはできる。しかし、その逆はないという。このように、同じ場を共有しながらも、僧侶演者と俗人演者は対等な力関係ではない。チャムは単なる舞ではなく宗教儀礼なので、僧侶演者のほうが規範的で指導的な立場にあるのは当然である。しかし、総演目二十六に対して俗人の演目が十七と、俗人の演目が占める割合の多さから、俗人のチャムも重要な意味をもっていると考えられる。

さらに、アツァラ（atsara）という道化は、僧侶ではなく俗人が演じている。アツァラたちは道化として演じるだけでなく、狂言回しにもなったり小道具の出し入れを手伝ったりと、チャムの間はほとんど広場に出ずっぱりである。道化という性質上、即興的な動きが多いと考えられるので、本章ではアツァラについては取り扱わない。そのため後述の、チャムに登場する仏や神がどのような楽器を使用しているかを一覧にした表7―1からは、アツァラたちがふざけて太鼓を打つ事例は省略している。

チャムの日程

トンサ・ゾンのチャムはブータン暦十一月八日（二〇〇九年は一月四日にあたる）から始まったが、八日は限られた演目だけを、しかも仮面をつけずにおこなった。これはチャムジュという。今枝由郎によると、パロのツェチュでも、本番に先立って仮面をつけずに普段着のままでチャムを舞うチャムジュという予行演習がおこなわれるという。「前年のツェチュ以後に踊り手の交代・異動があった場合に、新しい踊り手がはたしてきっちりと自分の役を会得しているかどうかを確かめる試練でもある」[3]という。これは、日本の能楽の「申し合わせ」のような一種のリハーサルと考えられる。そこで本章では、仮面をつけておこなう十一月九日（二〇〇九年一月五日）から最終日の十一月十二日（二〇〇九年一月八日）までに焦点を当てて論じることにし、後述の表7―1では十一月九日を一日目とする。

チャムは午前八時ごろから始まり、日没前に終わる。もしこれが夜中まで続いたとしたら、暗闇と寒さで耐えられないだろう。

チャムの次第と演目

チャムの次第と演目は以下のようである。なお、（　）内の日本語名は、従来の訳を参考に筆者が付けたもの

写真7-2　墓の神ドゥルダ『⑬ドゥルダ』

である。演者が僧侶か俗人かを［　］に示す。☆は儀礼またはその他の所作を示す。現地語で演目名を覚えるのはなかなか難しい。そこで、ここからは日本語名を使うことにしたい。日本語名のほうが芸態を思い浮かべやすいという利点もある。さらに、解説や表、写真キャプションのなかに繰り返し現れる演目名を相互に照合しやすくするために、演目に①から㉗の番号を付した。

【一日目】（ブータン歴十一月九日、二〇〇九年一月五日）

①『パオ（Pawo）（英雄パオ）』［俗人］

②『シンゲイ・チャム（Shingey Cham）（雄牛の舞）』［僧侶］

③『シャナ・チャム（Zhanag Cham）（黒帽の舞）』［僧侶］

④『シャナ・ンガ・チャム（Zhanag Nga Cham）（黒帽のンガ太鼓舞）』［僧侶］

☆僧侶退場

⑤『ダミツェ・ンガ・チャム（Drametse Nga Cham）（ダミツェ村起源のンガ太鼓舞）』［俗人］

⑥『ユリマ・チャム（Wilimi Cham）（悪魔の舞）』［俗人］

以下の三つ⑦⑧⑨は「ペリン・ギン・スム（Peling Ging Suum）（ペマ・リンパの三部作の舞）」と呼ばれる。

⑦『ジュギン・チャム（Juging Cham）（ギンの棒舞）』［俗人］
⑧『ディギン・チャム（Driging Cham）（ギンの剣舞）』［俗人］
⑨『ンガギン・チャム（Ngaging Cham）（ギンのンガ太鼓舞）』［俗人］
⑩『ケ・チャム（Kel Cham）（動物神の剣舞）』［俗人］
⑪『ポレ・モレ（Phple Mole）（王子と妃の物語）』［俗人］

写真7-3　悪霊を抹殺する剣を持つトゥンガム『⑭トゥンガム』

⑫『シャワ・シャチ（Shawa Shachi）（ミラレパの物語）』の前半［俗人］

【二日目】（ブータン暦十一月十日、二〇〇九年一月六日）

⑬『ドゥルダ（Durdhag）（骸骨の舞）』［俗人］

⑭『トゥンガム（Tungam）（忿怒尊の舞）』［僧侶］

⑮『ラクシャ・ゴ・チャム（Raksha Go Cham）（羅刹ラクシャの舞）』［俗人］

⑯『ラクシャ・マン・チャム（Raksha Mang Cham）（閻魔大王の裁きの場でのラクシャの舞）』［俗人］

【三日目】（ブータン暦十一月十一日、二〇〇九年一月七日）

⑰『ベルコル（Belkor）（金襴行列）』［僧侶］

⑱『シャザム・チャム（Shazam Cham）（鹿の舞）』［俗人］

⑲『グル・ツェンゲ（Guru Tshengey）（グル・リンポチェの八変化相の舞）』［僧侶］

⑳『ンガチュ（Ngachu）（ンガ太鼓の舞）』［僧侶］

㉑『リグナ・チュドゥ（Rigna Chudrung）（持明呪者十六部衆の舞）』［僧侶］

㉒『ドゥルダ・チャム（Durdhag Cham）（骸骨の舞）』［俗人］

㉓『ギン・ツォリン（Ging Tsholing）（ギンと忿怒尊ツォリンの舞）』［俗人］

㉔『シャワ・シャチ（Shawa Shachi）（ミラレパの物語）』の後半［俗人］

【四日目】（ブータン暦十一月十二日、二〇〇九年一月八日）

☆儀礼トンドル・ユニ（Tonhdrol Yuni）（トンドル開帳）［僧侶］

☆儀礼トンドル・ラドニ（Tonhdrol Radney）（トンドル奉献）［僧侶］

㉕『ジンシェク・ペモ・チャム（Shingshek Pemo Cham）』［僧侶］

㉖『パ・チャム（Pa Cham）（英雄の舞）』［俗人］

㉗『ダムニェン・チョシェー（Dramnyen Choegey）（弦楽器ダムニェンの弾き歌い舞）』［俗人］

☆儀礼テンワン（Tenwang）（聖灌頂）［僧侶］
☆儀礼テアンログ・ユニ（Teanlog Yuni（座主シャブドンの像を納める儀礼）［僧侶］
☆儀礼ラマ・ユニ（Lama Yuni）（僧侶退場）［僧侶］

なお、俗人が演じるアツァラという道化たちの所作と俗人女性の合唱は、前述のように考察対象から外した。

ポー

ポーは男根のことである。魔除けとして、ブータンの民家の壁にポーが描かれている。しかも、遠目にもはっきりとわかるほど、大きくカラーで描かれている。また、木で作ったポーを軒先から下げることもある。村の入り口には、Y字形の木にポーを結び付けたものを立てることもある。

写真7-4　男根ポーと女陰ヨニを持つアツァラ『㉔チャワ・シャチ』

チャムのなかでは、三日目のブータン暦十一月十一日（二〇〇九年一月七日）に、道化アツァラたちがポーを持ち込む。皿の上に五本のポーを立ててある。アツァラはポーを一本ずつ手に取って、女性たちの頭に載せようとする。女性のなかには、頭をそむけて避ける人もいる。観衆は笑いながら見ている。ポーは女性たちに子宝をもたらすと信じられている。アツァラは老婆にもポーを付けようとして、いやがられたりしている。木製ではなく、祭壇に供える飾りトルマと同じ麦の粉を練って、赤い色を付けてある。アツァラからポーのかけらをもらった筆者にも、何か幸運が舞い込むだろうか。

3 チャムの起源譚と高僧

チベット仏教のチャムの起源には、ウディヤーナ国出身の僧パドマサンババ（生没年未詳）が関わっている。さらに、ブータンで伝承されているチャムは、ブータン出身の僧ペマ・リンパ（Pema Linpa：一四五〇―一五二一）とも関わっている。つまり二人の高僧と深く関わっていることになる。

パドマサンババは、インドで密教修行をしていたときの名前で、のちにチベットやブータンでは「尊い導師」という意味のグル・リンポチェ（guru Rinpoche）と呼ばれるようになる（本章では以下、煩雑さを避けるために、基本的にパドマサンババではなくグル・リンポチェに表記を統一する）。漢訳名は蓮華生大師。さらに、八つの異名をもち八変化相で表される。八世紀後半ごろにチベットのティソン・デツェン王に招かれ、チベット最初の仏教僧院サムイエ寺の建設に携わり、土着の神を呪術で調伏し、チベット仏教の基礎を築いた。ニンマ派の創始者である。

ブータンでも、グル・リンポチェについての伝承が残っている。ブータン王立芸術学院のP・ギルセンは「アジア太平洋地域無形文化遺産データベース」で次のような伝説を紹介しているので要約する(4)。

「ブータンに、チャムが最初に取り入れられたのは八世紀ごろである。ウディヤーナ国出身のグル・リンポチェが、敵性の神であるシェルギン・カルポ（Shelging Karpo）を討つために、病に臥せていたブムタン・チョーコルの王シンドゥ・ラージャに招かれた。グル・リンポチェが自らの秘術の力を使って不思議な踊りを踊りながら姿を現すと、敵意ある神はその支配下に屈した。シェルギン・カルポは釈迦の教義を支持することを約束し、病気の王は回復を遂げた」

これが、ブータンのチャムの始まりだと伝える。グル・リンポチェが埋蔵したと伝えられる経典や仏像などの教義テルマを発掘した者を、埋蔵宝典発掘者テルトンと呼ぶ。ブータンの高僧ペマ・リンパは、テルトンの一人である。ペマ・リンパは、バターランプを持ってメンバルツォの淵に飛び込み、水底から埋蔵宝典を持ち帰った。水中でもバターランプは消えることがなかったという。のちにペマ・リンパは、ブータン独自のチャムの舞を作った。

チベットやブータンを含むヒマラヤ地域のチベット仏教全体に関わるグル・リンポチェと、ブータンだけに関わるペマ・リンパと、異なるコンテクストを背負った二人の高僧が、ブータンのチャムの起源と深く関わっているのである。

4　トンサ・ゾンの楽器

トンサ・ゾンのなかで使われる楽器は、どのようなものがあるだろうか。そのなかで、チャムに使われる楽器はどれくらいあるだろうか。

楽器の名称は、ゾンカ（Dzongkha）とチョケ（Choekey、チューケとも）の両方を確認した。ゾンカはブータンの全国標準語である。チョケは古典チベット語で経典などに使われ、現在ではゾンカのなかに組み込まれて、丁寧語として使われているという。実は、世界的に見て、楽器というものは物質と名称が分離して伝播される事例がままある。ゾンカではチベット地域と別の楽器名称になっていても、チョケのなかにチベット地域と同じ名称が残されている可能性もある。チベット地域で伝承されているチャムの楽器と比較するために、ゾンカとチョケの両方をできるかぎり調べた。そうすれば、チベット地域から楽器だけでなく名称も伝わったかどうか確認でき

写真7-5　ンガとレルモでの伴奏

るだろう。

楽器の分類については、東京藝術大学音楽学部小泉文夫記念資料室の『所蔵楽器目録[5]』の分類法に基づいておこなった。また、楽器名称などのローマ字化は、トンサ・ゾンの僧侶でトンサ・ツェチュ祭運営責任者であるペマ・デンデュップ氏に教授していただいた。カタカナ表記は、筆者が聞こえるままを書き留め、さらにそれを発音して、発音が類似しているかどうか確認してもらった。各演目のローマ字化は主として前述の『The Origin and Description of Bhutanese Mask Dances』を参考にした。本書の演目名の日本語表記は、ブータン研究者今枝由郎の表記を参考にしながら、筆者独自の芸能研究の視点を加えて新たな表記をおこなった。

体鳴楽器

①レルモ（rualmo）

いわゆるシンバルである。体鳴楽器カスタネット・シンバル類に属する。二つの器状の発音体を両手で持ち、上下に打ち合わせる。一般的なシンバルに比べると、器の部分が大きくて深い。

レルモには三つのタイプがある。僧侶は大型のポッサン（posang）を、俗人は大型のビューロル（bayrol）をチャムで使う。なお、小型のシルニェン（silnyen）は、僧侶が葬式や死後二十一日目の儀礼などの一般的な儀礼で使う。俗人は僧侶用のレルモを決して使わない。

レルモは、打ち合わせてすぐに離して音を響かせる技法と、打ち合わせたまま離さずに音を止める技法と、打ち合わせた後、縁と縁を軽く触れ合わせて多くの細かな音を連続して出す技法とがある。ポッサンとビューロルはもっぱら打ち鳴らすが、シルニェンは触れ合わせる技法を多用する。

レルモのリズムパターンは複数ある。その名称は「数＋打つ」という述語で表される。例えば、ジュドゥン

写真7-6　レルモを打つ水牛神バラン『⑯ラクシャ・マン・チャム』

(zhidung) というリズムパターンのジュは「四」、ドゥンは「打つ」という意味で、—●●—●—●—というリズムを繰り返す。

・レルモのリズムパターンの例
スンドゥン (sumdung)　三つ打つ。sum はゾンカで三のこと。
ジュドゥン (zhidung)　四つ打つ。zhi はゾンカで四のこと。
ドゥドゥン (duendung)　七つ打つ。duen はゾンカで七のこと。
グドゥン (gudung)　九つ打つ。gu はゾンカで九のこと。

夜中まで続くような大きな儀礼では、七つ打つドゥドゥンや九つ打つグドゥンのリズムパターンを使う。

このように何回打つかで表す名称のつけ方は、日本の三三七拍子や、インドネシアのバリ島のケチャにも見られる。ケチャでは、八拍のなかに「チャッ」という掛け声を五回言うパターンをチャッリマ（リマは五のこと）、六回言うパターンをチャッヌム（ヌムは六のこと）と呼んでいる。鳴らされた音だけを数えて、音と音との間《ま》は数えないという認識方法は、西洋音楽の拍子感とは異なるものである。

チャムの舞をリードするのは、後述する柄付き太鼓ンガではなく、ポッサンやビューロルなどレルモである。レルモは舞のテンポを定めたり、舞のパターンを変える合図を出したりする。レルモのリズムパターンと舞の所作のパターンは連動していて、舞のパターンが変わると、レルモのリズムパターンも変わる。レルモと舞は息がぴったり合っていなければならない。舞を舞えなければレルモは打てないという。レルモの奏者をンゼと呼んで別格に扱っているが、舞のリーダーであるチャンペンが、のちにンゼになるのが一般的だという。なお、俗人奏者へのインタビューでは、オムゼと発音していた。

②ディブ

体鳴楽器カネ類に属する。チベットではディルブ（dril-bu）と呼んでいる。金属製の器状の発音体に持ち手が付いている。内部に金属製の舌がつけられ、振って鳴らす。儀礼では金剛杵ドルジェと一緒に使うことが多く、二つ合わせてドルディブと呼ぶ。

③ティンティン（tingtin）

体鳴楽器ドラ類に属する。金属の皿状の発音体の縁につけた紐で左手から吊り下げ、右手に持ったバチで打つ。

膜鳴楽器

①ンガ（nga）

膜鳴楽器タイコ類五（枠型両面）に属する。柄付き両面太鼓。チョケでもゾンカでも同じ名称。チベットでもンガ（rnga）という。一本または二本のバチで打つ。

枠にどくろの連続モチーフまたは花や龍の連続モチーフが描かれている。トンサでは、チャムの伴奏のンガにはどくろ、僧侶の舞具のンガには花、俗人の舞具のンガにも花が描かれている。また、法要儀礼に使うものは花と龍が描かれる。トンサ以外の地域のチャムでは、以下のような例があることが写真から読み取れる。

・ンガの装飾のモチーフ

どくろ　プナカの『ダミツェ・ンガチャム』で使うンガ(6)

　　　　ティンプーの『ギン・ツォリン』で使うンガ(7)

　　　　パロの「ペリン・ギン・スム」の『ンガ・ギン』で使うンガ(8)

花や龍　ジャンベ・ラカンの『ギン・ツォリン』で使うンガ(9)

写真7-7　どくろの連続モチーフを描いたンガ

タムシン・ゴンバの「ペリン・ギン・スム」の『ンガ・ギン』で使うンガ⑩
タムシン・ゴンバのチャムの伴奏で使うンガ⑪
パロの『シャナ・ンガ・チャム』で使うンガ⑫

このように、どくろのモチーフはパロ、ティンプー、プナカで使われている。花や龍のモチーフはパロをはじめ、ブムタン地方のブータン最古の寺ジャンベ・ラカン（Jampey Lhakhang）や一五〇一年創建のタムシン・ゴンパ（Tamshing Goenpa）で使われている。このようなモチーフの差異にどのような意味があるかは、残念ながらインタビューする時間がとれなかった。

チャムでは、ンガをバチ一本で打つ。バチはンゲトゥ、チョケではンガ・テック（ngadeg）という。ンゲトゥの上部は湾曲し、さらに、皮に当たる先端の部分がつまんだように細工してある。

チャムでンガを演奏するときは、柄を床に立てる。ンガを床に置いてもいいが、打つときは見栄えがよくなるように柄で立てるという。柄で立てると場所ふさぎにならないので、大勢の僧侶が座れるともいう。このような「なぜ、柄で立てて打つのか」ということの意味づけは、チベットで伝えられているものと異なった。チベットでのインタビューでは、僧侶の息がンガにかからないように、頭よりも高く上げると説明があり、ンガが単なる楽器ではなく、法器として神聖視されていることがうかがわれた。しかし、トンサではそのような意味づけはなされていなかった。

僧侶のチャムは僧侶が伴奏し、俗人のチャムは俗人が伴奏する。両者はともに複数のンガを使い、一斉に同じリズムを打つという音楽構造をしている。僧侶のチャムでは、前述のように熟練した年配の僧侶がレルモを担当し、それに対してンガは若手、ときには少年の僧侶が打つ。ンガの奏者をトンサ・ゾンではドゥンパと呼ぶ。ブータン最古の寺院ジャンベ・ラカンでのインタビューによると、村のチャムではンガの奏者をンガトゥプと呼ぶ。ンガは音楽構造上レルモの補佐的な役なので、舞をまったく舞ったことがなくてもンガトゥプになることができるという。このように、ゾンでのチャムも村でのチャムも、全体の指揮をしているのはレルモの奏者であって、ンガの奏者ではないことが確認できた。

四日目の仏画トンドル開帳の儀礼では、ンガを二本のバチで打つ。その場合は、僧侶が二人横に並んで、一人の僧侶がンガの柄を支えて立てて、他の一人の僧侶がジンガという二本のバチで片面を打つ。ジンガは真っ直ぐで、先端が小さな球になっている。バチのうちの一本は逆手に持って使う。ジは植物の名前である。赤い胴に金で龍や花が描かれている。

僧侶が舞で舞具として使うンガは、俗人の舞具のンガよりも多少大きい。また、僧侶の舞のリーダーであるチャンペンの舞具のンガは、他の僧侶の舞具のンガよりも一回り大きい。奏者が舞の伴奏に使うンガは、演者の舞具のンガよりもさらに一回り大きい。

大きさの違いに、特に儀礼的な意味はないという。伴奏用のンガが大きいのは、広場中に響く低く大きな音を必要とし、舞具のンガが小さいのは、あまり重いと持てないからだろう。

僧侶は俗人のンガに触ることができるが、俗人は僧侶のンガに触ることができない。僧侶のンガは特別な存在として、聖性があると考えられているといえる。パロ・ゾンでは、かつては僧侶と俗人がンガとレルモを共用していたが、現在はそれぞれの楽器を使うようになったという。王の従者ベガルパから俗人に舞の担い手が代わったことと関係があるのかもしれない。

『ダミツェ・ンガ・チャム』という演目では、ンガの縁を叩くこともあるが、儀礼的な意味はなく、音楽上の変化をつけるためにおこなう。ンガを打ちながら舞う演目のなかで、柄を回転させる技法が出てくる。ンガの柄にぐるぐると巻き付けた紐の一端を手首に結ぶ。そうすることによって、ンガがスムーズに回転するという。舞のなかのどこで回転技法をおこなうかは決まっていて、演者全員でそろって回転させなければならないが、特に儀礼的な意味はない。回転させる数も決まっておらず、何度回転させるかは演者の技量による。回転といえば、演者自体がぐるぐると自転旋回する所作があるが、それも同じように回転数は定まっておらず、演者の技量にまかされている。どちらの場合も、多く回転すると美しいという。

②ダルー（daru）

膜鳴楽器フリッヅミ類に属する。チョケでもゾンカでも同じ名称である。しかし、チョケの会話のなかで使うときとゾンカの会話で使うときは、微妙にアクセントが違うという。多少大型のものをタンティ（tangti. または tangtee）と呼ぶ。ダルーはチョケで、タンティがゾンカだという説も聞いた。ダルーは、チベットではダマル（damaru）の名で知られている。

胴は、二つの椀を背中合わせにつなげた形で、その両側の開口部に皮を張る。外見からは鋲は見えない。膠《にかわ》のようなもので貼り付けていると思われる。皮は緑色に彩色されることが多い。胴のくびれたところの両側から、二本の紐でそれぞれ小さな玉を吊るす。くびれた部分を持って手首を左右にひねるように繰り返し振ると、玉が両側の皮に当たって音を出す。トンサ・ゾンのダルーの胴は、木、象牙、または象の骨で作られている。木製は廉価で、象牙製は高価である。チベットのダマルに見られるようなヒトの頭蓋骨を使ったものは、トンサにはない。ブータンでは、頭蓋骨のものはあまり使わないという。山羊や羊の皮を、胴に張る。蛇や蛙の皮を使ったダルーもあり、山羊や羊のものよりも、高い音が出るという。蛇や蛙の皮のほうが薄いので、高い音になるのだろう。蛇や蛙の皮を使ったのは、水に強いので濡れても影響がないからかもしれない。また逆に、ダルーに山羊や羊の皮を使っていたのは、それほど高い音を必要としていなかったからとも考えられる。チベットのダマルに見られるようなヒトの皮を使ったものはトンサにはない。

写真7-8　金剛鈴ディブと振り鼓ダルー

③バンガ（banga）

膜鳴楽器タイコ類三（筒型両面）に属する。バンガという名は、ゾンカでの太鼓の一般名称である。樽形の胴の両面に山羊や牛の皮を張る。バンガは普段はゾンの堂の二階に置かれている。ゾンでの日常の合図として使う。かつては、馬の世話やゾンの掃除をする、いわば寺男のような役の人が打った。チャムでは僧侶の行列が始まる合図に打ったり、僧侶の舞のリーダーであるチャンペンが出てくるときに打つ。

ティンティンというドラと一緒に使う。両方を合わせてティンバンというが、これは楽器が出す音から付いた名前である。バンガも「バと鳴るンガ」という意味だろう。チャムでも、バンガはもっぱら俗人が打つ。

弦鳴楽器

①ダムニェン（dramnyen）

弦鳴楽器ビワ類一（ビワ）に属する。胴は木をくりぬいたもの。棹の付け根は横に張り出すような形をしている。胴に若い雌羊の皮を張る。二弦・三弦・二弦の三コースからなる。

写真7-9　ジャーリンと筒型両面太鼓バンガ

気鳴楽器

①ドゥンチェン（dangchen）

気鳴楽器ラッパ類に属する。金属製である。ドゥンチェンのドゥン（dang）は吹くという意味で、チェン（chen）は大きいという意味だ。欧米では、チベッタンホルンとかロングホルンと呼んでいる。長いものは三メートルもある。ドゥンチェンは三つの部分からなり、保管するときは押し縮めて短くするが、吹くときは引き伸ばして使う。大型のものと小型のものを演目によって使い分けている。大型のものは堂の三階に据え置かれている。小さいものは単にドゥン（dang）とも呼ぶ。

ドゥンチェンは必ず二本一対で鳴らす。演奏者の前に長々と置く。とにかく長くて重いので、持ったまま吹くというわけにはいかない。下端の朝顔形の開口部を床または小さな台に置く。唇を震わせながら上端から息を吹き込む。

トンサ・ゾンのチャムでは、ドゥンチェン

は僧侶だけが演奏する。しかしながら、ドゥンには聖性があるとは考えていないようである。ドゥンは、ティンプーなどで作っているが、高価なのでなかなか農民たちは買うことができない。農民が村で祭りをするときに、僧院のドゥンを貸し出すこともあるという。

②ジャーリン（jaling）

写真7-10　小型のドゥンチェン

気鳴楽器ヒチリキ類に属する。金属製である。チョキでもゾンカでも同じ名称である。チベットでは、ギャリン（rgya-rling）という。管の上端に差し込まれたリードを口にくわえるようにして、息を吹き込む。循環呼吸法を使う。循環呼吸法とは、鼻から空気を吸う瞬間、頬にためた息を筋肉の力で押し出すことで、音を途切らせることなく演奏を続ける技法である。演目によっては、トリルを多用することもある。必ず二本一対、二人で演奏する。僧侶も俗人も使う。俗人は僧侶のジャーリンを借りて使うことができる。ジャーリンは聖性があるとは考えられていないといえる。

③カンドゥン（kangdung）

気鳴楽器ラッパ類に属する。チョキでもゾンカでも同じ名称である。カン（kang）は足の意味、ドゥン（dung）は吹くの意味。ヒトの大腿骨で作った笛だ。チベットではカンリン（rkang-gking）と呼ぶ。トンサ・ゾンで使っているカンドゥンはブータンで作ったものではないという。どこで作られたものかは不明だった。縦に構えて、唇を震わせながら上端から息を吹き込む。『シャワ・シャチ』という寸劇のなかで、道化アツァラがダルーとカンドゥンを使う。

④ドゥンカル（dungkar）

気鳴楽器ラッパ類に属する。ドゥン（dung）は吹くの意味で、カル（kar）は白いの意味。白いほら貝でできている。儀礼で使うが、チャムには使わない。

5　楽器と演目の関係

トンサ・ゾンの楽器は、体鳴楽器が三種、膜鳴楽器が三種、弦鳴楽器が一種、気鳴楽器が四種の合計十一種である。チャムに使う楽器は、ほら貝のドゥンカルを除いた十種類だ。ンガのように僧侶用と俗人用の二セットあるものもあるが、すべての楽器はゾンの所有物で、ゾンで保管している。これらの楽器がチャムのなかでどのように使われているのだろうか。登場する神や仏などとの関わりをチャムの次第に従って表7―1に記した。

チャムの伴奏に使うのは、レルモ（シンバル）、ンガ（柄付き太鼓）、ドゥンチェン（管楽器）である。舞い手が舞具として使うのは、ンガとダルー（振り鼓）である。行列で歩きながら演奏するのは、ドゥンチェン、ンガ、レルモ、ジャーリン（管楽器）、バンガ（樽形太鼓）、ティンティンである。寸劇で小道具に使うには、カンドゥン（ラッパ類）とダルーである。

このように伴奏楽器としてだけではなく、演者がさまざまな楽器を持って舞い演じるというところに、トンサ・ゾンのチャムの特徴があるといえる。

なお、ダムニェン（弦楽器）は、チャムの合間に俗人男性によっておこなわれるダムニェン・チョシェー（ダムニェン仏法歌）でだけ使う。ダムニェンはトンサ・ゾンの所有物ではない。また、俗人の女性の合唱は無伴奏で歌う。

チャムの主な登場人物（衣装と持ち物など）
英雄パオ２人。上着。白いスカート。たすき。裸足。大きめのダルー（タンティーか?）を持つ。 僧侶１人。長い白布で鼻から下を覆う。
シンゲイ２人。シャワジャ Shaga とナムジャ Namga。両者とも口を開いた牡牛の仮頭。裾が長い衣装。肩掛け。ブーツ。右手に剣を持つ。
香炉持ち1人。帽子。裾が長い衣装。袖なしの裾が長い衣装を重ねる。 ジャーリン奏者２人。帽子。裾が長い衣装。袖なしの裾が長い衣装を重ねる。 黒帽シャナ21人。 ジャーリン奏者に先導されて、黒帽シャナ21人が登場。 幅広のつばがある黒帽をかぶる。仮頭は着けない。金襴緞子の裾が長い衣装。肩掛け。下半身の前垂れには、巨大な忿怒尊が縫い取りされている。フェルトのブーツ。左手に骸骨杯ガバル、右手に金剛橛（こんごうけつ）プレブを持つ。悪霊を鎮める。 シャナ21人。再登場。左手にガバル、右手に黒布を持ち替える。
シャナ21人。幅広のつばがある黒帽をかぶる。仮頭は着けない。金襴緞子の裾が長い衣装。忿怒尊の縫い取りをした前垂れは外してある。左手にンガ太鼓、右手にそのバチを持つ。
僧侶10人。一列になって、先頭と最後尾の僧侶が鞭で地面を打ちながら行列して退場。
動物神18人。仮頭。上着。肩掛け・たすき。黄色のスカート状の衣装。裸足。左手にンガ太鼓、右手にそのバチを持つ。ンガの縁をバチで打つこともある。
悪魔デ・ナクチュン1人。三眼。黒い逆立つ髪。膝丈の衣装。肩掛け。たすきをかける。トラの皮の腰巻きをする。腰に多くの鈴を付ける。 人皮の形をした布を中央に置く。
動物神14人。仮頭には長い髪と布が付く。上半身裸。肩掛け。たすきをかける。黄色のスカート。裸足。舞いながら左右の手で棒ジュを持ち替える。悪霊を追い出す。 渦を巻くように行進し、それを解く「巻き踊り」が特徴的である。
忿怒尊14人。仮頭には長い髪と布が付く。上半身裸。肩掛け。たすきなし。黄色いスカート。裸足。右手で剣ディを持つ。悪霊を抹殺する。
忿怒尊14人。仮頭には長い髪と布が付く。上半身裸。肩掛け。たすきなし。黄色のスカート。裸足。右手にンガを、左手にバチを持つ。 ンガの縁には花模様が描かれている。
動物神12人。鹿神シワが先頭で、白獅子神センドマが最後に登場。仮頭から長い紐を何本も髪のように垂らす。上半身裸。肩掛け。たすきなし。黄色の半ズボン。裸足。トラ柄の布を腰に巻きベルトを締める。右手に剣、左手は何も持たない。
釈迦の前生譚（ジャータカ）の一つを戯曲化したといわれる。 王子２人。肌が銀色の人の仮頭。膝丈の男性用民族衣装ゴを着る。ブーツ。黄色の布を肩からかける。腰に剣を下げる。 妃２人。銀色の人面の仮頭。女性用民族衣装。 ポレ・モレが終わった後に、再びケ・チャム。 動物神12人。仮頭から長い紐を何本も髪のように垂らす。上半身裸。肩掛け。たすきなし。黄色の半ズボン。裸足。トラ柄の布を腰に巻きベルトを締める。
トンサ・ゾンではアチョ・ペンドゥップ・シャワ・ガンレイ・パプニ Ajo Fento Shawa Gangley Fapni と呼ぶ。ミラレパの物語の前半。猟師兄弟、鹿の舞。 猟師兄弟。猟犬2匹。
シャワ・シャチの間に僧侶が退場する。

表7-1　トンサのチャムにおける太鼓（☆は儀礼やその他）

<table>
<tr><th>日</th><th>番号</th><th colspan="2">次第（演目名称など）</th><th>芸態</th><th>演者</th><th>演者が使う楽器</th></tr>
<tr><td rowspan="14">一日目「ブータン暦十一月九日」二〇〇九年一月五日</td><td>①</td><td colspan="2">パオ pawo（正式名称不詳）</td><td>舞</td><td></td><td>ダルー（振り鼓）</td></tr>
<tr><td>②</td><td colspan="2">シンゲイ・チャム Shingey Cham
雄牛の舞</td><td>舞</td><td></td><td></td></tr>
<tr><td>③</td><td colspan="2">シャナ・チャム Zhanag Cham
黒帽の舞</td><td>行列
舞</td><td>僧侶</td><td>ジャーリン（管楽器）</td></tr>
<tr><td>④</td><td colspan="2">シャナ・ンガ・チャム Zhanag Nga-Cham
黒帽のンガ太鼓舞</td><td>舞</td><td>僧侶</td><td>ンガ（柄付き太鼓）</td></tr>
<tr><td>☆</td><td colspan="2">僧侶退場</td><td>行列</td><td>僧侶</td><td></td></tr>
<tr><td>⑤</td><td colspan="2">ダミツェ・ンガ・チャム Drametse Nga-Cham
ダミツェ村起源のンガ太鼓舞</td><td>舞踊</td><td>俗人</td><td>ンガ（柄付き太鼓）</td></tr>
<tr><td>⑥</td><td colspan="2">ユリマ・チャム Wilimi Cham
悪魔の舞</td><td>舞</td><td>俗人</td><td></td></tr>
<tr><td>⑦</td><td rowspan="3">ペリン・ギン・スム
Peling Ging Suum
ペマ・リンパの三部作の舞</td><td>ジュギン・チャム
Juging Cham
ギンの棒舞</td><td>舞</td><td>俗人</td><td></td></tr>
<tr><td>⑧</td><td>ディギン・チャム
Driging Cham
ギンの剣舞</td><td>舞</td><td>俗人</td><td></td></tr>
<tr><td>⑨</td><td>ンガギン・チャム
Ngaging Cham
ギンのンガ太鼓舞</td><td>舞</td><td>俗人</td><td>ンガ（柄付き太鼓）</td></tr>
<tr><td>⑩</td><td colspan="2">ケ・チャム Kel Cham
動物神の剣舞</td><td>舞</td><td>俗人</td><td></td></tr>
<tr><td>⑪</td><td colspan="2">ポレ・モレ Phole Mole
王子と妃の物語</td><td>劇</td><td>俗人</td><td></td></tr>
<tr><td>⑫</td><td colspan="2">シャワ・シャチ Shawa Shachi［前半］
ミラレパの物語</td><td>劇</td><td>俗人</td><td></td></tr>
<tr><td>☆</td><td colspan="2">僧侶退場</td><td>行列</td><td>僧侶</td><td></td></tr>
</table>

チャムの主な登場人物（衣装と持ち物など）
僧侶1人。ダルーを持つ。 鹿１匹。
ドゥルダ４人。白い骸骨の仮面。両耳の横に髪の作り物を付ける。腕・手・足を白い布で覆う。足は裸足のように作ってある。肩掛け。黄色のスカート。 中央にゴザを敷く。人皮形の布を敷き、その上に平たい三角箱を置く。
香炉持ち1人。ジャーリン奏者。ドゥンチェン奏者２人。レルモ奏者。 忿怒尊トゥンガム１人。大きな忿怒の仮頭。右手に悪霊を抹殺する剣を持つ。長い金襴の衣装。肩掛け。フェルトのブーツ。 忿怒尊15人。長い髪。裾が長い衣装。右手に剣。 トゥンガムが三角箱のなかを剣で突き刺し、悪霊の息の根を絶つ。
［次の⑯ラクシャ・マン・チャムとの境界が不詳］ 雄牛神の姿をしたラクシャ（閻魔大王の使者の羅刹）。角と角を赤色の布で結ぶ。上着。肩掛け。たすき。黄色のスカート。裸足。 動物神18人。上着。肩掛けがあるものとないものがいる。たすき。黄色のスカート。裸足。右手にプレブ。
黒魔デ・ナクチュン De Nagcung １人。逆立つ黒い髪。トラの皮の腰巻き。腰に多くの鈴を付ける。いくつもの人間の頭を紐でつないだ飾りをつける。 バンガ奏者１人。バンガを肩から紐で吊るす。膝丈の民族衣装ゴを着る。 ティンティン奏者１人。膝丈の民族衣装ゴを着る。 ジャーリン奏者２人。膝丈の民族衣装ゴを着る。 女性俗人信者多数、男性俗人信者多数。 閻魔大王シンジェ・チュキガップの巨大な作り物。 天女５人。五弁の冠。長い髪。美しい金襴の衣装。骨細工の装飾品。右手にダルー、左手に金剛鈴。 猟師１人。シャオ１人。 白神ラ・カップ Lha Kaap １人。白い仮頭。裾が長い衣装。肩掛け。ブーツ。 俗人の信者多数が参拝。 英雄２人。腰に剣を下げる。右手にダルーを持つ。 動物神の巻き踊りが特徴的。
僧侶たちの行列。 香炉持ち１人。裾が長い衣装。その上に袖なしの裾が長い衣装を重ねる。 ジャーリン奏者２人。裾が長い衣装。その上に袖なしの裾が長い衣装を重ねる。 ンガ奏者３人。僧形でマントを羽織る。 ドゥンチェン奏者２人。僧形でマントを羽織る。 レルモ奏者２人。僧形でマントを羽織る。 ンガの縁には、多数のどくろが描かれている。
バンガ奏者１人。膝丈の民族衣装ゴを着る。 ジャーリン奏者２人。膝丈の民族衣装ゴを着る。 牡鹿神４人。上半身裸。肩掛け。たすき。黄色のスカート。裸足。右手に剣を持つ。

日	番号	次第（演目名称など）	芸態	演者	演者が使う楽器
	⑫	シャワ・シャチ［前半］ ㉔に続く		俗人	ダルー（振り鼓）
二日目［ブータン暦十一月十日］一月六日	⑬	ドゥルダ Durdhag 骸骨の舞	舞	俗人	
	⑭	トゥンガム Tungam 忿怒尊の舞	行列 舞	僧侶	ジャーリン（管楽器） ドゥンチェン（管楽器） レルモ（シンバル）
	⑮	ラクシャ・ゴ・チャム Raksha Gocham 羅刹ラクシャの舞	劇	俗人	
	⑯	ラクシャ・マン・チャム Raksha Mangcham 閻魔大王の裁きの場でのラクシャの舞	劇 （舞） （行列） （参拝）	俗人	バンガ （樽形両面太鼓） ティンティン（ドラ） ジャーリン （管楽器） ダルー（振り鼓）
三日目［ブータン暦十一月十一日］一月七日	⑰	ベルコル Belkor 金襴行列	行列	僧侶	ジャーリン（管楽器） ンガ（柄付き太鼓） ドゥンチェン（管楽器） レルモ（シンバル）
	⑱	シャザム・チャム Shazam Cham 鹿の舞	行列 舞	俗人	バンガ（樽形両面太鼓） ジャーリン（管楽器）

チャムの主な登場人物（衣装と持ち物など）
バンガ奏者１人。膝丈の民族衣装ゴを着る。 ジャーリン奏者２人。膝丈の民族衣装ゴを着る。 グル・リンポチェ１人。 八変化相８人。赤い仮頭、白い仮頭、肌色の仮頭が右手にダルーを持つ。 忿怒尊グル・ドルジ・ドロェ Dorje Droloe １人。大きな仮頭。長い髪。裾が長い衣装。肩掛け・ブーツ。多数の人間の頭を紐でつないだ飾りをつける。 男性俗人信者16人。膝丈の民族衣装ゴを着て、肩から白い布をかける。 天女。冠。長い髪。美しい金襴の衣装。骨細工の装飾品。
香炉持ち１人。 ジャーリン奏者２人。 天女（持明呪者）16人。五弁の冠。長い髪。美しい金襴の衣装。骨細工の装飾品。左手にンガ、右手にそのバチを持つ。
天女（持明呪者）16人。五弁の冠。長い髪。美しい金襴の衣装。骨細工の装飾品。右手にダルー、左手に金剛鈴を持つ。 バンガ、ジャーリンの先導で、グル・リンポチェとともに退場。
ドゥルダ４人。白い骸骨の仮面。腕・手・足も白い布で覆う。足は裸足のように作ってある。肩掛け。黄色のスカート。 人皮形の布の敷物の上に平たい三角箱を載せ、四隅を持って運び、中央に置く。
ギン16人。左手にンガ、右手にそのバチを持つ。 ギンが堂内と広場を駆け回って、悪霊を鎮め、場を清めるためにンガを打ち鳴らす。祝福を授けるために、バチで人々の頭を打つ。僧侶の頭は打たない。 忿怒尊ツォリン12人。三眼。長い髪。長い裾の衣装。裸足。ツォリンが舞うときは、ギンは体の前でンガを水平にして打つ。
トンサ・ゾンでは、アチョ・ペンドッップ・シャワ・タライ Ajo Fento Shawa Thalay と呼んでいる。ミラレパの物語後編。猟師兄弟の舞、鹿の舞。 猟師兄弟。犬２匹。鹿１匹。 ミラレパ１人。ダルーを持つ。
グル・リンポチェのトンドル開帳。 僧侶たちがンガ４人、レルモ５人、ジャーリン２人、ドゥンチェン２人で演奏。
トンドルに向いて座った僧侶たちが読経をおこなう。
3人。仮面をつけない。黄色いスカート。大勢の僧侶が広場に列をなして座る。その間を跳躍しながら舞う。
パオ pawo 英雄。金の冠。仮頭をつけない。黄色いスカート。ディブとダルーを持つ。読経をおこなっている僧侶たちの間で舞う。
10人。弦楽器ダムニェンを弾き歌いながら所作をする。
ドゥグ派の座主シャブドン像の巡行。
シャブドン像を堂に納める。
僧侶退場。

日	番号	次第（演目名称など）	芸態	演者	演者が使う楽器
三日目［ブータン暦十一月十一日］一月七日	⑲	グル・ツェンゲ Guru Tshengey グル・リンポチェの八変化相の舞	行列舞	僧侶	バンガ（樽形両面太鼓） ジャーリン（管楽器） ダルー（振り鼓）
	⑳	ンガチュ Ngachu ンガ太鼓の舞	舞	僧侶	ジャーリン（管楽器） ンガ（柄付き太鼓）
	㉑	リグナ・チュドゥ Rigna Chudrung 持明呪者十六部衆の舞	舞	僧侶	バンガ（樽形両面太鼓） ジャーリン（管楽器） ダルー（振り鼓）
	☆	僧侶の退場		僧侶	
	㉒	ドゥルダ・チャム Durdhag Cham 骸骨の舞	舞	俗人	
	㉓	ギン・ツォリン Ging Tsholing ギンと忿怒尊ツォリンの舞	舞	俗人	ンガ（柄付き太鼓）
	㉔	シャワ・シャチ Shawa Shachi［後半］ ⑫からの続き ミラレパの物語	劇（舞）	俗人	ダルー（振り鼓）
四日目［ブータン暦十一月十二日］一月八日	☆	トンドル・ユニ Thonhdrol Yuni トンドル開帳	儀礼	僧侶	
	☆	トンドル・ラドニ Thongdrol Radney トンドル奉献	儀礼	僧侶	
	㉕	ジンシェク・ペモ・チャム Shingshek Pemo Cham	舞	僧侶	
	㉖	パ・チャム Pa-Cham 英雄の舞	舞	俗人	ダルー（振り鼓）
	㉗	ダムニェン・チョシェー Dramnyen Choegey	舞	俗人	ダムニェン（弦楽器）
	☆	テンワン Tenwang 聖灌頂	儀礼	僧侶 行政 幹部	
	☆	テアンログ・ユニ Teanlog Yuni シャブドン像を納める	儀礼	僧侶	
	☆	ラマ・ユニ Lama Yuni 僧侶退場	儀礼	僧侶	

6 チャムにおける舞具としての太鼓

これまで見てきたように、チャムでは楽器は伴奏者が演奏するだけではなく、衣装を着て広場に登場する演者が楽器を使うという特徴がある。なかでも最も多く使うのは、ンガ（柄付き太鼓）、ダルー（振り鼓）、バンガ（樽形太鼓）という形が異なる三種類の太鼓である。実は、これら三種の太鼓は、構造上、アジアで最も広く分布している締め太鼓ではない。チャムでは締め太鼓を使わないということが、太鼓の機能を考えるうえで大きな意味をもつだろう。

これら三種類の太鼓は、トンサのチャムの二十六演目中十四演目で使用される。特にンガとダルーは、舞具として打ちながら舞うことが多い。

これらの太鼓には、どのような機能と象徴があるのだろうか。なお、以下に述べるチャムの起源譚などの伝説は、ブータン人の研究者ダショー・シテル・ドルジ（Dasho Sithel Dorji）の著書『The Origin and Description of Bhutanese Mask Dances（ブータンの仮面舞踊の起源と解説）』[13]の他、永橋和雄と今枝由郎による『ブータンのツェチュ祭――神々との交感』[14]、ブータン王国教育省教育部の『ブータンの歴史――ブータン小・中学校歴史教科書』[15]を参考にしている。

柄付き太鼓ンガを使うチャム

トンサ・ゾンで柄付き太鼓ンガを使うのは、
『黒帽のンガ太鼓舞（シャナ・ンガ・チャム）』［僧侶　表7―1④］
『ダミツェ村起源のンガ太鼓舞（ダミツェ・ンガ・チャム）』［俗人　表7―1⑤］

『ギンのンガ太鼓舞（ンガギン・チャム）』［俗人　表7―1⑨］
『金襴行列（ベルコル）』［僧侶　表7―1⑰］
『ンガ太鼓の舞（ンガチュ）』［僧侶　表7―1⑳］
『ギンと忿怒尊ツォリンの舞（ギン・ツォリン）』［俗人　表7―1㉓］
の六演目である。それぞれを詳しく見ていこう。

写真7-11　ンガを打つシャナ『④シャナ・ンガ・チャム』

①『黒帽のンガ太鼓舞（シャナ・ンガ・チャム）』［僧侶　表7―1④］

トンサ・ゾンのチャムは、『英雄パオ』『雄牛の舞』で始まる。『雄牛の舞』では雄牛の仮面をつけた二人が荘厳な舞いで広場の悪霊を鎮め、場を清める。

それに続く『黒帽の舞』では、黒帽をかぶり金襴緞子の衣装を着て忿怒尊が描かれた前垂れをした二十一人のシャナが登場する。シャナは、聖者ネルジョルパ（Neljorpa）に扮しているという説がある。[16]

また、呪師シャナは、チベットでボン教を復興させるべく仏教を弾圧したチベット王ランダルマ（Glangdarma：八〇九―八四二）と関わる伝説をもつ。ランダルマ王については、最近の日本語の研究文献にもしばしば登場する。刊行年代順に並べてみよう。

・二〇〇二年、今枝由郎
「仏教弾圧政策をとっていたランダルマ王を暗殺するため、一人の僧が黒い衣装をまとい、その長いゆったりした袖口に弓・矢を隠し持って王に近づき射殺した。このときの僧の衣を模したのが現在の黒帽の衣装[17]」

・二〇〇七年、津曲真一
「チベット仏教諸派では一般に、シャナクのチャムは九世紀に破仏を行ったとされるランダルマ王の刺殺者として知られるペルギ・ドルジェに由来する[18]」

・二〇〇九年、古田真一
「仏教がチベットに伝来し、サムイェ寺の伽藍《がらん》の建設が始まると、多くの民衆と供に鳥や獣までが造営作業のために集まってきた。そのなかに一頭の大牛がおり、寺院の建立のために力を尽くして懸命に働いた。しかし寺院が建立した後、誰一人として大牛の功績を褒《ほ》めたたえる者はなく、憤慨した大牛は全力で寺院に突進して死んでしまった。その後、大牛は吐蕃王朝のランダルマ王に転生した。ランダルマは八四一年に王位を継承すると、寺院を破壊して経典を焼却し、多くの僧侶を殺戮《さつりく》するなど仏教を弾圧したため、チベットの仏教は存亡の危機にたたされた。ときに一人のラマ僧が現れ、黒帽子をかぶったボン教の僧侶に変装してチャムを踊り、民衆から絶賛されていた。やがて、この舞踊の噂《うわさ》は宮廷にまで達し、ラマ僧は宮廷でチャムを踊ることになった。ラマ僧は、ランダルマ王の前で跳ねながら舞い踊り、やがて広い袖のなかに隠し持っていた弓矢を取り出すと、奇妙な踊りに魅了されて夢中になっていたランダルマ王を射殺してしまった。今度は水の精となって寺院を押し流そうとしたが、ラマ僧がチャムを踊って王の霊魂を粉砕してしまった。人々は仏教が復興することを喜び、そうして毎年、寺院でチャムを踊り、悪霊の退散と吉祥の到来を祈るようになった[19]」

チベット仏教のチャムのなかで、シャナ役のラマ僧が、敵対するボン教の僧侶に扮して舞うというのが興味深い。残念ながら、これらの伝説は、話者または出典が明記されておらず、「いつごろ、チベットのどの地方で、どのような人々の間で伝えられてきた伝承か」は不明である。チベットやブータンでは、誰でも知っている物語ということかもしれない。

祭りの芸能は、かつて共同体が体験したことを毎年繰り返し演じることによって、若い世代にその共同体の出自や歴史を伝えるという教育的機能をもっていることがある。『黒帽の舞』は、仏教を弾圧したランダルマ王の謀殺という伝説を想起させることで、俗人に対する「追体験型教育」の機能を発揮しているといえるだろう。

ブータンの小・中学校歴史教科書である『ブータンの歴史』では、『黒帽の舞』は「ゾン、寺院、仏塔を着工する際に地鎮祭の意味をこめて執り行われる清めの儀式でも踊られる。その目的は地に潜む悪霊をなだめ、土地の所有権を勝ち取ることにある[20]」と教えている。インドのウッタランチャル州デラドゥンにあるチベット仏教のタシトンモン寺院でも『黒帽の舞』は、「仏法を妨げる悪霊たちを偶像のなかに閉じ込める[21]」という。このように、チベット仏教では、シャナが、現世で実在した仏法の敵ランダルマ王に対して威力をもっていたように、教義上の敵である悪霊に対しても威力をもつと信じている。

『雄牛の舞』と同様に、『黒帽の舞』も悪霊を鎮め、場を清めるという機能をもつことから、ツェチュ祭の初めに両者を続けて演じるのは理にかなっている。『黒帽の舞』に続き、忿怒尊を描いた前垂れを外したシャナが、仏法の勝利を祝して『黒帽のンガ太鼓舞』をおこなう。シャナたちは大きな輪を作り、ンガを打ち鳴らし、旋回しながら舞う。『黒帽の舞』と『黒帽のンガ太鼓舞』は、「悪霊退散」と「勝利の舞」という対構造をなしているといえる。『黒帽のンガ太鼓舞』で注目に値するのは、天界にはンガがあると信じられていることである。

②『ダミツェ村起源のンガ太鼓舞（ダミツェ・ンガ・チャム）』［俗人　表7—1⑤］

十四人の動物神が輪を作り、ンガを打ち鳴らし、旋回しながら舞う。動物神は、鹿・猿・水牛・ガルーダ・猫・虎・狼・熊・豹・鰐・豚・カラス・象・オウム・白ライオンなどの仮面をつける。この演目は、チベットから伝わったものではない。ブータン王族の先祖であり、埋蔵宝典発掘者である高僧ペマ・リンパと関わり、ブータン東部のモンガル県にあるダミツェという村で生まれたという伝承がある。十五世紀の終わりごろ（十六世紀という説もある）、ペマ・リンパの末裔の一人である僧侶キュンガ・ゲルチェン（Kuenga Gyaltshen）が、妹の尼僧アジ・チョテン・ザンモ（Azhi Chhoten Zangmo. Chor ten Zangmo とも）とともに東ブータンのダミツェ村に移り住んだ。ゲルチェンは瞑想中、グル・リンポチェの天界の宮殿サンドド・ペルリ（Zangdog Pelri）を訪れ、グル・リンポチェに会った。宮殿では、動物神に変身した従者たちが、左手にはンガ太鼓を、右手にはバチを持って、打ち鳴らしながら舞っていた。ゲルチェンは人間界つまり現世に戻り、その舞をダミツェ村の人々に伝えた。現在では、ダミツェ村だけでなくブータン各地で舞われている。

王立芸術学院のギルセンは、「埋蔵宝典に関わる仮面舞踊は、非常に神聖で深遠なものとされ、人々に崇敬されて」(22)いると述べている。舞の技法や舞人のフォーメーションの妙味によって人々が魅了されることが重要なのではなく、天界の舞を現世に移したのが、埋蔵宝典発掘者テルトンである「ブータン人」の高僧ペマ・リンパの末裔であることに、人々は価値を見いだしている。ギルセンは「こうした舞踊は、普通の人々が創作できるものではないため、密教教義を深く学んでいないかぎり、舞踊の意味を解説すること」(23)はできないという。つまり、一般の人々が言語コミュニケーションによって『ダミツェ村起源のンガ太鼓舞』を理解することは不可能に近いと暗に示している。しかしながら彼は、「この舞踊を目にし、その太鼓の音を耳にするだけで、霊的成就の効果があると信じられて(24)」いるという。「見る」ことで密教教義に近づくことができると考えられているのである。トンサ・ゾンの僧侶ペマ・デンデュップ氏も、二〇〇九年のフィールドワークでのインタビューに答えて、「チャムは見るだけで祝福を受けられる」という。ブータンでは、仏画トンドルと同様にチャム自体も崇拝の対象なのだ。チャムは「一般信者に見せること」を通して、一般信者を教化し、祝福を授けるという機能を果たしている。

③『ギンのンガ太鼓舞（ンガギン・チャム）』［俗人　表7―1⑨］

『ギンの棒舞（ジュギン・チャム）』『ギンの剣舞（ディギン・チャム）』『ギンのンガ太鼓舞（ンガギン・チャム）』の三部作のチャムは、合わせて「ペリン・ギンスム」と呼ばれる。ペリンとはペマ・リンパのことである。ニンマ派に属するペマ・リンパは、瞑想中に何度もグル・リンポチェの天界のサンド・ペルリ宮殿を訪れた。グル・リンポチェの衆生教化の様子を見て地上に戻り、それをいくつかのチャムにしたと伝えられる。なかでも最も人気が高いのが、この「ペリン・ギンスム」である。

ギンとは、サンド・ペルリ宮殿の従僕、あるいは護法神という説がある。護法神というのは、本来仏法に敵対した土着の神々だが、調伏された後には仏法を守る役をしている。

ギンたちは、魔力がある棒ジュで悪霊のいどころを探る。四人の骸骨ドゥルダが広場に運び込んだ悪霊の偶像を、ギンが剣ディで刺す。最後に仏法の勝利を祝って、ギンがンガを打ち鳴らしながら舞う。『ギンの棒舞』では動物神の仮面を使い、それに続く『ギンの剣舞』や『ギンのンガ太鼓舞』では恐ろしい顔の忿怒尊の仮面に取り替えて舞う。僧侶ペマ・デンデュップ氏は、動物神の仮面は戦いに臨むことを表現し、忿怒尊の仮面に替えるのは仏法が勝利し、それを祝うからという。このようにペリンの三部作でもンガは仏法の勝利と結び付き、『ギンの棒舞』『ギンの剣舞』は「悪霊退散」として、『ギンのンガ太鼓舞』は「勝利の舞」としての機能を果たしている。『黒帽の舞』と『黒帽のンガ太鼓舞』と同様の対構造が見られる。

④『ンガ太鼓の舞（ンガチュ）』［僧侶　表7―1⑳］

リグナという持明呪者十六人が、ンガ太鼓を持って舞う。リグナとは五弁の金冠のことでもある。若く美しい男性の僧侶がこの役を演じ、仮面は使わない。舞というよりも、優雅な所作でンガを打ちながら行列するというほうがふさわしい。この舞に関して、起源にまつわる伝承は見当たらない。実は、この直前におこなわれる演目『グル・リンポチェの八変化相の舞』では、グル・リンポチェとその八変化相が登場する。グル・リンポチェはその演目が終わっても退場せずに広場の西側の天蓋の下に座り、その両側に八変化相も座る。このような情景のなかでおこなわれるので、『ンガ太鼓の舞』はグル・リンポチェの天界でグルを前に舞っていることを表していると考えられる。少なくとも天界にンガがあると信じられているのである。

⑤『ギンと忿怒尊ツォリンの舞（ギン・ツォリン）』［俗人　表7―1㉓］

ここで登場するギンは、ペリン三部作に登場するギンとは違う仮面をかぶる。ペリン三部作よりも、さらに恐ろしげで力強い仮面である。両耳はなく、そのかわりに扇子のように開いた紙の飾りをつけ、頭には大きな三角の旗をつける。ギンは場を清め、忿怒尊の仮面をつけたツォリンとともに悪霊を退治する。ギンは、ンガを打ち鳴らしながら広場や堂を駆け巡る。ときには、堂の二階に駆け上がり、窓から身を乗り出してンガを打つ。さらに、人々の穢れを払い祝福するために、バチで俗人信者の頭を叩く。

僧侶の頭を叩かないのは、俗人が演じているためというよりも、ギンやツォリンが格の低い神のために、僧侶に対して祝福を与えることができないのではないだろうか。ちなみにパロのチャムでは、ギンは俗人がおこなうベチャムなのに対し、ツォリンは修行僧ゲロンが演じる。

『ギンと忿怒尊ツォリンの舞』の起源について、「ギン・ツォリン・チャムを初めて踊ったのは、グル・リンポチェであり、その目的はチベットのサムエ（Samye）寺院の建設を阻む悪霊退治だった。魔力をもつグル・リンポチェは、何通りもの恐ろしい守護神に変身することができたのである。その結果、グルは単に悪霊を征服するだけでなく、悪霊に僧院建設に協力することを約束させた[25]」という。サムイエ寺はチベットで最初の寺院である。チベットに寺院組織ができた当初から、ギン・ツォリンの舞の伝承が続いていることを強調している。また、ギ

写真7-12　美しい衣装の天女リグナ『⑳ンガチュ』

写真7-13　窓から身を乗り出してンガを打つギン『㉓ギン・ツォリン』

ンについては「グル・リンポチェがチベットで最初の僧院サムイエ寺を建立した際、外来の宗教である仏教に敵意を抱いていた土着の神々を調伏し、逆に仏教を守る護法神（ギン）に生まれ変わらせた[26]」という伝承もある。どちらもサムイエ寺の建立とグル・リンポチェにまつわり、チベットへの仏教導入期に、土着の宗教あるいは民間信仰との確執に打ち勝ったことを後世に伝えている。ここでも、『黒帽の舞』と同様に「追体験型共同体教育」になっている。

さらに、ペマ・リンパが瞑想中にサンド・ペルリ宮殿で見たこの舞を現世に移したという伝承もある[27]。

二〇〇九年一月、初めて『ギンとツォリンの舞』を見たとき、ともに恐ろしい顔をしたギンとツォリンが戦い、最後にツォリンがギンによって広場を追われるように見えたが、実は忿怒尊ツォリンに変身したグル・リンポチェが土着の神々ギンを調伏し、最後に改心したギンが人々を祝福するというストーリーだったのではないかと考える。ギンとツォリンの関係を、トンサ・ゾンの僧侶に確認しなかったのが心残りになっている。チャムのそれぞれの演目についての「語り」を知らなければ、表層的に見たチャムから正しいメッセージを読み取るのは難しいということを考えさせられた演目だった。

いずれにしても、「悪霊退散」と「勝利の舞」ではないが、「悪霊退散」と「祝福」という対構造が見られる。

振り鼓ダルーを使うチャム

トンサ・ゾンのチャムのなかで、振り鼓ダルーを使うのは、
『英雄パオ（パオ）』［俗人　表7—1①］
『ミラレパの物語（シャワ・シャチ）』の前半［俗人　表7—1⑫］
『閻魔大王の裁きの場でのラクシャの舞（ラクシャ・マン・チャム）』［俗人　表7—1⑯］
『グル・リンポチェの八変化相の舞（グル・ツェンゲ）』［僧侶　表7—1⑲］
『持明呪者十六部衆の舞（リグナ・チュドゥ）』［僧侶　表7—1㉑］
『ミラレパの物語（シャワ・シャチ）』の後半［俗人　表7—1㉔］
『英雄の舞（パ・チャム）』［俗人　表7—1㉖］
の七演目である。順に詳しく見ていこう。

①『英雄パオ（パオ）』［俗人　表7—1—儀礼］

初日のいちばん初めにおこなわれる。インタビューではチャムの数には入っていなかった。儀礼そのものと認識されているようである。俗人が演じる英雄パオ二人が大きめのダルーを振り鳴らしながら歩き回り、場を清める。ちなみに、パロのツェチュ祭でも、ゾンから出て広場に向かう僧侶たちの行列の両側で、二人のパオが右手に持ったダルーを鳴らしながら従う。(28) トンサでもパロでも、他のチャムで使うダルーよりも大きめなので、タンディと呼ぶべきかもしれない。俗人（かつては王の従者ベガルパ）が演じるパオが、僧侶を先導して場を清めると

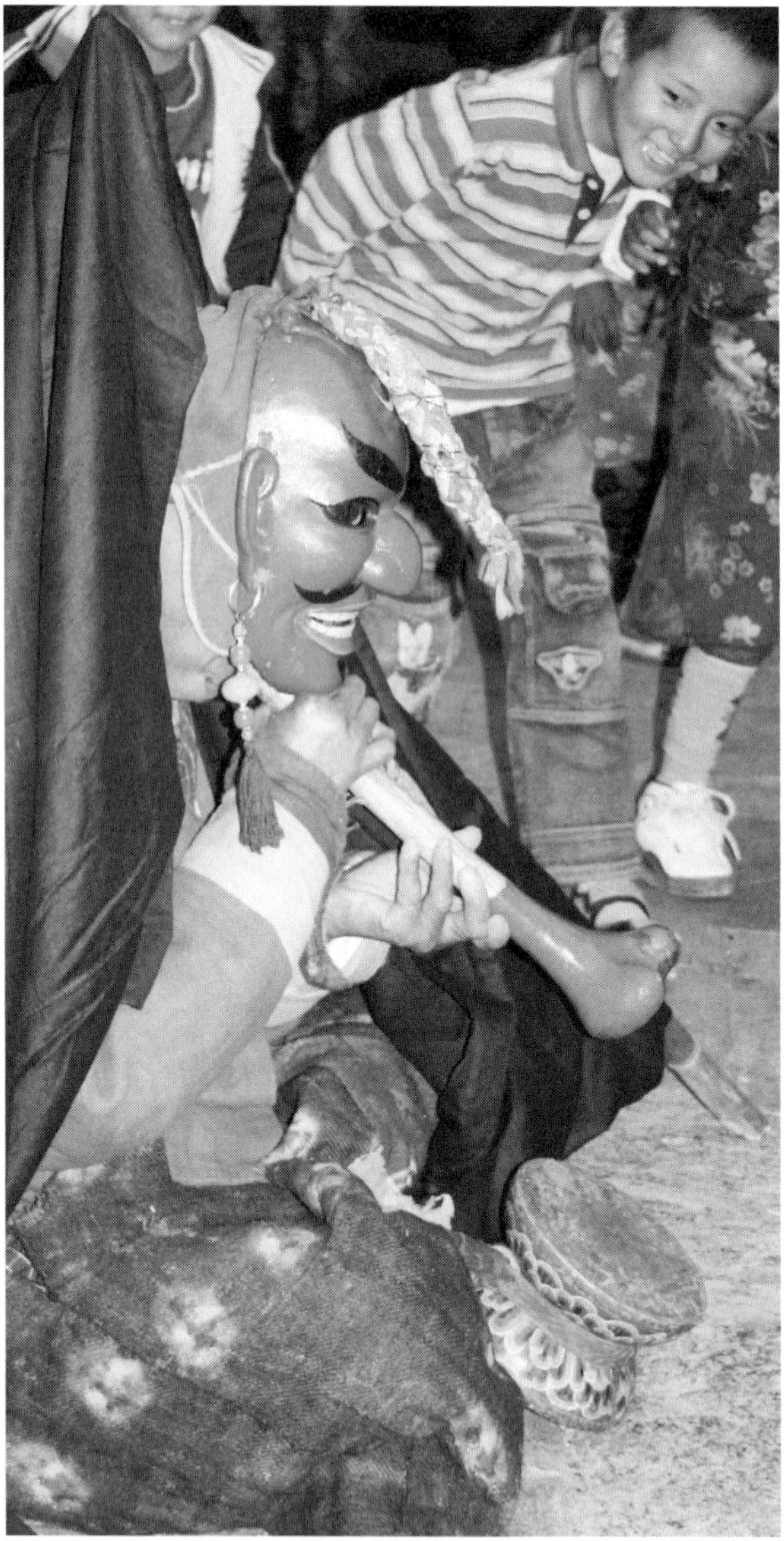

写真7-14　振り鼓ダルーと骨笛カンドゥンを奏するアツァラ『⑫シャワ・シャチ』

いう構図は、一見不思議な感じがする。パオよりも、パオが持つダルーに儀礼的な力があると考えられるのではないだろうか。

②『ミラレパの物語（シャワ・チャチ）』の前半［俗人　表7—1⑫］

苦行詩聖ミラレパ（Milaraspa：一〇四〇—一一二三）の逸話の前半を演じる。「猟師と鹿」の物語である。殺生を生業としている猟師の兄弟が、二匹の犬を使って一匹の鹿を追い詰めた。そこに行者姿のミラレパが現れ、猟

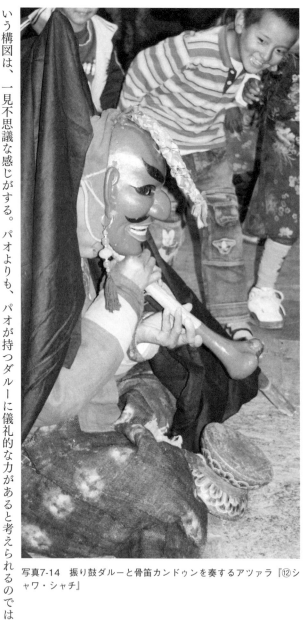

師に命の尊さを説く。猟師は改心して仏法に帰依するという物語である。現実の多くの行者がダルーを法具として使うように、物語のなかのミラレパも座してダルーを打ったり、持って歩いたりする。ダルーはミラレパであることのアトリビューション（標識）として使われている。舞具として舞うことはない。

トンサでは、物語の前半（［表7―1⑫）と後半（表7―1㉔）に分けて演じられた。道化アツァラがダルーを持って登場するのは前半である。

③『閻魔大王の裁きの場でのラクシャの舞（ラクシャ・マン・チャム）』［俗人　表7―1⑯］

閻魔大王シンジェ・チュキガップ（Shinjye Chhokigap）の裁判の物語の劇である。グル・リンポチェが著したとされる『死者の書バルド・トドゥル Bardo Thodol（Thoedrol とも）』に基づく。『死者の書』はニンマ派に属し、十四世紀（十五世紀という説もある）になって埋蔵宝典発掘者テルトンであるカルマ・リンパによって発見されたとされる。ニンマ派の葬儀は『死者の書』にのっとっておこなわれ、死の直前から死後四十九日間にわたって死者に語り聞かせる。

『閻魔大王の裁きの場でのラクシャの舞』は、死んでから生まれ変わるまでの期間である中有バルド（bardo）の様子を描いている。閻魔大王の前で生前のおこないが裁かれる。生前に悪行をおこなえば、羅刹ラクシャ（Raksha）に連行されて地獄ンゲワ（ngewas）に落ちる。生前に善行を積めば、天女に導かれて天界に行く。この演目『閻魔大王の裁きの場でのラクシャの舞』は、悪行を悔い改め善行を積むようにと俗人信者に教えている。

このような教えは、日本でも伝承されている。仏教絵画や芸能で表現されるだけでなく、もっと身近に、子どものころに「嘘をつくと閻魔様に舌を抜かれる」と言われた覚えがある人も多いだろう。なお、トンサでは閻魔大王はチョギ・ゲルボとも呼ばれる。

さて、天界からの迎えとして登場する五人の天女は、カンドーマ（Khandroma）である。[29]カンドーマはダーキニ（Dakini）のチベット名だという。天女はそれぞれ右手にダルーを持つ。この演目で注目すべきは、ダルーが天女のアトリビューションとなっていること、つまり天界にダルーが存在すると信じられているのである。

写真7-15　悪魔デ・ナクチュン『⑯ラクシャ・マン・チャム』

④『グル・リンポチェの八変化相の舞（グル・チェンゲ）』［僧侶　表7―1⑲］

原題のグル・ツェンゲ（Guru Tshengye）とは、グル・リンポチェの八変化相のことである。グル・リンポチェは生涯に八つの異名をもち、八変化相はそれらの分身を表す。パドマサンババという名前は、インドで密教の修行をしていたときの名前で、のちに「尊い導師」という意味のグル・リンポチェと呼ばれるようになる。

写真7-16　作り物の閻魔大王チョギ・ゲルボ『⑯ラクシャ・マン・チャム』

写真7-17　振り鼓ダルーを持つ天女『⑯ラクシャ・マン・チャム』

この演目では、グル・リンポチェ自身は人面の仮面をつけて登場するが、舞うことはしない。広場の西の天蓋の下に座り、八変化相が次々に舞うのを観覧する。

ブータンでは仏画などの八変化相の表現はほぼ決まっていて、持ち物も定まっている。『ブータンの歴史』(30)の図像から読み取った八変化相の顔の特徴や持ち物は以下のようである。

それに対応するトンサ・ゾンでの名称と仮頭の特徴を【　】に記す。

①グル・ドルジ・ドロェ（稲妻）、忿怒尊、三眼
【ドルジドロ、忿怒尊、三眼】
虎の上に鎮座する、左手にブルパ（金剛杵）を持つ。

②グル・ツォキ・ドルジ（湖から生まれた金剛の稲妻）、人面
【ツォキ・ドルジ、人面】

③グル・ロデン・チョクセ（最高の知識を習得したグル）、人面
【ロデン・チョクセ、人面、三眼】
右手にダルー、左手に椀を持つ。

④グル・ペマ・ジュンネ（蓮から生まれた人）、人面
【ペマ・サンパ、人面】

ペマ・ジュンネは、サンスクリット語のパドマサンババのチベット語訳。ウゲン国のダナコーシャ湖の中央に咲く蓮の花から生まれたことに由来した名前。右手に椀を持つ。トンサ・ゾンではペマ・ジュンネという名称の仮頭がなく、ペマ・サンパと呼ばれる仮頭が対応すると考えられる。

写真7-18　八変化相の一人、忿怒尊ドルジ・ドロェ『⑲グル・ツェンゲ』

写真7-19　ダルーを持つ八変化相の一人、ペマ・ギャルポ（蓮の王）『⑲グル・ツェンゲ』

⑤グル・シャキ・センゲ（釈迦族の獅子）、人面
【シャチャ・センゲ、人面】
出家して、インドで顕教の修行をしているころの名前。左手に托鉢の鉢を持ち、右手は印を結ぶ。
⑥グル・ペマ・ギャルポ（蓮の王）、人面
【ペマ・ギャルポ、人面】
ウゲン国の王子だったときの名前。右手にダルーと左手にポクポルを持つ。
⑦グル・ニマ・イェゼル（陽の光）、人面、小さなどくろを連ねた冠
【ニマ・ユゼル、人面】
右手に三鈷杵（両端が三股になった金剛杵）を持つ。
⑧グル・センゲ・デドク（獅子の声で話すもの）、忿怒尊、三眼、小さなどくろを連ねた冠
【センゲ・ダド、忿怒尊】
右手にドルジェを持つ。

仏画は信仰の対象であり、仏画を描くことは瞑想にも匹敵するので[31]、作者が自由に表現していいものではなく、

厳格で詳細に定められた規範に従って描かれる。しかしながら、時代や地域によってバリエーションがあることは否めない。振り鼓ダルーは、本来は僧侶の法具である。仏画のなかでは、ロデン・チョクセとペマ・ギャルポがダルーを持つとされる。トンサ・ゾンのツェチュ祭の最終日に開帳する仏画トンドルでも、ロデン・チョクセが右手にダルーを持っているのを確認した。このような仏画の規範に従って、トンサ・ゾンの『グル・リンポチェの八変化相の舞』でも、ロデン・チョクセとペマ・ギャルポがダルーを持っている。

写真7-20　振り鼓ダルーを持つ天女リグナ『㉑リグナ・チュドゥ』

仏画のなかで八変化相のアトリビューションとして使われるダルーが、チャムのなかでもアトリビューションとしての機能を果たしているのだ。しかしながら、仏画ではダルーを持たないツォキ・ドルジが、トンサ・ゾンのチャムではダルーを持っている。仏画とチャムの間では、伝承過程で多少のゆらぎが起こったと考えられる。

写真7-21　ダルーを持つミラレパ『㉔シャワ・シャチ』

⑤『持明呪者十六部衆の舞（リグナ・チュドゥ）』［僧侶　表7―1㉑］

原題リグナ・チュドゥのチュドゥは十六のこと。十六人のリグナ（持明呪者）が右手にダルーを持ち、左手に鈴ディブを持って行列をする。舞というよりも、ゆっくりと進みながら優雅な所作を繰り返し、ダルーを打ち鳴らす。この演目は、『グル・リンポチェの八変化相の舞』とリグナの『ンガ太鼓の舞』に引き続きおこなわれる。ちなみに、パロのツェチュ祭りでも、『グル・リンポチェの八変化相の舞』に続けておこなわれる。この次第の流れを考えるなら、これも天界のグル・リンポチェの御前でリグナたちが舞っているといえるだろう。天界にダルーがあると信じられていることになる。

⑥『ミラレパの物語（シャワ・シャチ）』の後半［俗人　表7―1㉔］

苦行詩聖と崇められる行者ミラレパがダルーを持って登場する。パロのツェチュ祭りでも同様にミラレパが大きめのダルーを持つ[32]。ダルーを打ちながら舞うのではなく、持っているだけである。舞具ではなくアトリビューションとして使われているのである。

⑦『英雄の舞（パ・チャム）』［俗人　表7―1㉖］

英雄パオがダルーを打ち鳴らしながら、旋回や跳躍を繰り返して舞う。この演目も、グル・リンポチェとペマ・リンパに関わる起源譚がある。ペマ・リンパはサンド・ペルリ宮殿で、英雄パオが死んだ信者をグル・リンポチェのもとに導きながら舞うのを見た。ペマ・リンパがそれを人間界に移したのがこの演目である[33]。これもまた、ペマ・リンパによる伝習説である。

樽形両面太鼓バンガを使うチャム

トンサ・ゾンのチャムのなかで、樽形両面太鼓バンガを使うのは、
『閻魔大王の裁きの場でのラクシャの舞（ラクシャ・マン・チャム）』〔俗人　表7―1⑯〕
『鹿の舞（シャザム・チャム）』〔俗人　表7―1⑱〕
『グル・リンポチェの八変化相の舞（グル・ツェンゲ）』〔僧侶　表7―1⑲〕
『持明呪者十六部衆の舞（リグナ・チュドゥ）』〔僧侶　表7―1㉑〕
の四演目である。詳しく見ていこう。

①『閻魔大王の裁きの場でのラクシャの舞（ラクシャ・マン・チャム）』〔俗人　表7―1⑯〕

閻魔大王シンジェ・チュキガップ（Shinjye Chhokigap）の裁判の物語を劇で演じる。閻魔大王は仮頭をつけて演じるのではなく、巨大な張りぼてで具現化される。その作り物を広場に引き出す行列を先導する楽隊のなかで、民族衣装のゴを着た奏者が樽形両面太鼓バンガを打つ。

②『鹿の舞（シャザム・チャム）』〔俗人　表7―1⑱〕

民族衣装のゴを着たバンガ奏者は管楽器ジャーリン奏者とともに、四人の鹿神を先導する。グル・リンポチェは災いをもたらす風の神ルン・ラ（Lung Lha）を征服し、その乗り物だった雄鹿にまたがり世界に平和と幸福を取り戻した。[34] シャザム・チャムはこの伝説に由来する。しかしながら、先導の楽隊については伝説では触れられていない。

③『グル・リンポチェの八変化相の舞（グル・ツェンゲ）』〔僧侶　表7―1⑲〕

グル・リンポチェの八変化相の舞では、民族衣装のゴを着たバンガ奏者が、管楽器ジャーリンとともにグル・リンポチェや八変化相を先導する。

④『持明呪者十六部衆の舞（リグナ・チュドゥ）』［僧侶　表7―1㉑］

ゴを着たバンガ奏者を含む楽隊が、舞を終えたリグナを先導して退場する。

7　舞具の太鼓と演目の関係

柄付き太鼓ンガ、振り鼓ダルー、樽形両面太鼓バンガが、それぞれどのような演目で使われるのかを次にまとめた。

・柄付き太鼓ンガ

柄付き太鼓ンガは、僧侶のチャムにも俗人のチャムにも使う。ンガは、『金襴行列（ベルコル）』では僧侶を先導する楽隊で使うが、それ以外の五演目ではもっぱら舞の舞具として使うことがわかった。

・振り鼓ダルー

振り鼓ダルーは、僧侶のチャムにも俗人のチャムにも使う。ダルーは、二つの劇（ただし、『ミラレパの物語（シャワ・シャチ）』は前後に分かれているので、演目としては三つ）と四つの舞の、合計七演目で使われることがわかった。

・樽形両面太鼓バンガ

樽形両面太鼓バンガは、もっぱら俗人が使う。バンガは、四演目で行列の先導役が打つ。演者は、伝統的な民族衣装ゴを着た国王の従者ベガルパに扮していると思われる。バンガは舞具としては使わない。

これまで見てきたように、ンガ、ダルー、バンガを比較すると、バンガだけが異質であることがわかった。ンガとダルーは舞具として使われるのに対し、バンガは、チャムの登場あるいは退場の行列の先導でだけ使われ、舞具として使われることはない。

一般的に、ブータンでは、楽隊を伴った行列には大きく二つに分けられる。儀式としての行列チプデは、国賓や重要人物などの歓迎のためにおこなわれる。セルダ（セルダ・ベルコルとも）は重要人物の歓迎などで僧侶がおこなう。チプデではバンガを使い、セルダではンガを使っている事例がある。[35] バンガには本来は法具としての機能はなく、ゾンのなかでの合図という機能や、現実の祭りでの行進で先導役を務めるという機能をもち、それが、そのままチャムに取り込まれたと考えられる。もっとも、天界のサンド・ペルリ宮殿での行列の先導役を現世に移したという逆説も考えられるが、それについての伝説がまったくないこと、演者が俗人であること、主導や守護神や護法神に扮することなく、ゴを着てハイソックスに靴という俗人の姿のまま打つことなどを考え合わせると、その可能性は非常に低い。バンガは、ンガやダルーのように演目の内容とまで深く関わることはなく、両者に見られるような儀礼的な象徴性は認められない。

8　ンガとダルーと瞑想

ンガを舞具にする五演目のうち、ンガを打ち鳴らしながら旋回を繰り返す勇壮な舞は三演目である。『黒帽のンガ太鼓舞』だけが僧侶によって演じられる。他の二つ『ダミツェ村起源のンガ太鼓舞』『ギンのンガ太鼓舞』は俗人が演じ、両演目ともブータンで始めた。『黒帽』に類似した芸態の演目が、ブータンで増殖したのである。『ダミツェ』と『ギン』には、「ブータン人の埋蔵宝典発掘者である高僧ペマ・リンパが、瞑想中に天界のサンド・ペルリ宮殿で見た舞を現世に移した」という伝説が付く。この伝説を「瞑想伝習説」と呼ぶことにする。ひるがえってみるなら、新たにンガ舞を始めるには、その正当性・正統性を裏付ける瞑想伝習説が不可欠だったといえる。瞑想伝習説は、ンガ舞は人間が創作したものでなく、仏法によって与えられたものであるという、舞の儀礼的正当性を示すものであり、さらに舞の権威づけにもなっている。

それに比べ、優雅な『ンガ太鼓の舞』に瞑想伝習説が必要とされないのは、天界の持明呪者リグナが打ちながら所作をするということだけで、ンガ舞の正当性を示すのに十分だからだろう。

このようなチャムの瞑想伝習説はブータン独自のアイデアではなく、チベットにも同様の伝説がある。津曲真一は、『ラマ・サンドゥ』という書物に「ツェチュのチャムは、ラマの夢のなかに顕れた、サンド・ペルリ（のヴィジョン）と、そのガル・チャムを、（その状態で）真似たものである」[36]と書かれていることを指摘している。また、チベット仏教ニンマ派の総本山であるラサ近郊のミンドゥリン寺でおこなわれるツェチュ・チャムには、「ある日、高名なラマだったロサン・ギャムツォ（一六一七―八二）の夢のなかにこのダンスのヴィジョンが顕れ、目が覚めるとすぐに彼は、それを真似て踊ることによって弟子たちに示した」[37]という伝承がある。当然のことながら、ここではブータン人のペマ・リンパの名前は出てこない。ちなみに、このロサン・ギャツォ（Lozang Gyatso）とは、ポタラ宮殿を建てたダライ・ラマ五世のことだろう。ペマ・リンパよりも百五十年後に活躍した人物である。ペマ・リンパのほうが先に瞑想伝習をおこなっていたことになるが、伝説は後から付加された可能性もあるので、チベットとブータンのどちらが先にこの瞑想伝習説というコンセプトを確立したかは特定できない。

ダライ・ラマ五世は、ブータンにとって受け入れ難い存在といえる。ダライ・ラマ五世はチベット全土の政権を握り、一六一七年から八二年の在位の間に数度にわたってブータンを攻撃している。ブータンの瞑想伝習説にダライ・ラマ五世の名があがらず、ブータンの高僧ペマ・リンパが取って代わっているのも当然のことだろう。「瞑想を介した伝習」はチャムに限ったことではなく、チベット仏教全般にとって重要な意味をもつ。石濱裕美子は、チベット仏教には教えを伝える方法として「口伝による教え」「埋蔵教説（テルマ）による教え」などいくつかのルートがあるが、その一つに「ヴィジョンによる教え」があると指摘している。ヴィジョンによる教えとは、「瞑想中にみるヴィジョンを介して時間・空間を超えて伝達される教え」[38]のことである。「ヴィジョンを介した教え」というコンセプトは、チベットのチャムにまで拡大しただけでなく、ブータンでもチャムの新たな演目の出現を可能にしたのである。

言い換えるなら、埋蔵宝典発掘者である高僧ペマ・リンパでさえも、ブータンで新たにンガ舞を始めるためには、「創作する」ことは許されず、「瞑想中に見る」必要があったのである。

振り鼓ダルーのほうはどうだろうか。瞑想伝習説は七演目中ただ一演目、『英雄の舞』に伝わるのが確認できた。『英雄の舞』を演じるのが俗人で、しかも英雄パオは神仏ではなく人間の役で、仮面もつけない。そのため瞑想伝習説を必要としたのだろう。猟師と鹿の物語である『ミラレパの物語（シャワ・チャチ）』の前半では、ダルーは現世の行者ミラレパのアトリビューションとして機能しているので、瞑想伝習説が付随していないことと整合する。

ところで、『持明呪者十六部衆の舞』には瞑想伝習説がない。これは、天界のリグナの存在さえあれば、チャムとしての正当性を瞑想伝習説に求める必要がないからではないか。『グル・リンポチェの八変化相の舞』『持明呪者十六部衆の舞』では、ダルーは天界のサンド・ペルリ宮殿の八変化やリグナのアトリビューションとして機能していると考えられる。ひるがえってみれば、俗人でも、アトリビューションとしてダルーを持つことによって、『閻魔大王の裁きの場でのラクシャの舞』の天女カンドーマになることができるのである。

9　ンガとダルーと顕現

これまで見てきたように、ンガとダルーは、同一演目のなかで、一緒に打ち鳴らすことはない。ンガには瞑想伝習説が付くことが多いのに対し、ダルーには少ない。ンガは主にシャナやギンなどの護法の存在が使うのに対し、ダルーは主にグル・リンポチェやリグナ、カンドーマなど天界の存在が多い。ただし、リグナだけはンガもダルーも使う。

ンガは「悪霊退散」の後の「勝利の舞」で使うことが多いのに対し、ダルーは天界の場で使うことが多い。これらの差異から、ンガとダルーの機能に何らかの違いがあると考える。

ところで、「瞑想中に見る」とはどういうことだろうか。立川武蔵はチベット仏教で「『聖なるもの』の姿が眼前に現実的なものとして見えることを『ヴィジョン』[39]」としている。抽象的に考えるのではなく、具体的に見えるということである。立川は「突然に、あるいは瞑想等の意図的、計画的な宗教行為によって、ある光景や仏等がその行為者の眼前に『現実のものよりもいっそうリアルに』現れる[40]」という。ペマ・リンパが瞑想中に見た天界の宮殿でのンガ舞がまさにこのヴィジョンといえるだろう。ペマ・リンパが見たヴィジョンのンガ舞をこの世に移したという瞑想伝習説によって、ンガ舞は不特定多数の俗人に「見せる」ことが可能になり、俗人たちを悟りに導く格好の教材となっている。

立川は、観想法（サーダナ、成就法）とはイメージを伴う瞑想法であるとし、「観想法を一般の信者がおこなうことはまずないだろう[41]」と述べている。しかしながらトンサのチャムでは、ヴィジョンを見るはずのない俗人でも、チベット仏教信者ではない筆者でも、ゾンの広場で天界のグル・リンポチェや八変化相、リグナなどが行列して舞うのを見ることができる。立川は「ある種のヨーガによって眼前に仏や菩薩を、あたかもそれが実在するものであるかのように出現せしめる[42]」という。トンサ・ゾンのトンサ・ツェチュ運営責任者の僧侶ペマ・デンデュップ氏は、「僧侶たちは仮面をつけた瞬間から瞑想に入り、仮面の尊格と一体化しチャムをおこなう」という。俗人であるわれわれは、僧侶たちが瞑想の力で顕現したグル・リンポチェと天界のサンド・ペルリ宮殿での八変化相やリグナのダルー舞を、そのとき、まさに見ているといえるのではないだろうか。

ブータンのトンサ・ゾンのチャムでは、柄付き太鼓ンガも振り鼓ダルーも、天界の太鼓として認識されている。ンガは、歴史的出来事である（と信じる）シャナの舞や、瞑想伝習されたギンの舞を、再現し追体験する演目で舞具として使われることが多いのに対し、ダルーは、僧侶によって執り行われる観想法によってグル・リンポチェと天界の宮殿をゾンの広場に顕現させる演目で、舞具として使われることが多いことが明らかになった。チャムにおいて、ンガとダルーは単なる楽器ではなく、両者を舞具として使い分けることで、チャムの意味内容をより明確に表現し、俗人信者にチベット仏教の教義を伝える機能を果たしているといえるだろう。

注

（1）ユネスコ・アジア文化センター アジア太平洋地域無形文化遺産データベース「無形文化遺産（芸能）ダミツェ・ンガ・チャム（Dramitse Ngacham）」（http://www.accu.or.jp/ich/jp/arts/A_BTN2.html）［二〇一〇年一月六日アクセス］

（2）Dasho Sithel Dorji, *The Origin and Description of Bhutanese Mask Dances*, Champon Chichab Retd, 2001.

（3）今枝由郎「ブータンのパロ・ツェチュ祭」『西遊通信 I』改訂版第二刷、西遊旅行、二〇〇二年、六ページ（初版：一九八四年、改訂：一九九六年）

（4）ユネスコ・アジア文化センター アジア太平洋地域無形文化遺産データベース「政策と活動（国別活動方針）ブータン」（http://www.accu.or.jp/ich/jp/policies/C_BTN.html）［二〇一〇年二月アクセス］

（5）東京藝術大学音楽学部小泉文夫記念資料室編『東京藝術大学音楽学部小泉文夫記念資料室所蔵楽器目録』藝術研究振興財団、一九八七年

（6）永橋和雄写真、今枝由郎文『ブータンのツェチュ祭——神々との交感』（「アジア民俗写真叢書」第十二巻）、平河出版社、一九九四年、四四—四五ページ

（7）同書六四—六五ページ

（8）『地球の歩き方 D31（二〇〇九―二〇一〇年版）ブータン』ダイヤモンド・ビッグ社、二〇〇九年、七二―七三ページ
（9）前掲『ブータンのツェチュ祭』五九ページ
（10）同書六〇―六一ページ
（11）同書一〇五ページ
（12）同書一六―一七ページ
（13）Dorji, *op. cit.*
（14）前掲『ブータンのツェチュ祭』
（15）ブータン王国教育省教育部編『ブータンの歴史――ブータン小・中学校歴史教科書』平山修一監訳、大久保ひとみ訳（「世界の教科書シリーズ」第十八巻）、明石書店、二〇〇八年
（16）同書一六八ページ
（17）前掲「ブータンのパロ・ツェチュ祭」一〇ページ
（18）津曲真一「チベットの宗教舞踊 ツェチュのチャム」、DVD『チベットの宗教舞踊 ツェチュのチャム Religious Mask Dance, Tsechu Cham』（カワチェン、二〇〇七年）解説文、ページなし
（19）古田真一「チベットの服飾と演劇」、曾布川寛／臺信祐爾監修、大広編『聖地チベット――ポタラ宮と天空の至宝』所収、大広、二〇〇九年、一八七―一八八ページ
（20）前掲『ブータンの歴史』一六八ページ
（21）前掲「チベットの宗教舞踊 ツェチュのチャム」
（22）前掲「無形文化遺産（芸能）ダミツェ・ンガ・チャム（Dramitse Ngacham）」
（23）同ウェブサイト
（24）同ウェブサイト
（25）前掲『ブータンの歴史』一七〇―一七二ページ
（26）「風の旅行社添乗報告記」（http://www.kaze-travel.co.jp/bhutan_tenjo005.html）［二〇一〇年一月アクセス］

(27) Dorji, *op. cit.*, pp.72-73.
(28) 前掲『ブータンのツェチュ祭』一三ページ
(29) Dorji, *op. cit.*, p.36.
(30) 前掲『ブータンの歴史』三〇―三六ページ
(31) 同書三〇七ページ
(32) 前掲『ブータンのツェチュ祭』八三ページ
(33) 前掲『ブータンの歴史』一七六ページ
(34) 同書一七八ページ
(35) 同書一〇〇―一〇二ページ
(36) 津曲真一「夢のダンス――宗教舞踊チェチュ・チャムにおける「夢」とリアリティー」「東京大学宗教学年報」第十八号、東京大学宗教学研究室、二〇〇〇年、一八ページ
(37) 同論文一七ページ
(38) 石濱裕美子編著『チベットを知るための五十章』(エリア・スタディーズ)、明石書店、二〇〇四年、三一ページ
(39) 立川武蔵『マンダラ――神々の降り立つ超常世界』(増補改訂版)、学習研究社、二〇〇九年、六ページ
(40) 同書六ページ
(41) 同書一四ページ
(42) 同書三三ページ

参考文献

【日本語】
石濱裕美子、永橋和雄写真『図説チベット歴史紀行』(ふくろうの本)、河出書房新社、一九九九年
今枝由郎『ブータン――変貌するヒマラヤの仏教王国』大東出版社、一九九四年
今枝由郎『ブータン中世史――ドゥク派政権の成立と変遷』大東出版社、二〇〇三年

今枝由郎『ブータンに魅せられて』（岩波新書）、岩波書店、二〇〇八年
今枝由郎『ブータン仏教から見た日本仏教』（ＮＨＫブックス）、日本放送出版協会、二〇〇五年
ウギェン・ドルジ述、ドルジ・ワンモ・ワンチュック『虹と雲――王妃の父が生きたブータン現代史』今枝由郎監修、鈴木佐知子／武田真理子訳（ブータン・チベット仏教文化叢書）、平河出版社、二〇〇四年
河口慧海、長沢和俊編『チベット旅行記』上・下（白水Uブックス）、白水社、二〇〇四年
河野亮仙「儀礼と芸能のアルケオロジー――インド文化圏の辺縁としてのチベット」、色川大吉編『チベット曼荼羅の世界――その芸術・宗教・生活』所収、小学館、一九八九年、一六九―二二六ページ
木村肥佐生『チベット潜行十年』（中公文庫）、中央公論社、一九八二年
木村理子「ブータン王国トンサ・ゾンのツェチュの式次第」、『日本伎楽とチベット仏教チャムの比較研究――仮頭に注目して』（国際シンポジウム予稿集）所収、立教大学アジア地域研究所、二〇〇九年、九七―一一一ページ
シャルザ・タシ・ギャルツェン『智恵のエッセンス――ボン教のゾクチェンの教え』ロポン・テンジン・ナムダク解説、森孝彦訳、春秋社、二〇〇七年
スヴェン・ヘディン『チベット遠征 改版』金子民雄訳（中公文庫）、中央公論新社、二〇〇六年（初版：S・ヘディン『チベット遠征』金子民雄訳〔中公文庫〕、中央公論社、一九九二年）
田中公明『チベットの仏たち』方丈堂出版、二〇〇九年
田中公明『チベット密教』春秋社、一九九三年
田淵暁写真、今枝由郎文『ブータン・風の祈り――ニマルン寺の祭りと信仰』平河出版社、一九九六年
チレ・チュジャ（赤烈 曲扎）『チベット――歴史と文化』池上正治訳、東方書店、一九九九年
津曲真一「宗教舞踊ツァ・チャムに関する一考察」「東京大学宗教学年報」第十七号、東京大学宗教学研究室、一九九九年、七三―九二ページ
デイヴィッド・スネルグローヴ／ヒュー・リチャードソン『チベット文化史 新装版』奥山直司訳、春秋社、二〇〇三年（初版：デイヴィッド・スネルグローヴ／ヒュー・リチャードソン『チベット文化史』奥山直司訳、春秋社、一九九八年、原書：David L. Snellgrove and Hugh Edward Richardson, *A Cultural History of Tibet*, Weidenfeld and Nicolson,

1968.)
テンジン・ワンギェル・リンポチェ『チベッタン・ヒーリング——古代ボン教・五大元素の教え』梅野泉訳、地湧社、二〇〇七年
ドルジェ・ワンモ・ワンチュック『幸福大国ブータン——王妃が語る桃源郷の素顔』今枝由郎訳、日本放送出版協会、二〇〇七年
長野泰彦編集責任、国立民族学博物館編『チベットポン教の神がみ』千里文化財団、二〇〇九年
永橋和雄『チベットのシャーマン探検』河出書房新社、一九九九年
西岡京治／西岡里子『ブータン神秘の王国』(気球の本：Around the world library)、ＮＴＴ出版、一九九八年（初版：西岡京治／西岡里子『ブータン神秘の王国』学習研究社、一九七八年）
平山修一『現代ブータンを知るための六十章』(エリア・スタディーズ)、明石書店、二〇〇五年
フランソワーズ・ポマレ『チベット』今枝由郎監修、後藤淳一訳（「知の再発見」双書」第百十二巻）、創元社、二〇〇三年
細井尚子「伎楽に関する一考察——中国の仮頭及び仏教から」、前掲『アジアの無形文化における仮頭の研究』所収、三—一五ページ
正木晃『マンダラとは何か』(ＮＨＫブックス)、日本放送出版協会、二〇〇七年
増田秀光編『チベット密教の本——死と再生を司る秘密の教え』(New sight mook、「Books Esoterica」第十一号)、学習研究社、一九九四年
松原智美『曼荼羅の世界とデザイン——ほとけの「かたち」と「こころ」を知るために』グラフ社、二〇〇八年
松本栄一写真、奥山直司文『チベット——マンダラの国』(ショトル・ミュージアム)、小学館、一九九六年
宮本万里「現代ブータンにおける聖俗の境界——チャムの担い手とその変遷」、前掲『アジアの無形文化における仮頭の研究』所収、五七—六六ページ
宮本万里「ブータン、トンサ・ゾンのツェチュ 仮面リスト」、前掲『アジアの無形文化における仮頭の研究』所収、一二三—一二七ページ

本林靖久『ブータンと幸福論――宗教文化と儀礼』法藏館、二〇〇六年
森雅秀『マンダラ事典――百のキーワードで読み解く』春秋社、二〇〇八年
山口瑞鳳『チベット』上（「東洋叢書」第三巻）、東京大学出版会、一九八七年
山口瑞鳳『チベット』下（「東洋叢書」第四巻）、東京大学出版会、一九八八年
山本けいこ『ブータン――雷龍王国への扉』明石書店、二〇〇一年
頼富本宏「チベット仏教化の中の密教――日本密教とチベット密教の比較を通じて」、前掲『聖地チベット』所収、二四―三一ページ
立教大学アジア地域研究所編『日本伎楽とチベット仏教チャムの比較研究――仮頭に注目して』（国際シンポジウム予稿集）、立教大学アジア地域研究所、二〇一〇年
ロラン・デエ『チベット史』今枝由郎訳、春秋社、二〇〇五年（原書：Laurent Deshayes, *Histoire du Tibet*, Grand livre du mois, 1997.）

【英語】
Nebesky-Wojkowitz, R. De, *Tibetan Religious Dances: Tibetan Text and Annotated Translation of the Chams Yig*, Pilgrimas Publishing, 2007.
Reynoleds, Valrae, *From the Sacres Realm, Treasure of the Tibetan Art form The Newark Museum*, Prestel, 1999.
Rhie, Marylin M. and Thurman, Robert A. F., 7, Thames and Hudson, 1991.
Ricard, Matthieu, *Monk Dancers of Tibet*, Shambhala Publications, 2003.（原書：Ricard, Matthieu, *Moines Danseurs du Tibet*, Editions Albin Michels.A., 1999.）

【中国語】
赤烈塔爾沁『千古絶絵』（中国西藏阿里古代壁画選輯）、西藏人民出版社、二〇〇一年
西藏自治区文物管理委員会編『西藏唐卡』文物出版社、一九九七年（初版：一九八五年）

【ウェブサイト】

「オカメインコの森――チベット学への招待」(チベット学者、早稲田大学教授の石濱裕美子氏のウェブサイト)(http://ishihama.tibetan-studies.net/okamenomori/)[二〇一〇年五月十日アクセス]

本章は、研究分担者として参加した科研基盤B(海外)「アジアの無形文化財における仮頭の研究――仮面との比較から」(課題番号19401015、二〇〇七―二〇一〇年度、代表:立教大学 細井尚子教授)の助成を受けておこなった研究の成果の一部である。細井尚子教授をはじめとする共同研究のメンバーには、ブータンのフィールドワークでさまざまな助言をいただいた。トンサ・ゾンの僧侶でトンサ・ツェチュ運営責任者であるペマ・デンデュップ氏には、研究のための映像撮影、写真撮影の許可をいただいた。またペマ・デンデュップ氏はじめ、多くの僧侶や村人にインタビューに応じていただいた。みなさまに、心からの感謝を申し上げる。

本章はすでに発表した以下の原稿をもとに、大幅に加筆したものである。

山本宏子「民俗楽器三十一　ブータンの仮面舞踊チャムと太鼓」「全日本郷土芸能協会会報」第五十五号、全日本郷土芸能協会、二〇〇九年、一八ページ

山本宏子「民俗楽器三十四　ブータンのチベット仏教チャムの伴奏楽器」「全日本郷土芸能協会会報」第五十八号、全日本郷土芸能協会、二〇一〇年、二〇ページ

山本宏子「民俗楽器三十五　ブータンのチベット仏教チャムにみる天界」「全日本郷土芸能協会会報」第五十九号、全日本郷土芸能協会、二〇一〇年、一八ページ

山本宏子「チベット仏教芸能チャムにおける舞具としての太鼓――ブータンのツェチュ祭のチャム」、立教大学アジア地域研究所編『アジアの無形文化における仮頭の研究――仮面との比較から』所収、立教大学アジア地域研究所、二〇一一年、六七―八七ページ

山本宏子「ブータンの仏教仮面舞踊チャムにおける太鼓の機能――瞑想とアトリビューションの視点から」「民族藝術」

第二十九号、民族藝術学会、二〇一三年、一〇五―一一三ページ
再録をご許可をいただいた関係各位にお礼を申し上げる。

あとがき

本書は、太鼓についての二冊目の著書である。一冊目の『日本の太鼓、アジアの太鼓』も、同じく青弓社で二〇〇二年に出版した。〇三年に岡山大学に着任してからも太鼓の研究は継続している。フィールドはますます広がり、オアシスのシルクロード、海のシルクロードを経てヨーロッパにまで足を延ばしている。おかげで、筆者の研究室は本と民族楽器と民族衣装で、まるで倉庫のようになってしまった。初めて筆者の研究室のドアを開けた学生は、一瞬たじろいでからおずおずと入ってくる。

本書のもとになったフィールドワークには、以下の助成を受けたものが含まれている。

「『海の道』からみたアジアの太鼓の伝統的伝承システムの形成に関する国際共同研究」

（平成十六年度―平成十八年度　科学研究費補助金　基盤研究（B）課題番号16401004　代表：山本宏子）

「アジアにおける仮頭の研究――仮面との比較から」

（平成十九年度―平成二十二年度　科学研究費補助金　基盤研究（B）課題番号19401015　代表：細井尚子。山本は研究分担者）

「オスマン軍楽隊メフテルのヨーロッパ社会への受容にみる太鼓文化の象徴性と機能の変容」

（平成二十七年度―平成二十九年度　基盤研究（C）課題番号15K02114　代表：山本宏子）

共同研究者あるいは研究分担者、研究協力者として多大なご助力をいただいた研究者のみなさまにお礼を申し上げる。

本書には、すでに発表したものに大幅に加筆した項がある。再録のご許可をいただいた関係各位にもお礼を申し上げる。

写真4―3、4―7、4―8は、浜松市楽器博物館から提供していただいた。お礼を申し上げる。それ以外の写真は、すべて筆者が撮影したものである。

フィールドワークでは、多くの伝承者たちにインタビューに応じていただき、写真や映像の撮影をご許可いただいた。また本書への写真掲載をご承諾いただいた。みなさまのご助力は感謝に堪えない。

最後に、太鼓文化についての調査研究の成果をフィードバックする本書の企画を立ててくださり、なかなか原稿を仕上げることができない筆者を待ち続けてくださった青弓社の矢野恵二氏に、心からの感謝の意を表したい。

この「あとがき」を書き終えた五日後、太鼓文化のさらなるデータ収集のために、ウィーンとクラクフ（ポーランド）でのフィールドワークに出発する。

二〇一七年八月

山本宏子

［著者略歴］
山本宏子（やまもと・ひろこ）
東京国立文化財研究所芸能部調査員などを経て、岡山大学教授、兵庫教育大学大学院連合学校教育学研究科（博士課程）教授（兼職）
芸術修士（武蔵野音楽大学）、文学博士（大阪大学）
日本やアジアの祭り・芸能・音楽を対象に、民族音楽学・文化人類学の視点から研究している
著書に『日本の太鼓、アジアの太鼓』（青弓社）、『中国泉州「目連」木偶戯の研究』（春秋社）、『音楽文化――祭・芸能・音楽からみた世界』（岡山大学出版会）、共著に『祭・芸能・行事大辞典』（朝倉書店）、『事典 世界音楽の本』（岩波書店）など

太鼓《たいこ》の文化誌《ぶんかし》

発行――2017年12月30日　第1刷
定価――3000円＋税
著者――山本宏子
発行者――矢野恵二
発行所――株式会社青弓社
〒101-0061 東京都千代田区三崎町3-3-4
電話 03-3265-8548（代）
http://www.seikyusha.co.jp
印刷所――三松堂
製本所――三松堂

ISBN978-4-7872-7407-6 C0073